I0815017

Autocuidado para todas las estaciones

EVA VILLAR

Autocuidado para todas las estaciones

DOCE MESES PARA
CONECTAR CONTIGO MISMA

zenith

Obra editada en colaboración con Editorial Planeta - España

Maquetación interior: Sacajugo.com

Bajo el sello editorial ZENITH M.R.
Avenida Presidente Masarik núm. 111,
Piso 2, Polanco V Sección, Miguel Hidalgo
C.P. 11560, Ciudad de México
www.planetadelibros.com.mx
www.paidos.com.mx

Primera edición impresa en España: abril de 2020
ISBN: 978-84-08-22461-7

Primera edición impresa en México: enero de 2022
ISBN: 978-607-569-185-5

Impreso en los talleres de Litográfica Ingramex, S.A. de C.V.
Centeno núm. 162-1, colonia Granjas Esmeralda, Ciudad de México
Impreso en México – *Printed in Mexico*

«Ya son muchas vueltas al sol las que he dado de la mano de mi amiga y gurú de belleza Eva Villar. Los cuidados, consejos y recomendaciones de su libro forman parte de mi vida desde hace ya mucho tiempo. Gracias, Eva, por compartir tu sabiduría para que nos sintamos más bellas pero, sobre todo, más felices y sanas.»

Carolina A. Herrera, directora creativa de House of Fragrances Carolina Herrera

«Un enfoque especial y necesario de la belleza. La importancia de conectar con lo que somos y con nuestro entorno. La explicación de por qué ser buenas personas, amarnos, amar lo que nos rodea y vivir en armonía nos hace más bellos y nos da ese halo de luz especial. Leerlo es escuchar a Eva, cerraba los ojos y sentía esa paz que ella transmite. Una delicia. Para aprender, leer y releer.»

Katia Rocha, periodista especializada en belleza

«Hay un vínculo invisible y poderoso entre belleza y generosidad. Eva Villar es el reflejo de ese vínculo y en este libro comparte las claves para descubrir y cultivar nuestra mejor versión, esa que nos hace únicas en el mundo.»

Mara Torres, periodista y escritora

«Pocas personas manejan la tijera y las brochas como Eva Villar. Porque Eva no peina o maquilla con las manos, lo hace con el alma. Y con esa alma (y mucha sabiduría) está escrito este libro, una guía de cuidados estructurada alrededor de las estaciones del año, repleta de consejos, experiencias, ejercicios, trucos y recetas "cocinadas" en torno a un ingrediente principal: sacar la mejor versión de nosotras mismas, no crear una versión diferente (ni ajena). Cerca de Eva siempre se aprende, y después de leerla me quedo con esta realidad: casi todos los ingredientes para el autocuidado los podemos tomar de la naturaleza; de la propia y de la que nos regala la tierra. Y en estas más de 200 páginas están las mejores herramientas para descubrirla y usarla. Bravo, Eva, y brava. Es muy difícil (y valiente) escribir un libro, ¡y tú has escrito uno muy bueno!»

Teresa De La Cierva, periodista especializada en belleza

Sumario

Primavera

Verano

Otoño

Invierno

MI CAMINO A TRAVÉS DE LA BELLEZA

La belleza no es siempre tan obvia como parece.

A lo largo de los años he desarrollado mi profesión en diferentes espacios: en el salón de peluquería de mi madre, en escuelas de belleza, al lado de fotógrafos, estilistas, actrices, cantantes y modelos —durante mi etapa en la industria de la moda— y, los últimos años, en la intimidad de mi estudio. He podido observar la belleza desde diferentes ángulos, y eso me ha enseñado muchas, muchísimas cosas. La primera de todas es que la belleza se encuentra donde menos te lo esperas. Y la segunda es que nunca soy yo quien la crea.

Mi trabajo, como cualquier otro trabajo creativo, depende de las herramientas de las que dispones, de las técnicas que dominas y, sobre todo lo anterior, del filtro con el que ves lo que tienes delante y de la capacidad de mantener un equilibrio entre lo que tú ves y lo que ven los demás.

Una misma persona les puede parecer preciosa a unos y de lo más vulgar a otros.

Esa misma persona puede sentirse increíblemente bella o sentirse acomplejada por diferentes motivos, independientemente de su aspecto físico.

En manos de un profesional de la imagen esa persona puede pensar que le están robando su esencia o puede creer que esas manos obrarán el mayor de los milagros.

Después de una sesión de belleza esa misma persona puede convertirse en un personaje y volver a ser ella misma cuando termina su trabajo o llegar ya siendo un personaje, porque nunca ha sabido quién es en realidad.

Cuando trabajaba con modelos a diario, descubrí que la belleza no se encontraba en el objeto —la modelo— ni en quienes trabajábamos sobre ella —el equipo creativo—. Había tantos factores en juego que la sensación de plenitud, de belleza absoluta no siempre se conseguía. Había demasiados filtros, demasiadas expectativas sobre una persona, sobre una idea, sobre un resultado... En el mundo del modelaje ser guapa o tener las medidas perfectas no es suficiente a la hora de transmitir emociones, de convencer al espectador o de revelar aquello que supones en nuestra mente como «perfecto para un momento determinado».

En mis primeros años en el mundo de la moda me fascinaban todas esas mujeres increíbles.

Me parecía imposible que alguien pudiera encontrar algún fallo en ellas y pensaba que cualquier cosa que hiciéramos sobre el maniquí quedaría perfecta. Sin embargo, a lo largo de los años pude descubrir que esto no siempre es así. ¿Por qué no es así? ¿Por qué, aun siendo «perfectas», no siempre son bellas? En definitiva, ¿dónde reside la belleza verdadera?

Empecé a sentirme atraída por otro tipo de sesiones de trabajo, esas sesiones en las que fotografiábamos a personajes reales, personas que poseían diversos talentos que, a menudo, no tenían nada que ver con sus atributos físicos. Sesiones con todo tipo de gente, de cualquier rango de edad, estatus social, etc.

Durante estas sesiones empecé a observar muy de cerca ciertos patrones repetidos que tenían lugar cuando trabajábamos con estos personajes. Tras esta observación minuciosa descubrí que de vez en cuanto sucedía algo increíble, y es que todos los que estábamos en contacto con esa persona coincidíamos en que era perfecta desde todos sus ángulos, desde cualquier perspectiva, en su presente, pasado y futuro. Cuando esto sucedía, yo era incapaz de maquillar a esa mujer, tampoco podía peinarla; no podía, no quería. Seguramente mi indisposición viniese dada por el miedo a que mi paso por su esencia le robara una pizca de naturalidad, de verdad.

Es gracioso. Cuando te pagan por maquillar y peinar a alguien parece que tienes que hacer algo, lo que sea, que justifique por qué estás ahí, por qué te han elegido a ti en lugar de a cualquier otro compañero. Es absurdo. Confieso que más de una vez me he visto diciendo: «Lo siento, no quiero hacerle nada». Y, con el tiempo, he comprendido que eso también es parte de mi trabajo: saber cuándo hay que intervenir y cuándo es mejor no hacerlo.

Descubrí entonces que la belleza no está en las personas que nacen con unos atributos concretos, sino que la belleza verdadera se instala de manera permanente en aquellas personas que se aceptan tal y como son, que celebran su naturaleza respetando hasta el más mínimo detalle de la misma.

Cuando te encuentras con alguien así, resulta que su presencia altera a todos los que la rodean. Su belleza, lejos de ser perfecta, es, sin embargo, sencillamente auténtica, completa y rotunda.

Cuando me encuentro con un ser cultivado a este nivel, lo reconozco rápidamente. Como he observado siendo maquilladora y peluquera, ocurren siempre los mismos fenómenos con ellos, pues estas bellezas auténticas se rigen por patrones similares que hacen que mi mundo profesional se cuestione a sí mismo. El primero y el más especial de estos fenómenos es que no quieres tocar a la persona que tienes en frente y sobre la que debes trabajar, no quieres cambiar ni un ápice de su presencia. El segundo ocurre después de pasar un rato juntas, puede ser en una conversación o durante una sesión de trabajo, comienzas a comprender en qué zonas puedes participar, de manera muy sutil, casi sin que se note. El tercer fenómeno es el más impresionante de todos y ocurre cuando se crea un vínculo entre esa persona y yo. Es como si su energía le hubiera dado permiso a la mía para fundirse y disfrutar de un buen rato juntas... ¡y entonces sucede la magia! De repente todo vale, todo está permitido, todos los colores, texturas y volúmenes encajan, y resulta que puedo transformar a esa persona tanto como quiera manteniendo al mismo tiempo intacta su esencia. Es tan bonito cuando ocurre que me dan ganas de llorar.

Pero lo más importante de toda esta historia que resume mi descubrimiento personal de la belleza genuina es el mensaje que hay detrás de ella: las personas que poseen cierto grado de belleza y equilibrio de manera inalterable, son aquellas que poseen cierto grado de evolución. Y es que la belleza, como cualquier otra forma sensible de energía, florece cuando se cultivan las raíces desde lo más profundo, empezando por lo más íntimo de nosotras, de nuestros cuerpos y también de nuestras vidas. Porque si no cultivamos y limpiamos nuestros filtros, a pesar de que la belleza esté ahí, justo delante de nuestros ojos, no seremos capaces de verla. Y cultivar y limpiar nuestros propios filtros para ver la belleza que hay en nosotras es el propósito principal del libro que he escrito para ti.

¿Qué es para mí la verdadera belleza?

La belleza es una forma de energía. Lo bello puede dejar de serlo en muy poco tiempo, en cuanto le fallen los cimientos que necesita para mantenerse en pie, en perfecto estado.

Nosotras somos naturaleza, una de las miles de millones de especies que existen en ella. Como cualquier otra criatura de la naturaleza, necesitamos una serie de condiciones para desarrollarnos plenamente. Bien, pues la belleza es un signo de que todas esas condiciones están en sintonía. Así que, para simplificarlo mucho, yo diría que la belleza es equilibrio.

Por ejemplo, para que una rosa se perciba como perfecta necesita un ciclo de humedad concreto, unas horas de luz, una tierra adecuada con el abono correspondiente... Todos estos factores darán lugar a la bella imagen que muestra la flor, que no es otra cosa que un reflejo de lo sanas y adaptadas que están sus raíces al medio. De hecho, es el rosal quien, en determinada época del año, dará rosas. Y las rosas son una consecuencia del medio de vida del rosal. La raíz es la clave de toda planta y el medio en el que se desarrolla será lo que manifieste su imagen exterior.

Para que puedas seguirme, te planteo la siguiente cuestión: ¿qué crees que ocurriría si tenemos un jardín de flores en Costa Rica y pretendemos reproducirlo exactamente en España? Pues que muchas de las flores y plantas que crecen en perfecta armonía en Costa Rica no podrían hacerlo aquí, simplemente porque este no es su hábitat natural. Tendríamos que esforzarnos muchísimo para reproducir todas las necesidades naturales de algunas de estas especies. Esto mismo es lo que ocurre cuando nos empeñamos en ser aquello que no somos. ¿Y cómo podemos saber si somos quienes creemos ser? Pues precisamente para tratar de comprender y de dar respuesta a esta compleja pregunta nos encontramos tú y yo aquí.

Si te paras a pensarlo, pronto te darás cuenta de que en la naturaleza todo está previsto para que cada especie cuide de sí misma —siempre que se respete su hábitat natural y sus ciclos correspondientes—. Si nosotros, los seres humanos, trasladamos especies —ya sean vegetales o animales— de un lugar con un determinado hábitat a otro con un hábitat diferente, estas no podrán vivir sin nuestra ayuda. Es decir, no podrán sobrevivir si solo las trasladamos pero no reproducimos su hábitat natural. Y, en ocasiones, aunque tratemos de reproducirlo, la supervivencia será casi imposible.

Lo mismo ocurre contigo y conmigo. Lo cierto es que, para que puedas ser autosuficiente en tu cuidado personal, necesitas respetar y conocer una serie de condiciones que te permitan desarrollarte en perfecta armonía. Este conjunto de condiciones se pueden recoger bajo el término «autocuidado», una palabra muy poderosa que escucharás a menudo a lo largo de este libro, que pretende guiarte hacia un estilo de vida más consciente y que trae como consecuencia una belleza única desarrollada en su mejor versión; igual que una flor cultivada en su hábitat natural.

La belleza es el reflejo de algo mucho más profundo que trasciende a nuestra forma física y se manifiesta en todo aquel individuo que respeta su naturaleza por encima de los atributos físicos heredados al nacer.

Antes hablábamos de reproducir un jardín de Costa Rica en España, ahora fijémonos en los jardines humanos. Si los observamos con atención, pronto nos daremos cuenta de que no es lo mismo ver a niños jugando en un parque que ver a enfermos en la planta de un hospital. Los primeros nos parecerán simplemente bellos, todos ellos, sin excepción. Lo mismo ocurre cuando vemos flores: alguna nos llamará más la atención que otra, dependiendo de nuestro gusto personal, pero, igual que ante los niños del parque, todos somos capaces de reconocer la perfecta armonía de una flor, sea cual sea.

Sin embargo, los enfermos de un hospital, en general, nos parecerán gente apagada, marchita, despojada de su energía vital; envueltos en sus camisones, con los pelos de cualquier manera y las caras cenicientas por llevar, unos más y otros menos, tiempo encerrados entre cuatro paredes y sin recibir la luz del sol. Con este ejemplo podrás determinar que la belleza está íntimamente ligada con la salud, con la armonía, con el equilibrio, con la energía que nos rodea, y no tanto con nuestros atributos físicos. Puede que te parezca extraño, ya que estos atributos físicos son lo primero que vemos en una persona, sin embargo, a través de estas páginas descubrirás que, si prestas la atención suficiente, existen otros rasgos más sutiles que son mucho más poderosos.

Todas nosotras habitamos un cuerpo, en cada uno de nuestros cuerpos existen varios billones de células y cada una de ellas es en sí misma un organismo vivo, capaz de pensar, de adaptarse al medio, de protegerse, de reproducirse, de evolucionar... Nosotras no estamos hechas de algo inerte, no estamos hechas de algo que siempre fue así o de algo estático. Nuestras células se alimentan de todo lo que nos rodea cada día: de lo que comemos, de lo que pensamos, de cómo nos nutrimos por dentro y por fuera, de la gente que elegimos tener cerca y de la que no es elegida, de los lugares en los que pasamos las horas...

Somos flores y tenemos la gran suerte de poder desplazarnos por el mundo, de poder tomar en nuestras manos aquello que necesitamos y también de rechazar todo aquello que no nos sienta bien. Somos flores capaces de proporcionar a nuestras raíces una buena base en forma de amistades, relaciones, familia, etc. Y, además, si nutrimos nuestras raíces de un modo positivo, estas provocarán el nacimiento de nuevas flores y frutos en forma de proyectos, alianzas y conexiones de todo tipo.

Para encontrar y cultivar la belleza más profunda de cada una de nosotras es imperativo descubrirnos, conocer primero qué tipo de flor somos y qué condiciones son las necesarias para que podamos vivir plenamente. Desarrollarnos de manera consciente y con coherencia y disfrutar de las mejores condiciones posibles nos garantizará, sin duda, una dulce manifestación de nuestra singular belleza. Y esa singularidad es la que debemos descubrir y aprender a mantener.

A pesar de estar estrechamente unida a la cosmética, siempre he sabido bien que la belleza no se encuentra dentro de un frasco. Nada es bello a costa de capas de barniz. La verdadera belleza es el fruto de un camino realizado desde el autoconocimiento, de un camino que nos conduce a la aceptación y al respeto por uno mismo. La verdadera belleza no es sinónimo de tener una buena imagen. La imagen sería como quitarle el polvo a las hojas de un ficus y ponerle un poco de brillo para que esté «guapo», sin embargo ¿de qué depende realmente la responsabilidad de que el ficus sea un hermoso ejemplar? De cómo estén cuidadas sus raíces.

En definitiva, la belleza es un reflejo del amor. Simplemente eso. Si te amas, si te cuidas y te respetas, florecerás. La aceptación es el abono que necesitas para emprender este camino, para evolucionar en armonía. Saber dónde estás, en qué momento de tu vida te encuentras y comenzar a tratarte desde ahí mismo es la clave para el éxito. La belleza es una expresión sutil que aparece cuando estás en contacto con tu esencia, ahí está todo lo que necesitas y no fuera de ti.

La importancia de las estaciones del año en nuestro organismo

Al igual que cualquier otra especie animal o vegetal, nosotras y nuestro planeta estamos siempre en constante movimiento, en constante transformación. Y lo que nos recuerda y nos ayuda a entender este proceso son los cambios de estación, la propia evolución y adaptación a los distintos episodios que ocurren a lo largo del año y para los que debemos prepararnos de manera consciente y comprometida.

Las estaciones del año nos ofrecen una perfecta oportunidad para revisar el estado de nuestro cuerpo, tanto exterior como interior, y realizar los ajustes necesarios para que este atraviese cada etapa de la mejor manera. Si lo piensas con detenimiento, del mismo modo en que el día va pasando y las horas van marcando nuestras actividades, así sucede con las semanas, los meses, las estaciones del año y la vida misma. Ver, apreciar y prepararnos para el paso del tiempo es una bonita manera de agradecer la vida de la que estamos disfrutando. Adoptar hábitos conscientes es como vestir nuestra vida del color que mejor nos sienta.

Programando nuestras actividades conseguimos darle forma a nuestros días y sentirlos de manera mucho más consciente. En muchos casos vamos a la deriva, repetimos nuestras rutinas de forma automática sin planificar los momentos y los cambios necesarios para avanzar con atención.

Seguro que cuando programas un viaje determinas qué actividades concretas vas a realizar cada uno de los días que vas a pasar fuera para así no perder detalle, exprimir tu tiempo al máximo y disfrutar de la experiencia. Del mismo modo, si aprendes técnicas de planificación para cuidar de tu naturaleza a través de las cuatro estaciones, sentirás el paso del tiempo como un aliado perfecto con el que caminar de la mano, nutrir cada una de tus partes y darles su lugar en el momento adecuado. Y es que le tenemos miedo al paso del tiempo porque lo visualizamos de manera negativa cuando, en realidad, el paso del tiempo es algo natural, necesario y sagrado. Es lo que nos permite evolucionar.

Somos naturaleza y la naturaleza se manifiesta y se adapta al medio a través de las estaciones del año. Por ello, nosotras deberíamos hacer lo mismo. Inspirándonos en la naturaleza, nuestra madre, será más sencillo permitir que todos estos cambios nos afecten de manera positiva, moldeando nuestras rutinas a todos los niveles.

Reaprender a cuidarnos

El autocuidado depende mucho de cómo te hayan cuidado en casa. Cada familia es un mundo, pero seguro que la tuya tiene varias cosas en común con sus familias vecinas, con el barrio o la ciudad en la que has vivido y, por supuesto, con la cultura general del país al que perteneces.

¿Qué significa esto? Pues que las decisiones que tomamos a la hora de cuidarnos y de cuidar a nuestros hijos son consecuencia directa no solo de aquellas costumbres que hayamos heredado de nuestras generaciones pasadas, sino también de la información a la que estamos expuestos cada día.

Cuando adquirimos un compromiso consciente con nuestro cuidado personal tratamos de poner atención a esas tareas cotidianas y descifrar cuáles de estas rutinas heredadas nos siguen sirviendo y cuáles de ellas ya no nos ayudan a avanzar, a mejorar, a convertirnos en quienes realmente queremos ser. Parece una tontería, pero estos mensajes heredados e instalados en nuestro subconsciente determinan en gran medida cómo nos cuidamos a todos los niveles. Estos mensajes están escondidos en todas partes y es importante aprender a localizarlos y deshacernos de ellos —si son negativos— o adoptarlos de manera consciente —si son positivos y es eso lo que deseamos—. A través de las diferentes partes de este libro aprenderemos a descifrar y a elegir hábitos y rutinas nuevas que nos conduzcan a un modo más consciente. Aprenderemos, en definitiva, a relacionarnos con el mundo que nos rodea y con nosotras mismas de un modo más orgánico y beneficioso. Dentro de los diferentes apartados a lo largo del libro encontraremos siempre una de las tres normas básicas del autocuidado:

- Cuidado personal.
- Dejarse cuidar.
- Cuidar de los demás.

En el siguiente apartado desgranaremos individualmente y de forma breve estas tres normas básicas que no debemos perder de vista en nuestro camino a través del autocuidado.

Las tres normas de autocuidado

CUIDADO PERSONAL

El autocuidado es un hábito poderoso que cultiva y transforma nuestro ser de dentro afuera y ayuda a eliminar energías negativas como la inseguridad, los complejos autoimpuestos, el miedo, etc.

Desde el momento en el que nos convertimos en adultos el autocuidado es un derecho y una obligación a partes iguales y, sobre todo, nos va a permitir fomentar un profundo respeto por nosotras mismas.

Todo lo que aprendamos a este nivel será un pasaporte seguro para una vida más saludable en el futuro.

DEJARNOS CUIDAR

Ponernos en manos de buenos profesionales y dejarnos hacer es uno de los placeres de la vida, y también una maravillosa terapia para contrarrestar el estrés y los vaivenes cotidianos. Pero lo mejor de esta parte es observar cómo los demás nos ven, cuáles de nuestras cualidades destacan y cómo sacan partido de nuestro cuerpo físico, mental o emocional. Vernos desde otras perspectivas, con otros ojos, nos enriquece y nos permite experimentarnos de un modo más global, más libre.

Trabajar con modelos durante años me ha enseñado mucho en este ámbito. Por ello, puedo afirmar sin miedo a equivocarme que cuando una mujer está en manos de personas diferentes continuamente desarrolla una perspectiva de sí misma mucho más amplia.

CUIDAR A LOS DEMÁS

Ya sea a tus hijos, tus amigos, tu familia, tu pareja, tu mascota, tus proyectos o ayudas humanitarias... entregarte a los demás en formas diferentes es una maravillosa manera de fomentar la belleza y los cuidados a tu alrededor y de provocar una energía de amor, tolerancia y generosidad que siempre te será devuelta. Las personas que se ofrecen a los demás de manera desinteresada poseen una belleza singular y se tiñen de un matiz sereno que inspira confianza y paz.

Y tú, ¿quién eres?

Como has podido observar hasta el momento, en mi búsqueda del origen de la verdadera belleza he llegado a la conclusión de que no es posible conseguir un equilibrio completo si no se conocen y se alimentan todas las partes de una persona. Después de haber recorrido un largo camino y de haber profundizado minuciosamente en cada una de estas partes, he querido reservarles un lugar especial en las páginas de este libro.

Soy consciente de que, a primera vista, mi formación inicial como peluquera y maquilladora está muy enfocada en la parte más superficial del cuidado personal. Sin embargo, las primeras impresiones engañan casi siempre y lo cierto es que en mi profesión es tan importante lo superficial como aquello que se esconde en el interior —aunque reconozco que no pude ir más allá hasta que fui capaz de comprender mejor todas las partes que nos componen—. Y mi descubrimiento incluye la seguridad de saber que se puede llegar a tocar cada una de nuestras partes desde cualquier otra. Con un peine podemos palpar nuestras emociones y con una caricia podemos maquillar nuestro rostro. Tomar conciencia de quiénes somos, a todos los niveles y de un modo más responsable y activo, nos da una visión más completa y profunda de aquello que abarcamos. Por eso en este libro le doy mucha importancia a dejar de mirarnos por partes y conectar de un modo global con lo que somos en realidad.

No eres solo un cuerpo físico. Es más, tu cuerpo físico es una consecuencia, una manifestación del estado de los otros cuerpos de los que estás compuesta. El ser humano es multidimensional y el cuerpo físico, a pesar de ser lo único que vemos a través de los cinco sentidos, es el más burdo de todos ellos.

Puedes imaginarte a ti misma como si fueras una muñeca rusa: tu cuerpo más pequeño sería el físico, cubierto por un cuerpo mental; seguido por un cuerpo emocional, que trasciende al cuerpo físico y lo contiene; la siguiente matrioshka sería un cuerpo energético y, por último, un cuerpo espiritual. En el próximo apartado explicaremos de forma individual cada uno de estos cuerpos para que puedas identificarlos y valorarlos en ti misma.

Todos tus cuerpos están interrelacionados, lo que significa que cualquier cosa que afecta a uno de ellos afecta también a todos los demás. Tú estás y eres todos estos cuerpos, ya que ellos son manifestaciones de ti misma en diferentes grados de desarrollo. A medida que nos vamos haciendo mayores, a medida que adquirimos conocimientos y experimentamos, estos cuerpos se van desarrollando contigo y pueden provocar tremendos cambios físicos.

Los cinco cuerpos

Tu cuerpo físico está formado por células que son, a su vez, infinitas y pequeñas copias exactas de ti misma. Es con el que más nos identificamos, representa el límite entre lo material y el resto de ti, y también entre el yo y todos los demás. Es tu vehículo de transporte y recibe las experiencias del mundo a través de los cinco sentidos. Se alimenta gracias a la respiración y a los alimentos que le proporcionas. El propósito de tu cuerpo físico es existir de forma física y experimentar.

Para cultivar tu cuerpo físico necesitas:

- Alimentación sana y equilibrada.
- Ejercicio físico realizado de una manera constante.
- Respiración adecuada.
- Rutinas de autocuidado relacionadas con tu cuerpo, tu cabello y tu rostro.

Tu cuerpo energético es el campo que cubre o rodea el cuerpo físico, es el responsable de sostener la conciencia individual y toda la energía mental, psíquica y supraconsciente. Aunque no podemos verlo, ya que no existe de forma física, sí que existen algunos aparatos con los que se puede medir la frecuencia vibracional. La energía individual se encuentra alrededor de tu cuerpo físico. Por ejemplo, si extiendes tus brazos en cruz y giras tu cintura de lado a lado creando una especie de círculo, todo ese espacio pertenece a tu cuerpo energético. Sabemos que la Tierra está protegida por una capa llamada «atmósfera», que filtra los rayos más nocivos del sol, de los gases y de otros agentes externos que suponen una amenaza continua al bienestar de nuestro planeta, pues, del mismo modo, cada una de nosotras posee un campo electromagnético que nos rodea y que nos protege del exterior, del resto de los humanos y de otros virus y bacterias energéticas que se encuentran en nuestro entorno. El propósito de tu cuerpo energético es transformar y circular.

Para cultivar tu cuerpo energético necesitas:

- Consumir alimentos vivos, que contengan energía vital: semillas, frutas, vegetales, cereales…
- Utilización de aceites esenciales y esencias florales.
- Trabajar tu cuerpo a través de los chakras.

Tu cuerpo emocional está situado en una parte superior de la mente que procesa la información de los sentidos. Aunque tampoco es posible ver nuestras emociones, sí que las sentimos intensamente y estamos más familiarizados con ellas, porque también estas se manifiestan a nivel físico de forma mucho más obvia. Emociones básicas como el amor o el temor desencadenan el resto de emociones, que parten de estas dos emociones raíz y que determinan en gran medida cómo nos enfrentamos al mundo y cómo nos afecta lo que vivimos en él. En definitiva, las emociones gobiernan el modo en el que pintamos nuestra realidad. El propósito de tu cuerpo emocional es expresar, amar.

Para cultivar tu cuerpo emocional necesitas:

- Aprender a escucharte, pasar tiempo de calidad a solas contigo con el fin de descubrir y ser fiel a tu naturaleza.
- Rodearte de personas que te quieran y te nutran.
- Relacionarte con el entorno y pasar tiempo cerca de la naturaleza.
- Practicar ejercicio físico como el yoga.
- Amar.

Tu cuerpo mental es el cuerpo del conocimiento y en él se aloja la mente superior o intelecto. Es la conciencia del yo, el ego. La conciencia individual, el intelecto y el ego están unidos por el tiempo y lo perciben en una secuencia de presente, pasado y futuro. Podríamos decir que es el conjunto de nuestras creencias y pensamientos. Es cómo percibimos el mundo. Las cosas que pasan en nuestra vida cotidiana no tienen un mismo significado para todos, sino que dependen de la interpretación que tu mente les dé. El modo en que tu mente interprete un acontecimiento determinado hará que para ti este sea negativo, positivo, importante, etc., pudiendo ser lo contrario para otra persona. Dicho de otro modo, eres lo que piensas, porque tu realidad se crea a través de tus pensamientos y estos se crean, a su vez, a partir de tus creencias. La interacción entre el intelecto y el ego lleva mensajes a tu subconsciente que se quedan grabados en tu memoria como registros de todo lo que has experimentado y de cómo te has sentido en esas experiencias en el pasado. El fin de este proceso de conocimiento y experiencia es saber cómo debes actuar en situaciones similares en el futuro. El propósito de tu cuerpo mental es despertar, crecer.

Para cultivar tu cuerpo mental necesitas:

- Adquirir conocimientos, estudiar y formarte en las áreas que más te interesen.
- Romper creencias y ataduras.
- Rodearte de personas, lugares y proyectos que enriquezcan tu intelecto.
- Practicar el desapego en aquello que bloquee tu mente.

Tu cuerpo espiritual es aquel que, en teoría, todos relacionamos de forma directa con nuestra alma, con aquella parte de nosotras que permanece viva cuando nuestro cuerpo físico deja de existir.

El alma es la inteligencia suprema y sabe por qué estás aquí. Digamos que es esa parte de ti que sabe lo que necesitas experimentar y, además, es quien te guía a través del instinto. Este cuerpo pretende acercarte a todas las experiencias y situaciones de amor, para que así puedas experimentar este sentimiento tan puro de todas las formas posibles. Está directamente conectado con el cuerpo físico a través del corazón. Puedes cultivar y experimentar este cuerpo a través de la meditación. El propósito de tu cuerpo espiritual es evolucionar.

Para cultivar tu cuerpo espiritual necesitas:

- Practicar técnicas de meditación.
- Practicar ejercicios de pranayama.
- Conectar con proyectos que te hagan mirar más allá de ti mismo.
- Cultivar la fe y la espiritualidad.

A través de los diferentes apartados de este libro aprenderás técnicas para desarrollar conocimientos y cuidados a un nivel más profundo que te ayudarán a conectar con todas las partes que componen tu ser. En cada estación descubrirás cómo desenvolverte e identificarte con los cambios más significativos a través de tu cuerpo, tu mente, tus emociones, tu energía y tu entorno. Aprenderás a conocerte desde diferentes perspectivas y descubrirás nuevas fórmulas de autocuidado que, sin duda, te conducirán a una imagen de ti misma mucho más rica y completa.

Somos flores, cada una de nosotras vibra, siente y se expresa ante el mundo de manera diferente. Descubre quién eres, cuáles son tus cualidades personales y conviértete en la mejor versión de ti misma.

Antes de acabar, te propongo que visualices tus cinco cuerpos representándolos como un árbol. Este árbol será el del autocuidado, y en sus raíces estarán todos los nutrientes que necesitamos para llevar a cabo este camino.

Este esquema te ayudará a enfocar los siguientes apartados y a comprender cómo funciona el autocuidado de las estaciones en cada uno de tus cinco cuerpos y en cada una de las partes de tu cuerpo físico.

Independientemente de la estación, en las raíces del árbol del autocuidado estarán presentes:

¿Tienes claro el esquema? Pues entonces sigue leyendo y comienza a dar tus primeros pasos a través del camino del autocuidado. Ojalá cuando acabes de leer estas páginas y de incorporar a tu vida estos nuevos hábitos te sientas más completa y te conozcas mejor.

Primavera

¡LA PRIMAVERA YA LLEGÓ!

Pronto será tu momento de florecer y de mostrarle al mundo los frutos de este año.

Un equinoccio ocurre cuando la órbita terrestre en el plano ecuatorial de la Tierra pasa exactamente por el centro del Sol. Durante los equinoccios, el día y la noche tienen casi la misma duración, 12 horas. Y desde ese momento, los días empezarán a ser más largos y las noches más cortas, al contrario de lo que ocurre con el equinoccio de otoño.

La primavera trae consigo los frutos de la vida, los brotes, la abundancia... Es la forma que tiene la naturaleza de enseñarnos su mejor versión, de invitarnos a salir de nuestros escondites, de inspirarnos y retarnos con todos esos nuevos colores que mezcla como nadie más sabe hacer.

La primavera trae de nuevo la evidencia de los días más largos, las tardes definitivamente le pertenecen a ella, las alarga y las estira para que todos podamos disfrutarlas mucho más. ¿No te parece que durante el invierno las tardes apenas existen?

La primavera es una fiesta efímera y, tal como le sucede a la Cenicienta, su traje especial tiene los días contados. Algunas de las flores que adornan su manto duran tan solo unos días... Y gracias a su corta duración, que pasa casi como un suspiro, recordamos la importancia de festejar quienes somos, de adornar nuestra esencia, de lucir nuestros colores más vibrantes... La importancia de celebrar, sobre todo la de celebrar la vida. Porque esta estación preciosa, como si de una mágica fiesta se tratara, nunca dura demasiado.

En primavera la energía del cuerpo cambia lentamente pasando de un estado lento y letárgico a un estado más fluido y dispuesto al cambio. Venimos del invierno, con digestiones más lentas, y necesitamos liberar a nuestro organismo de toda esta pesadez.

El cambio en nuestra alimentación se basa principalmente en esta liberación, en alcanzar una mayor ligereza. Si te fijas en los productos de esta temporada, verás que casi todos los vegetales y frutas de primavera tienen un alto poder drenante. La manera en que nos alimentemos en estos meses será vital para ayudar a nuestro cuerpo y a nuestra piel a liberarse de esta sensación pesada y lenta que nos deja el invierno.

Es en primavera también cuando sentimos de manera natural una mayor predisposición a limpiar nuestras casas, vaciar armarios, cambiar o deshacernos de ropa y trastos viejos... Una necesidad vital de limpiar el nido, quitarle el polvo, airear, abrir ventanas...

También en nuestras relaciones ocurren cambios. Durante el invierno apenas tenemos tiempo para relacionarnos, nos metemos temprano en casa y nuestros días especiales los dedicamos a aquellos allegados a los que solemos invitar a nuestro hogar, con quienes compartimos los momentos más íntimos. El invierno nos deja un poso de introspección que se llena de luz en primavera. La primavera nos invita de nuevo a salir del cascarón y a abrirnos a nuevos horizontes. Es el mejor momento para hacer un repaso y decidir de manera más consciente a quién quieres mantener dentro de tu círculo social, quiénes ya no te aportan nada y quiénes pueden ser una nueva y refrescante oportunidad para ti.

...

Imagina que eres una pequeña semilla,
escondida bajo el frío y húmedo manto de la tierra,
a punto de brotar.

LA PRIMAVERA EN NUESTRO CUERPO

Si hay algo que me gusta de la primavera es la manera tan maravillosa que tiene de limpiarlo todo a nuestro alrededor. Si te fijas con algo de atención y te decides a recorrer un camino a su lado, la naturaleza te dará muchas pistas. El frío y húmedo manto del suelo que ha permitido que no se hielen las raíces de las plantas y los árboles durante el invierno, también ha servido para que muchas nuevas semillas germinen y den paso a pequeños brotes que están empezando a salir a la superficie. Gracias al aumento de las horas de sol que empezarán a observarse en los próximos meses, las diferentes especies vegetales podrán florecer, dar frutos y alimentar a nuevas crías de insectos, pájaros, etc. Básicamente, parece que la vida vuelve a brotar de manera inevitable a nuestro alrededor.

Como siempre trataré de recordarte a lo largo de este libro que tú, yo, nosotras, también somos naturaleza y nos regimos por las mismas leyes que esta. Párate un momento a reflexionar detenidamente sobre ello y seguro que enseguida sabrás qué es lo que te pide el cuerpo en esta estación en concreto.

Rostro

INTRODUCCIÓN AL AYURVEDA

Mi primer contacto con la medicina Ayurveda fue en un viaje a la India cuando era muy joven, tenía solo diecinueve años. Allí tuve la suerte de conocer a una familia de médicos ayurvédicos que me enseñaron su forma de vivir y trabajar a través de esta filosofía. En ese momento no le di demasiada importancia, pero, sin duda, aquella experiencia marcó mi vida y la forma en la que en el futuro he enfocado mi manera de trabajar con las personas, entendiendo la belleza como el equilibrio de todas nuestras partes y no como el conjunto de atributos mejores o peores que nos hayan tocado al nacer.

A lo largo de todos estos años me he ido formando a través de numerosos libros, cursos y talleres, profundizando tanto como he podido en esta filosofía con el fin de poder aplicar sus enseñanzas tanto en mi modo de vida como en la manera de enfocar mi trabajo.

El Ayurveda abarca todo lo relacionado con la salud y en sus enseñanzas se explica cómo tratar la mayoría de los síntomas que nos alejan del equilibrio y, por consiguiente, de la salud inherente a todo ser humano. Esta ciencia es uno de los sistemas de salud más antiguos del mundo, una de las ramas de las enseñanzas védicas con más de 5.000 años de antigüedad, transmitida por Rishis (o maestros espirituales) a través de textos en sánscrito.

El principal foco es la constante limpieza y desintoxicación del cuerpo a través, principalmente, de la alimentación, el ejercicio físico y ciertas técnicas que se practican en la vida cotidiana para evitar, en la medida de lo posible, que caigamos en desequilibrios que se convertirán en enfermedades tarde o temprano. Según esta ciencia, si conocemos cuál es nuestra naturaleza y la respetamos con los elementos necesarios, es muy probable que vivamos una existencia estable y equilibrada, que alcancemos lo que en occidente entenderíamos como nuestra mejor versión. Son, al fin y al cabo, los malos hábitos los que nos arrastran a experimentar todo lo contrario.

Para entender mejor cómo somos cada una de nosotras y de qué estamos compuestas, el Ayurveda nos clasifica en tres constituciones o Doshas diferentes: Vata, Pitta y Kapha, tres tipos de naturaleza muy diferentes entre sí pero complementarias. Cada Dosha está creado a su vez por la combinación de cinco elementos que componen todo lo que existe en este planeta, es decir, todo lo que está hecho de materia. Estos cinco elementos son: agua, tierra, fuego, aire y espacio. Y la cantidad o combinación de cada uno de estos elementos con el resto es lo que determina nuestra naturaleza o Dosha. Por ejemplo, las personas con una constitución tipo Vata contienen en su naturaleza mayor cantidad de los elementos aire y éter. Las personas con una constitución tipo Kapha contienen en su naturaleza una mayor cantidad de los elementos tierra y agua. Y, por último, las personas con una constitución Pitta contienen en su constitución mayor cantidad de los elementos fuego y agua.

La combinación de elementos que nos constituye afecta absolutamente a todo lo que somos. Por ejemplo, si contenemos en nuestra constitución una mayor cantidad de fuego, nuestro temperamento se verá afectado, así como la temperatura de nuestra piel, a nuestras digestiones… Si contenemos en nuestra naturaleza una mayor cantidad de agua, retendremos más líquido o tendremos digestiones más lentas y pesadas, ganaremos peso con facilidad o seremos más letárgicos. Del mismo modo, si contenemos en nuestra naturaleza una mayor cantidad del elemento aire, nos sentiremos más ligeros, nuestra mente irá mucho más deprisa, podremos sufrir problemas estomacales relacionados con los gases, nuestra piel será más fría y seca…

Con estos ejemplos solo quiero que comprendas la cantidad de atributos que definen nuestra naturaleza y cómo, conociendo un poco mejor su origen, vamos a ser capaces de conocernos y autogestionar mejor lo que nos sienta bien a cada una de nosotras.

Según nos transmite el Ayurveda, todos los problemas de salud vienen dados por el desequilibrio de los Doshas en nuestro cuerpo, y lo mismo ocurre con los problemas del cabello o la piel. Por lo tanto, si aprendemos a equilibrar y corregir nuestros Doshas predominantes y sus correspondientes elementos, podremos ser capaces de aliviar la mayoría de los problemas de nuestra piel. La manera más adecuada de conseguir un equilibrio óptimo y evitar problemas cutáneos es combinando una dieta equilibrada, la conexión mente-cuerpo-espíritu y el uso de buenos cosméticos.

Hoy en día tenemos a nuestro alcance una gran cantidad de recursos a través de los cuales podremos profundizar más sobre el Ayurveda. Así que, si realmente te interesa esta disciplina, puedes buscar más información en internet o en libros especializados. Lo mejor para un primer contacto sería visitar algún médico especializado en Ayurveda que te ayude a conocer cuál es tu Dosha dominante y que te enseñe a dar los primeros pasos; hoy en día es fácil encontrarlos en la mayoría de las ciudades. Y, si prefieres comenzar por ti misma, puedes hacerlo a través de test específicos que encontrarás en un montón de páginas de internet relativas al Ayurveda. Yo trataré de darte algunas nociones básicas y estoy convencida de que te sentirás identificada con muchas de ellas, sin embargo, el Ayurveda es una ciencia muy compleja y se requieren estudios universitarios para conocerla en profundidad. Por este motivo, en estas páginas te encontrarás con una parte muy básica del Ayurveda, aunque suficiente para empezar a comprenderte y a conocerte un poco mejor, al menos, ese es mi objetivo.

Para mí, el conocimiento de la piel y cómo cuidarla a través del Ayurveda me ha resultado un camino claro y muy didáctico a lo largo de los años, por eso utilizo con frecuencia muchos de sus recursos. Te los mostraré a ti también, ya que, gracias a de ellos podrás alcanzar un nivel de conocimiento más profundo de ti misma.

A grandes rasgos, estos son algunos de los principios básicos que debes conocer:

- Todos los seres humanos somos una combinación de los tres Doshas, sin embargo, solemos tener uno o dos Doshas predominantes. Tu Dosha predominante será el que marcará tu constitución y las condiciones más favorables para tu desarrollo.
- Puedes tener un Dosha predominante en tu tipo de piel y que tu constitución general coincida más con otro Dosha, esto solo lo sabrás si realizas un test o visitas a un médico ayurvédico. En todo caso, en relación con tu piel, guíate por el instinto. Al fin y al cabo, tu piel lleva contigo toda tu vida y nadie mejor que tú sabe si es suave, áspera, con tendencia grasa o seca...
- Para lograr un equilibrio, debes conocer este principio fundamental del Ayurveda: los elementos afines se atraen y los contrarios se equilibran.

Tipos de piel según el Ayurveda

Según el Ayurveda, todos nacemos con una naturaleza que determina nuestro cuerpo físico y nuestra personalidad, temperamento, etc. Esta naturaleza está siempre constituida por los tres Doshas mencionados anteriormente: Vata, Pitta y Kapha, y la proporción de estos tres Doshas en cada una de nosotras determina nuestra constitución personal (o Prakruti). En definitiva, los tres Doshas están presentes en todas las personas, pero las proporciones en las que se encuentran son distintas, son únicas para cada persona.

A pesar de tener un Prakruti (o constitución personal) ya definida en nuestra genética, esta puede verse alterada por distintas causas a lo largo de nuestra vida: las diferentes edades que atravesamos, el lugar donde vivimos, nuestra alimentación o nuestros hábitos afectarán a nuestra constitución desequilibrando o equilibrando nuestros Doshas. Por ello, la piel que hayamos heredado al nacer, es decir, su naturaleza, puede haber variado en gran medida hasta alcanzar su estado actual y, por supuesto, podrá variar en un futuro.

Te voy a poner un ejemplo para que distingas entre la naturaleza de la piel y el estado en el que se encuentra. Puedes tener una piel mixta, irritable, con rojeces y que se altera con facilidad y, al mismo tiempo, sentirla muy seca, deshidratada y tirante en un momento determinado o durante una temporada concreta. Tanto lo primero como lo segundo marcan un tipo de Dosha concreto, sin embargo, aquello que hayas sentido de manera constante a lo largo de tu vida será lo que determine tu tipo de piel, tu Dosha dominante. Y lo otro, es decir, lo que te ocurre solo de vez en cuando o de manera esporádica, es un desequilibrio de otro Dosha. En este caso, tu tipo de piel sería mixta, y el desequilibro de otro Dosha se manifestaría puntualmente en forma de piel seca.

Llegados a este punto, es necesario que realice una pequeña presentación de los tres Doshas para comprender mejor cada uno de ellos y cómo se manifiestan en nuestra piel. Comencemos:

Dosha Vata

Vata es una combinación de aire y éter. Este Dosha, a grandes rasgos, es el que gobierna el movimiento, la actividad, la respiración. Cuando este Dosha está equilibrado sentimos felicidad y alegría, ganas de actividad y movimiento. Cuando está desequilibrado sentimos ansiedad, nerviosismo y confusión mental.

Físicamente, una persona con un Dosha Vata dominante es más bien pequeña y delgada, con mala circulación y una piel fina y seca; es menuda, suele caminar deprisa, tiene una mente muy rápida y creativa. Cuando estas personas están en desequilibrio suelen buscar comidas crudas y frías, pero en equilibrio les sienta fenomenal la comida caliente y con alto contenido en agua, como las sopas o las cremas.

Las típicas pieles Vata llevadas al extremo son las pieles de los ancianos, tan finas que se vuelven casi transparentes y nos dejan ver bajo su frágil manto todas las venas y capilares. Son pieles muy secas, frías, con mucha tendencia a las arrugas. Pueden ser muy blancas o muy morenas, pero rara vez se ponen rojas. Estas pieles apenas contienen agua en su interior y por eso son fácilmente arrugables, yo las comparo con el papel de fumar. Si estrujamos un papel de fumar en nuestras manos, enseguida se queda totalmente encogido y le cuesta recuperar su forma natural. Las pieles Vata se arrugan desde muy jóvenes, suelen tener marcado el entrecejo, el rictus y también las patas de gallo antes que otro tipo de pieles.

¿Cómo podríamos equilibrar una piel definida por un Dosha Vata? Es sencillo. Para alcanzar este equilibrio vamos a aplicar el principio fundamental de que los Doshas se equilibran aportando aquello de lo que carecen, por lo que, si tenemos una piel con naturaleza Vata, lo que debemos hacer para mantener esta piel en perfecto estado es aportarle aquello de lo que carece: los elementos fuego y agua.

Por lo tanto, lo que no le conviene a este tipo de piel son, por ejemplo, las temperaturas muy frías. A estas pieles les encanta el veranito y el calorcito. Los climas húmedos y estar cerca del mar les sienta de maravilla, igual que utilizar tónicos y cremas ricos en agua y aceites templados. También les vienen genial los masajes intensos que calienten su fría piel, los baños de vapor…

Dosha Pitta

Pitta es una combinación de fuego y agua. Este Dosha controla nuestra digestión, nuestro metabolismo y la producción de energía en nuestro cuerpo. Gobierna la fuerza de la transformación.

Cuando Pitta está en equilibrio nos movemos, pensamos y comprendemos muy nítidamente, pero cuando está desequilibrado nos produce frustración, enfado e incluso ira. El prototipo de persona con una constitución Pitta suele ser de peso y estatura media, un cuerpo proporcionado, una temperatura corporal templada y una piel oleosa, rosada y reactiva, a veces pecosa y casi siempre de tonos claros. Cuando estas personas están en desequilibrio suelen tener antojos relacionados con la comida rápida y grasa, como por ejemplo patatas fritas o hamburguesas o por comida picante. Cuando están en equilibrio buscan frutas y verduras frescas.

Las típicas pieles Pitta en su condición más extrema son todas las pieles reactivas, delicadas, alérgicas… Estas características cutáneas propias de un desequilibrio de Pitta están relacionadas con un exceso de fuego que produce eccemas, psoriasis, rosácea, dermatitis, cuperosis, etc.

Es fácil reconocer una piel de este tipo cuando está en desequilibrio, ya que enseguida se pone roja o se cubre de irritaciones. Además, huyen del sol y deben estar protegidas constantemente. ¿El porqué? El sol es fuego ¡y de eso ellas van sobradas! Estas pieles se caracterizan por su brillo constante, por lo que a la hora de aplicar maquillaje sobre ellas el principal reto será eliminar este exceso de brillo.

Entonces, ¿cómo equilibrar una piel Pitta? Yo me imagino este tipo de pieles como si tuvieran una pequeña llama escondida en las capas interiores de la dermis, siempre esperando para estallar en cualquier momento. Para prevenir esta explosión, debemos pautar una rutina diaria que no debe ser modificada de repente, ya que a este tipo de pieles no le convienen nada los cambios bruscos de estación, ni el frío ni el calor en exceso. Tampoco el consumo habitual de alcohol ni de comidas picantes o muy grasientas. Por el contrario, agradece las texturas ligeras, las cremas fresquitas con alto contenido en agua, y demanda una cosmética muy determinada y antialergénica debido a su propensión a las reacciones alérgicas adversas. Esta cosmética incluirá los tónicos a base de flores, los masajes suaves con poca presión y muy muy lentos para no alterar la temperatura de la piel.

A estas pieles les encanta dormir con un poco de aromaterapia calmante en la almohada, creando así un microclima que aporte cierta humedad durante el sueño. Recuerda: el aceite esencial de lavanda es su mejor aliado.

Dosha Kapha

Kapha es una combinación de agua y tierra. Este Dosha representa la fuerza energética que hay detrás de la estructura del cuerpo, es decir, aquello que mantiene unidas las células que forman nuestros huesos, músculos, tendones, etc.

Cuando Kapha está en equilibrio nos sentimos confiados, relajados, en armonía, repletos de amor y en calma. Cuando está en desequilibrio nos sumimos en estados de obstinación y resistencia al cambio.

La estructura típica de una persona Kapha es grande y, además, algunos de sus rasgos físicos también son grandes: ojos, dientes, manos, pies... Las personas Kapha tienen tendencia a ganar peso, son más lentos en sus movimientos y afectuosos en sus modales y forma de ser. Cuando están en desequilibrio suelen sentirse deprimidos y tienden a comer dulces y, cuando están equilibrados, buscan alimentos crudos y ligeros.

Si quieres imaginarte una piel Kapha piensa en la piel de un bebé recién nacido. Esa es la piel típica y en perfecto equilibrio de este Dosha. Las pieles Kapha suelen ser frescas y con tendencia a acumular grasa. Cuando somos niños esta acumulación de grasa no tiene lugar, pero en la adolescencia comienza a aparecer, ya que estas pieles son más gruesas que el resto y experimentan dificultades a la hora de eliminar residuos. Los problemas más habituales derivan de esta vaga eliminación de residuos, dando lugar a que los poros se taponen y enquisten, a la aparición de sebo y, por consiguiente, de afecciones como el acné, los puntos negros, etc. Por el contrario, gracias a su gran contenido en agua, son pieles muy elásticas y no suelen tener arrugas; pueden pasarse toda la vida sin una arruga y suelen ser pieles bastante bonitas en la madurez, una vez superados los años más problemáticos de la adolescencia.

¿Cómo equilibramos una piel Kapha? Pues aportándole un poco de aire y fuego. A Kapha le sientan fenomenal los climas más secos y calientes. Agradece el agua de mar, las texturas ligeras y los paseos al aire libre. Conviene dejar la piel siempre libre de residuos y no maquillarse demasiado será un buen punto para su equilibrio. Requiere exfoliaciones frecuentes. Si tenemos una piel Kapha deberemos evitar los alimentos muy untuosos y con exceso de grasa o azúcar. Para que los poros de este tipo de piel se mantengan sanos, la limpieza será lo más importante. Es muy recomendable el uso de aceites en su rutina facial, para evitar así un exceso de producción de sebo. Al contrario de lo que se pueda pensar en otras filosofías, el Ayurveda nos dice que nuestra piel es un órgano inteligente capaz de controlar sus funciones según nuestras necesidades. Por ejemplo, si nos empeñamos constantemente en retirar el exceso de sebo de una piel grasa a base de productos astringentes, la propia piel sentirá esa sequedad en la superficie como una necesidad de producir aún más sebo para equilibrar el problema. El uso de unas gotas de aceite en nuestra rutina enviará la información adecuada a nuestra piel para que en la medida de lo posible reduzca la producción elevada de sebo.

Cuerpo

¿Por qué es tan importante la «desintoxicación» del cuerpo, no se supone que nuestro cuerpo es capaz de desintoxicarse solo, sin nuestra ayuda? Por supuesto que sí, nuestro cuerpo está perfectamente diseñado para eliminar toxinas y mantenerse sano, siempre y cuando nosotras no nos empeñemos en intoxicarlo constantemente. Cuando hablo de «desintoxicación» me refiero, esencialmente, a que tomemos consciencia de cómo nos estamos alimentando a todos los niveles, qué es aquello que nuestro cuerpo está recibiendo de nosotras y qué necesita realmente de entre todo lo que le damos.

A menudo pensamos en drenar y renovar la piel de manera aislada, sin pensar en cómo ha llegado al punto en el que se encuentra. Además, el estado de nuestro cuerpo no es solo el resultado de aquello que ingerimos, sino que, aunque nos resulte curioso, también los pensamientos tóxicos, las decisiones mal tomadas o las personas que nos rodean pueden provocar una intoxicación real que se manifieste en nuestro cuerpo físico. Además de esto, el estrés es uno de los factores más comunes en procesos de inflamación corporal debido a la producción excesiva de cortisol. El cortisol inflama el cuerpo y no permite que eliminemos correctamente, produciendo así un estado constante de inflamación que solo podemos eliminar si conseguimos frenar aquello que lo está produciendo, que muchas veces se trata más de un problema externo en nuestro modo de vida o en nuestro entorno que de la cantidad de líquidos que estemos consumiendo. La mayoría de las veces, identificar la causa que nos produce estrés y trabajar en ella es más efectivo que cualquier dieta drenante.

La primavera es la estación más adecuada para poner en práctica diferentes métodos de renovación de nuestro cuerpo. Es cuando más necesidad tenemos de drenar, de limpiar, de oxigenar, en definitiva, de sentirnos más ligeros. Estos son algunos ejemplos de cómo ayudar a nuestro organismo en esta etapa. Los puedes aplicar en cualquier otro momento del año y también los puedes adoptar como rutinas constantes. Son totalmente naturales, además de muy agradables. ¡Anímate a ponerlos en práctica!

BAÑOS DE SAL

Los baños de sal se llevan realizando desde hace cientos de años y son básicos para el buen mantenimiento de nuestra piel. Además, nos ayuda a eliminar toxinas y a drenar nuestro organismo. Te propongo un baño de sal después de una jornada intensa, con el fin de relajarte y de purificar tu cuerpo. Si tienes una bañera en casa, este es uno de los rituales más placenteros que te puedes regalar y, aunque lo puedes realizar en cualquier momento, en primavera es cuando conseguirás los mejores resultados. Aquí te dejo algunos *tips* necesarios para que tu ritual sea perfecto:

1. Llena tu baño con agua tibia o templada, dependiendo de tus gustos, y, una vez lleno, añade dos bolsas de 1 kilo de sal gorda, unas 20 gotas de aceite esencial de lavanda y 5 gotas de aceite esencial de árbol del té.
2. Ten a mano una playlist de música relajante y ligera que te guste. Lo ideal es que dure al menos el tiempo que te pasarás dentro de la bañera (de 20 minutos a media hora) para evitar interrupciones.
3. Una vez dentro de la bañera, trata de relajarte todo lo posible y conecta con los beneficios que este tipo de baño trae consigo. La sal tiene un alto contenido en magnesio, un mineral esencial para liberar los músculos tensos y doloridos. Además, limpia nuestro organismo de todo tipo de residuos a través de nuestra piel, ayudándonos así a drenar y a desintoxicar nuestros órganos de una manera fácil y muy agradable.
4. Dejar marchar: durante el baño puedes centrarte en todo aquello que te gustaría eliminar de tu vida, en todo aquello que debes dejar marchar. A veces retenemos algo más que líquidos y sustancias tóxicas: pensamientos, cosas materiales, relaciones, actividades, malos hábitos, etc., y todo ello hace que retengamos también a nivel físico sin darnos cuenta. Traer todos estos elementos negativos a la superficie a nivel consciente te ayudará a identificarlos y a reconocerlos y será más fácil deshacerte de ellas.
5. Cuando termine tu baño puedes secarte y aplicar un poco de aceite corporal para hidratar la piel, ya que la sal reseca mucho y quizás la sientas especialmente tirante después de un rato sumergida.
6. Realiza este ritual siempre que necesites liberarte, sentirte más ligera y limpiar tu cuerpo y tu mente. Funciona maravillosamente bien y es un ejercicio muy potente de conexión con nosotras mismas.

EXFOLIACIÓN EN SECO

En una de mis visitas a mi doctora ayurvédica aprendí que una de las maneras más eficaces que existen para eliminar toxinas del cuerpo es a través de la exfoliación o cepillado en seco.

Esta técnica se utiliza desde siempre en la tradición ayurvédica. Se trata de realizar un simple movimiento de barrido rítmico por todo tu cuerpo que ayuda a mejorar la salud del hígado y la función renal, así como a estimular el sistema linfático para liberarse de los desechos. Es una manera fantástica de ayudar a tu cuerpo a eliminar toxinas no deseadas.

Lo mejor es hacerlo justo antes de la ducha, con la piel seca y utilizando un cepillo de cerdas naturales, encontrarás una amplia oferta en el mercado cosmético. También puedes utilizar un guante Garshan, que es con lo que realizan este masaje en India. Estos son guantes de seda salvaje, más suaves y económicos y, además, si no estás acostumbrada a este tipo de exfoliaciones puede que te resulten menos agresivos que el cepillo.

Pasos a seguir:

1. Comienza por los codos, realizando un masaje en círculos, y sube hacia los hombros con movimientos circulares más amplios tratando de terminar en la zona de la axila, donde se encuentran la mayoría de los ganglios. Así ayudarás a estimular la secreción de desechos.
2. Continúa por las rodillas del mismo modo y sube, primero hacia los muslos en movimientos circulares amplios y ascendentes alrededor de toda la pierna y nalga. Comienza por una pierna y pasa después a la otra pierna, terminando en las ingles. Estas instrucciones serán favorables para la eliminación más eficaz a través de las glándulas que se encuentran situadas en la zona inguinal.
3. A continuación, puedes seguir por abajo: parte baja de las rodillas, flancos, gemelos, tobillos, planta de los pies y empeines.
4. Por último, sube al tronco. Primero la parte del vientre, con movimientos circulares, y después pasa a la parte baja de la espalda, caderas, riñones, cintura... Cuidado con la zona del abdomen, utiliza movimientos más suaves en esta parte de tu cuerpo.

A mí, particularmente, me gusta dejar la zona del cuello para el final, ya que en ella se acumulan muchas glándulas de desecho. Cuando termino mi masaje trato de imaginar que estoy ayudando a que todas estas glándulas puedan hacer su trabajo y me siento reconfortada.

CELULITIS

La celulitis está presente en el 90 % de la población femenina desde que somos adolescentes. Esto se debe principalmente al estilo de vida y a la alimentación que recibimos en los países desarrollados. Y no, no existen las piernas perfectas que vemos en los anuncios de las portadas, a no ser que tengas menos de trece años. El exceso de Photoshop y el uso indebido de modelos excesivamente jóvenes promocionando productos milagrosos sobre este tema, en mi opinión, han hecho mucho, muchísimo daño. Como todo en la vida, existen grados de celulitis, como existen grados de obesidad y grados de flacidez, etc. Nuestra misión como mujeres reales es darles un lugar a todos ellos, no rechazarlos presentando imágenes irreales a las que nunca podremos siquiera aspirar. Y dicho esto, es en primavera cuando más nos preocupan nuestras piernas, cuando comenzamos a pensar en el verano y en que tendremos que sacarlas a pasear y cuando más necesitamos esos productos milagrosos que nos van a ayudar a eliminar cualquier rastro de imperfección en nuestro cuerpo. Queremos ser la chica de la foto y haremos lo posible por conseguirlo en tiempo récord. Pero luego llegará el verano, nos adaptaremos a lo que sea, o no, y ahogaremos nuestra frustración en un cóctel veraniego.

La celulitis está relacionada con la retención de líquidos, la flacidez de los tejidos cutáneos y la incapacidad de drenar adecuadamente, y nuestros hábitos de vida son los que la provocan. Es cierto que, en la medida de lo posible, podemos modificar muchos de estos malos hábitos, pero otros no. Hay hábitos fundamentales que nos ayudarán a prevenir la celulitis, aunque ya te adelanto que los milagros no tienen cabida cuando hablamos de celulitis. El primer hábito es incluir en nuestra rutina una alimentación positiva, llevando una vida sana y consumiendo alimentos naturales bajos en azúcares y grasas y lo más naturales posible. El segundo es hacer algo de deporte como norma en nuestra rutina. Si queremos incluir un tercero, sería el de aprender a darnos un masaje en casa siempre que nos sea posible y, al menos una vez a la semana, en manos de una buena profesional. El masaje para controlar y prevenir la celulitis, activar la circulación sanguínea y movilizar los tejidos es uno de los mejores recursos que hay. En las páginas 138 y 139 de la temporada de otoño tienes la fórmula para aprender a introducir el masaje diario en tu rutina a través de la ducha y los aceites. Una rutina que, establecida a edades tempranas, puede ayudar a prevenir la celulitis en la edad adulta.

Por último, me gustaría recordarte que la celulitis es una manifestación más de tu vida a través de tu cuerpo, forma parte de ti, es algo que también te pertenece y no por ello eres menos atractiva, al contrario. Nuestras imperfecciones nos hacen auténticas, nos recuerdan que somos naturaleza y que, igual que ella, sufrimos cambios y debemos aprender a respetarlos y aceptarlos. Eso no significa que nos olvidemos de cuidarnos ni que demos por sentadas estas manifestaciones de la vida cotidiana y el paso del tiempo a través de nuestro cuerpo, de nuestros muslos y caderas, sino que se trata de aceptar desde el amor y el respeto. Se trata de aplicar cuidados no para conseguir un fin, sino como un medio para sentirnos mejor con nosotras mismas.

La primavera es un buen momento para que tomes conciencia de cómo está esta parte de tu cuerpo y cómo debes relacionarte con ella durante todo el año. Procura conectar con tu celulitis desde un lugar más amable y aportando a tu piel los cuidados necesarios para mantenerla en su mejor versión.

Cabello

LA NATURALEZA DEL CABELLO

A lo largo de la historia el cabello ha sido un hermoso accesorio natural que ha servido para diferenciarnos entre clases sociales, posición política, clanes, etc. Por ejemplo, el cabello largo en los hombres era una expresión de fuerza y fertilidad en la época celta. En el periodo griego clásico, alrededor del 400 a. C., el cabello rizado representaba una actitud más libre y osada ante la vida, los rizos eran metáfora de turbulencia, cambio, libertad. En muchas de las tribus africanas que aún existen, el cabello se adorna, se rapa o se pinta dependiendo del clan al que perteneces. En la India, los Sijes no se lo cortan en toda su vida y llevan el cabello enroscado en su turbante de siete metros sin que nadie pueda llegar nunca a admirar su larga cabellera.

El cabello también ha servido para humillar a mujeres y hombres. En los campos de concentración, entre los esclavos o incluso en el servicio militar, se rapaba al cero el cabello de hombres y mujeres para evitar enfermedades, convirtiéndose esta rapa a su vez en un gesto de forzosa sumisión.

Hoy en día seguimos delegando en el cabello la esperanza de sentirnos bellas, atractivas, deseadas, libres, fuertes... Aunque sea superficial, el cabello realmente tiene ese poder sobre nosotras, y un mal corte de pelo o el color equivocado puede hacer que nos sintamos muy miserables. Y es que el cabello es de los pocos atributos que podemos modificar a nuestro antojo, cambiando su forma y su color, su textura y volumen; con peinados y cortes de pelo diferentes... En definitiva, el cabello nos permite expresar nuestra identidad y estado de ánimo, es como la corona que marca quiénes somos cada día.

Puede que este amplísimo abanico de cambios al que podemos someter a nuestro cabello dé lugar a que nunca estemos realmente satisfechas con él. En un trabajo como el mío es común escuchar quejas constantes o en conversaciones entre amigas que están frustradas por el estado de su pelo: quien lo tiene liso, lo quiere rizado; quien lo tiene fino, busca volumen; quien lo tiene encrespado, persigue la suavidad y quien lo tiene pobre, lo desea abundante.

La constante insatisfacción por la naturaleza respecto a nuestro cabello ha existido desde siempre, sin embargo, ahora gozamos de una libertad nunca antes vista. Podemos ir a una reunión o entrevista de trabajo con una cola de caballo y a una boda con el pelo suelto y liso, podemos salir de casa con el pelo limpio y dejar que se seque al aire... La elección está en nuestra mano y, aun así, seguimos insatisfechas con nuestro cabello. Seguimos buscando en productos y técnicas el modo de conseguir aquello de lo que carecemos y, además, queremos conseguirlo en cinco minutos y sin depender de nadie más que de nuestras propias manos. Está genial que queramos cambiar y que aspiremos a nuevos looks, siempre y cuando tengamos en cuenta unas premisas básicas:

- Todo lo que vaya en contra de tu naturaleza capilar exigirá por tu parte tiempo, dedicación y tratamiento.
- La mayoría de las fotos de celebridades que nos inspiran para copiar sus peinados son capturadas en photocalls, fiestas y eventos. En esos momentos su cabello ha sido tratado para la ocasión y peinado por un profesional, por lo que ese resultado difícilmente lo conseguiremos solas en casa. Si te gusta el pelo de alguna persona famosa en concreto, te recomiendo que busques y guardes fotos de ella en momentos del día, como cuando vaya a la compra o hace deporte. Las fotos profesionales siempre muestran a estas mujeres en su mejor versión, y nosotras llegamos con estas fotos a nuestro peluquero y le decimos convencidas que queremos ese corte de pelo. Pero párate a pensarlo un momento... ¡no es eso lo que queremos! Lo que queremos es el look total: peinado, corte, piel resplandeciente, pómulos marcados, dientes blanquísimos... En definitiva, estar así de divinas con una sola sesión. ¡Y los milagros no existen!

- No te inspires en mujeres que tengan el pelo que te gustaría tener a ti, sino en mujeres que tengan un pelo parecido al tuyo. Así verás cómo lo manejan y cómo se desenvuelven con él en su vida diaria.

Para saber más sobre el pelo, ahora vamos a dar un paseo por todos los atributos del cabello y analizaremos cuáles de ellos se pueden modificar y cuáles son estables a lo largo de nuestra vida.

TIPOS DE CABELLO SEGÚN SU NATURALEZA

Todas las cualidades que te presentaré a continuación se pueden mezclar entre sí dando como resultado una gran variedad de tipos de cabello diferentes, sin embargo, muchas de ellas son cualidades inherentes a nuestra naturaleza y posiblemente se mantengan así a lo largo de toda nuestra vida, mientras que en otras puede haber cambios a medida que vamos haciéndonos más mayores, o en determinados momentos de nuestro desarrollo.

Voy a explicaros cuáles son estas cualidades una a una:

Estructura

Se refiere al grosor y consistencia del cabello. Se mantiene durante toda la vida, pero todos los tipos de cabello se van haciendo más finos con la edad. Bien es cierto que esta pérdida de grosor con el paso de los años se nota más en unas personas que en otras. Esto depende por un lado de un factor genético, pero también del estilo de vida y de los productos o cuidados capilares que hayamos utilizado. Por ejemplo, el uso de tintes permanentes o químicos potencian el envejecimiento y el debilitamiento del cabello a lo largo del tiempo. No por ello son malos o tenemos que dejar de utilizarlos, pero debemos asumir los efectos secundarios que producen y determinar si nos compensan o no.

¿Cómo mejorar la estructura del cabello? Utilizando barros y plantas naturales podemos mejorar muchísimo la estructura del cabello. Plantas como cassia, amla, índigo, polvo de nuez o lawsonia son auténticas medicinas para el cabello y ayudan a mantenerlo fuerte, con brillo y sano. Algunas son neutras y otras pueden aportar color, lo más recomendable es dejarse asesorar por un profesional especializado para definir cuáles son las más adecuadas en tu caso concreto. El uso de barros es perfectamente compatible con tintes, mechas y otros tratamientos químicos realizados habitualmente, y ayudarán a contrarrestar los efectos negativos de estos trabajos siempre y cuando sean aplicados por un profesional cualificado.

Densidad

Se refiere a la cantidad de cabello que poseemos. El hecho de ir perdiendo cabello es un signo de envejecimiento muy habitual. También lo es que el cabello no se regenere en la misma medida a partir de los treinta años en mujeres y mucho antes en hombres, aquí la genética juega un papel muy importante. En la pubertad es cuando terminamos de desarrollar la máxima cantidad de cabello posible. Desde este momento, nuestra densidad capilar, bien seamos de cabello pobre o abundante, permanecerá estable hasta que, a partir de cierta edad, comencemos a perderlo progresivamente. Esta pérdida de cabello en la edad adulta está relacionada con el estilo de vida, factores genéticos y medioambientales, momentos vitales, como partos o enfermedades, etc.

¿Cómo mejorar la densidad del cabello? Estando muy atentos a los ciclos de caída y recuperación. Cuando pasemos de una caída estacional u hormonal a algo más extenso en el tiempo, o provocado por factores de estrés, deberíamos consultar un dermatólogo tricólogo que nos ayude con el mejor tratamiento en cada caso. La densidad del cabello es algo que nos preocupa mucho y, sin embargo, no solemos darle la importancia que deberíamos hasta que ya es tarde. Un diagnóstico precoz puede ser vital y existen tratamientos muy efectivos contra la pérdida de cabello hoy en día. Por desgracia, estamos muy acostumbrados a autogestionar nuestra caída de manera genérica con productos populares y sin tener en cuenta el tipo de alopecia que padecemos. Si queremos resultados eficaces, debemos confiar en un especialista.

TIPOS DE CABELLO SEGÚN SU TEXTURA

Textura

Se refiere a la disposición general de nuestro cabello: liso, rizado, ondulado... Esta cualidad sí puede modificarse a lo largo de los años. Por ejemplo, es muy común que los bebés tengan ricitos y que, a medida que van creciendo, estos vayan desapareciendo debido a que el cabello va madurando y adopta su forma adulta. También pasa durante la pubertad. Hay niñas o niños que han tenido una textura de cabello durante la infancia y en esta etapa cambia radicalmente, o lo mismo puede suceder en algunos procesos de enfermedades como con la quimioterapia. El uso de tintes permanentes también influye mucho en la textura del cabello. Algunos cabellos han sido lisos cuando estaban libres de químicos y, con el uso de tintes, su textura se ha transformado. En general, el uso de químicos empobrece la textura del cabello a lo largo de los años de uso. Si queremos mejorarla podemos recurrir a los barros.

Naturaleza

Se refiere a si los cabellos son grasos o secos. Los cabellos grasos suelen serlo toda la vida y los cabellos secos también. Sin embargo, un cabello seco puede atravesar periodos de raíces grasas durante la pubertad, aunque, por lo general, pasado este tiempo regresará a su naturaleza seca. A veces, un cabello graso no se manifiesta hasta la pubertad. Después, lo más probable es que se quede ya para siempre manifestando esta cualidad hasta bien entrada la madurez.

Es necesario saber cómo tratar la naturaleza del cabello, ya que esta se mantiene estable durante toda la vida. Por ello, preocúpate de conocer cuál es tu naturaleza consultando a profesionales y de respetarla, aportándole cualidades que la equilibren.

¿Qué hago si tengo el cabello seco? ¿Y si lo tengo graso?

Cabello seco

Los cabellos secos son aquellos que tardan más tiempo en ensuciarse. También son los menos brillantes, ya que su estructura no mantiene los niveles de hidratación por demasiado tiempo

Este tipo de cabellos siempre van a necesitar un poco de ayuda por nuestra parte en forma de productos que aporten flexibilidad, hidratación y nutrición. Elegiremos productos más o menos densos dependiendo de la propia densidad de nuestro cabello: cuanto más fino sea, mejor productos más ligeros; cuanto más grueso sea, productos más densos.

A la hora de elegir un champú, tendremos en cuenta el pH del mismo bajo la premisa: cuanto más se acerque al pH de nuestra piel, mucho mejor. ¿Cuál es el pH de nuestra piel? Aproximadamente un pH de 5,5. Trataremos de escoger champú suave con propiedades hidratantes, pero que no sustituirá en ningún caso al acondicionador o mascarilla, que son productos necesarios para tratar medios y puntas. ¿Por qué elegimos un champú suave e hidratante? Porque los cabellos secos suelen tener también el cuero cabelludo seco, por lo que conviene tratarlo con champús suaves que no alteren su pH natural.

En cuanto a acondicionadores o mascarillas, la gran diferencia entre estos dos productos está en la densidad de los mismos, ya que los acondicionadores son algo más ligeros que las mascarillas y llevan menor concentración o una concentración más ligera en sus principios activos. A mí me gusta recomendar mascarillas en caso de cabellos gruesos o cuando la estructura del cabello está muy dañada, en el resto de los casos, el acondicionador es una gran opción y se puede acudir a mascarillas solo en determinadas épocas del año, así como a otros productos tipo aceites o sérums que puedan facilitar la elasticidad y mantener los niveles de humedad en nuestro cabello en la zona de medios y puntas.

Cabello graso

Este tipo de cabellos sufren de una producción de sebo excesiva en la raíz, que se ve empeorada en situaciones de estrés, hormonales o por el tipo de alimentación que llevemos.

Para este tipo de cabellos es importante que diferenciemos bien nuestra raíz del resto del cabello y también que no utilicemos productos demasiado astringentes todo el tiempo, pues, aunque necesitemos equilibrar la producción de sebo en la raíz, si abusamos de este tipo de productos podemos provocar sequedad y deshidratación en el cuero cabelludo y, a la larga, esto haría que nuestro sistema produzca aún más sebo para compensar.

La manera más eficaz de frenar la producción de sebo en el cuero cabelludo es utilizando aceites vegetales que ayuden a enviar a tu sistema la información correcta. Los aceites van a comunicarle a tu sistema que tu cuero cabelludo está bien, está equilibrado y no necesita un extra de producción de sebo, de este modo la producción será menor por un tiempo y podrás recuperar el equilibrio. Este tipo de tratamientos se alternan con champús desintoxicantes y con champús neutros de textura muy ligera, en muchos casos también enriquecidos con aceites esenciales, como el mentol o el eucalipto, que ayudan a refrescar el cuero cabelludo y a limpiar el bulbo piloso. También se utiliza el aceite esencial de lavanda para calmar cuando hay picores o sudor excesivo, los aceites esenciales de árbol del té o el de regaliz mezclados con tu champú o un aceite vegetal funcionan como fungicidas, manteniendo el estado del cuero cabelludo libre de bacterias y con un efecto calmante y muy refrescante.

Es importante no abusar de champús agresivos que arrastran el sebo y dejan el cuero cabelludo desprotegido, ya que con esto no solucionamos el problema y nuestro cabello seguirá produciendo sebo del mismo modo. Los baños de aceite previos al lavado del cabello al menos una vez a la semana funcionan de maravilla como equilibrantes naturales, además de nutrir y respetar el pH y las propiedades de nuestro cuero cabelludo.

En cuanto a los medios y puntas, muchas veces, a pesar de tener el cabello graso en la raíz, sentimos las puntas o el resto del cabello seco, encrespado o deshidratado. Es importante que hidratemos estas zonas sin implicar el cuero cabelludo o la raíz. Para ello los mejores productos son aquellos que no necesitan aclarado. De esta manera podemos utilizar únicamente el champú a la hora de lavarnos el cabello, a continuación aclarar y secar con una toalla y simplemente aplicar la hidratación en forma de crema o aceite seco en aquellas zonas en las que sintamos mayor necesidad.

Peso

Normalmente los cabellos lisos son más pesados que los rizados y los gruesos más que los finos, sin embargo, esta regla no siempre es exacta. Hay muchos cabellos finos que apenas tienen volumen y cabellos gruesos con mucho volumen natural. Lo que sí va a suceder es que esta sea una cualidad estable que nos acompañará toda la vida. En algunos casos, debido a la pérdida de densidad de nuestro cabello a lo largo de los años, es posible que cabellos que de jóvenes se veían muy pesados, hayan envejecido con algo más de volumen o de movimiento debido al desgaste de la cutícula protectora, pero, por lo general, esta cualidad se mantiene bastante estable a lo largo de la vida.

¿Cómo podemos tratar el peso de nuestro cabello? El peso es complicado de manejar. Por ejemplo, los productos que aportan volumen, en teoría, también manchan el cabello y pesan a su vez, por lo que son un remedio efímero. Y los productos para controlar el volumen y el encrespamiento, aportan peso y a veces también dejan un exceso de residuo, por lo que tampoco son remedios a largo plazo. Lo mejor para los cabellos finos sin volumen es comprender que la necesidad básica de este tipo de cabellos es mantenerse limpios y ligeros, utilizar champús de textura liviana y no aplicar demasiado producto en las raíces, secar con los dedos sin peinar y sin manipular la raíz y respetar su volumen natural, aunque sea nulo. Por el contrario, en los cabellos con exceso de volumen existen tratamientos permanentes que duran entre cuatro y seis meses y que ayudan mucho a controlar el volumen y el encrespamiento natural, además de mantener una estructura más sana y manejable. De nuevo, siempre respaldado con el consejo y diagnóstico de un profesional cualificado.

¿Qué pasa si nuestro cabello es demasiado fino o si se encrespa con facilidad? Veamos estos casos con mayor detalle:

Cabello fino, sin volumen

Esta es una de las quejas más clásicas en la peluquería. Los cabellos finos y el volumen o, mejor dicho, la ausencia del mismo. En el caso de un cabello sano que sea muy fino y que apenas tenga volumen es imprescindible utilizar champús muy ligeros, de textura cuanto más liviana mejor y que se puedan eliminar fácilmente. Los champús espesos pueden aportar aún más peso a este tipo de cabellos tan delicados y conviene liberarlos de toda carga. Además, es importante no acondicionarlos en el lavado, salvo en ocasiones excepcionales o con productos específicos para este tipo de cabellos. Suele funcionar muy bien utilizar acondicionadores ligeros sin aclarado, por ejemplo en forma de spray o sérums ligeros que se evaporan rápidamente sin dejar residuo y que ayudan a mantener los medios y puntas con un nivel de hidratación correcto.

No suelo aconsejar el uso de productos que aporten volumen salvo, como he comentado antes, en ocasiones concretas, ya que uno de los efectos secundarios de este tipo de productos es que manchan mucho el pelo. Además, en un principio pueden aportar volumen, pero, con el paso del tiempo, se produce el efecto contrario debido a que, inevitablemente el propio peso del producto sobre el cabello fino hace que este se apelmace.

Funcionan muy bien los productos para engrosar un poco la estructura del cabello fino aportando más cuerpo y puede que este efecto lo haga parecer un poco más voluminoso, pero, en general, lo que mejor funciona para este tipo de cabellos son las fórmulas ligeras y refrescantes que no deshidraten el cabello y lo mantengan limpio y suave.

Cabello encrespado

El cabello encrespado es aquel que no retiene la humedad en su tallo. Si te fijas, el cabello se encrespa cuando se seca, pero si lo mantienes húmedo no parece encrespado, ¿verdad? Bien, pues esta es la premisa más importante a tener en cuenta si tu cabello tiene esta característica.

Utiliza productos muy ricos en agua. Tanto para lavarlo como para nutrirlo y tratarlo después. Esto no significa que tu pelo deba mantenerse mojado o húmedo durante todo el día, solo es necesario que mantenga en su estructura la suficiente cantidad de humedad como para que el encrespamiento no se manifieste tanto. Te dejo una selección infalible para tratar este tipo de cabellos y que siempre se vean sanos, ricos, nutridos y sueltos:

- **Baños de aceite:** en este caso resultan casi obligatorios, ya que consiguen a medio y largo plazo que podamos controlar mucho mejor la estructura y textura de nuestro cabello. En los meses de frío prueba con los baños de aceite de sésamo o de almendras dulces, y, en los meses de calor, mejor con aceite de coco. Ten en cuenta que, en ambos casos, es preferible que el aceite sea orgánico y de primera presión en frío.

- **Ácido hialurónico:** existen en el mercado numerosos productos que contienen un alto porcentaje de este polisacárido, presente también en muchos tratamientos para controlar la textura del cabello. Los tratamientos a base de ácido hialurónico consiguen estabilizar la cantidad de agua presente en la estructura capilar y devuelven a los cabellos encrespados una fibra compacta, más luminosa y fácil de tratar. Son muy recomendables, sobre todo teniendo en cuenta que en muchos salones ofrecen tratamientos orgánicos que no suponen peligro para tu cabello o cuero cabelludo y que incluso son aptos para embarazadas.
- **Aceites secos sin aclarado:** funcionan como una crema hidratante para el rostro, pero en el cabello. Si sufres de encrespamiento, una forma de controlarlo es aplicando cada día unas gotas de este tipo de aceites en tu melena como rutina indispensable. Este tipo de cabellos son muy porosos y absorben cualquier producto en poco tiempo, por lo que es necesario repetir la aplicación a diario para no perder la elasticidad ni la hidratación tan rápidamente.

Tono

Se refiere al color y matices del cabello. Los cabellos rubios tienden a oscurecerse con el paso de los años, aunque la playa y los meses soleados ayudan a recuperar algunos mechones claros. Los cabellos morenos son los más estables y los castaños son los menos fiables, ya que pueden aclararse u oscurecerse con el paso del tiempo. A pesar de todo ello, pocas somos las que mantenemos nuestro color natural durante mucho tiempo, ya que, las tentaciones en forma de mechas, reflejos, tintes, barros, etc., son tan apetecibles que siempre existe una buena excusa para potenciar nuestros rasgos con un poco de ayuda en el tono del cabello.

Para mantener y conseguir un tono de cabello que se vea natural, bonito, estable y saludable es imprescindible seguir algunas pautas:

- Cuanto más alejado sea el tono elegido de nuestro tono natural, más tendremos que estropear el cabello.
- Una coloración química exige un mantenimiento. Siempre. A la hora de elegir el tono, nuestro peluquero deberá explicarnos cuáles son los efectos secundarios, cada cuánto tiempo debemos volver al salón para mantenimiento del color y cómo debemos cuidarlo en casa.

- El cabello es un tejido vivo compuesto por células que reaccionan a los cambios en el medio ambiente. Dependiendo del lugar donde vivimos, el momento del año en el que nos encontremos y nuestra situación vital personal, nuestro cabello reaccionará de manera diferente. Según avance el año, las circunstancias y tu posición, también deberían variar tus rutinas de cuidado de cabello.

UN SÍNTOMA TÍPICO DE PRIMAVERA. CABELLO OPACO, SATURACIÓN Y EXCESO DE RESIDUO

Uno de los problemas más habituales en esta época del año es sentir nuestro cabello saturado, opaco, sin vida y apelmazado. Esto se debe a varias causas, entre ellas el hecho de que nuestro cabello recibe menos horas de oxígeno y de luz solar. Además, solemos cubrir nuestras cabezas con gorros, pañuelos o bufandas durante el invierno, con lo cual el cabello se resentirá en primavera. También afecta el uso constante de la calefacción y el poco tiempo que pasamos al aire libre, dando lugar, sobre todo en primavera, a ese efecto opaco y acartonado tan poco saludable.

Lo más habitual es que seamos nosotras mismas las que cuidemos de nuestro cabello en casa. A pesar de seguir los consejos de nuestro peluquero, nosotras somos, al fin y al cabo, las principales responsables del estado de nuestro cabello, por eso es importante comprender la función de los productos que utilizamos.

Como solemos lavarnos el cabello en casa, es normal que cuando sentimos este exceso de residuo en el cabello recurramos a champús muy arrastrantes o tratamientos «détox», que prometen limpiar en profundidad la cutícula del cabello y devolverle así una sensación de ligereza. El problema es que no funciona así exactamente. Cuando utilizamos un champú muy arrastrante este no solo se lleva los residuos, sino que deja el cabello desprovisto de sus aceites naturales y con una cutícula porosa que hará que todos los productos que apliques a continuación se queden literalmente pegados a tu cuero cabelludo. Por eso, si después de este tipo de champús añadimos una mascarilla o un acondicionador, que suelen ser productos con un peso molecular mayor que el que el cabello puede absorber, se quedarán pegados a la cutícula, formarán una película que obstruirá el tallo del cabello y volveremos a sentir esa pesadez, opacidad y falta de movimiento en nuestro pelo.

Si tu cabello está en esta fase, sigue estos consejos para recuperar su textura natural:

1. **Lava tu cabello siempre con champús con una formulación lo más natural y suave posible y que no altere tu pH natural:** se trata de limpiar los residuos

acumulados en la cutícula y raíz del cabello sin arrastrar sus defensas naturales.

2. **Acondiciona solo el cabello de medios a puntas:** la raíz del cabello no necesita hidratación. Utiliza acondicionadores libres de sulfatos y siliconas, especialmente si tienes el cabello muy poroso. Si ese es tu caso, es mucho mejor que te hagas un masaje con aceite vegetal de oliva, sésamo, aguacate o caléndula antes de lavarte el pelo, con el pelo seco, y que después te laves con el champú un par de veces, aclares y no utilices acondicionador. De este modo irás desintoxicando la cutícula del cabello sin dañarla y no se quedarán adheridas las mascarillas o acondicionadores al final.
3. **No abuses de peines y cepillos para desenredar tu cabello:** el uso constante de estas herramientas exfolia y debilita la cutícula capilar y deja los cabellos desprovistos de protección.
4. **Una vez lavado y aclarado, elimina el exceso de humedad con una toalla seca:** frotando el cabello para eliminar todo el residuo posible.
5. **No te desenredes con el cabello húmedo:** deja los nudos en el pelo y procede a secarlo con ayuda de un secador y de tus propios dedos. Verás que solo con el aire del secador y la ayuda de tus dedos el cabello, poco a poco, va eliminando todos los nudos por sí mismo. Es importante secar el cuero cabelludo con el secador, especialmente en primavera e invierno, para evitar que el exceso de humedad pueda favorecer la caspa o la dermatitis. Si no te gusta cómo queda cuando se seca de este modo, puedes secar la raíz y humedecer medios y puntas para un resultado más natural.
6. **Si tu cabello está muy deshidratado después de lavarlo:** antes del secado puedes añadir unas gotas de aceite para aportar algo más de elasticidad.
7. **Una vez seco del todo, repasa con las yemas de los dedos para retirar los nudos restantes sin tirar del pelo:** simplemente abre los nudos como si estuvieras desenredando un collar muy fino. De este modo no partirás el cabello y los nudos se desharán muy fácilmente.

   Si comienzas a aplicar este sencillo truco, te darás cuenta de que tu pelo gana volumen y cuerpo por el simple hecho de no peinarlo durante el secado. Al no estirar constantemente las raíces y los cabellos, estos se secan con su volumen natural y el resultado será mucho más duradero.

RITUALES DE PRIMAVERA

Yoga: Limpieza de cuerpo y mente

La mejor manera de limpiar nuestros tejidos es a través de algunas posturas de yoga que podemos realizar de manera muy sencilla justo antes de pasar a la ducha. Puede ser en el mismo baño o al lado de nuestra cama, allá donde nos encontremos más cómodas.

¿Por qué es tan importante? El motivo principal es que necesitamos movilizar nuestros órganos internos, necesitamos fortalecer, nutrir y oxigenar nuestros músculos, necesitamos acelerar el riego sanguíneo para que nuestro cuerpo recupere la energía necesaria para afrontar el día. Vale, sé que ahora tú te preguntarás ¿es que nuestro cuerpo no hace todo eso solo? Pues la verdad es que tenemos un cuerpo maravilloso que hace muchas cosas cada día por nosotras, sin embargo, nuestro cuerpo es un organismo que necesita ser movido para no atrofiarse, y no basta solo con ponerse en marcha, vestirnos y meternos en el coche. Necesitamos más, necesitamos comprender lo importante que es realizar algunas posturas para mantener un cuerpo joven, sano y fuerte que pueda oxigenarse adecuadamente y eliminar toxinas de manera apropiada.

Si te animas y quieres practicar un poco de yoga por la mañana, y créeme cuando te digo que no es necesario hacer una hora de ejercicio, bastará con que dediques cinco minutos al día. Verás que con este breve gesto los cambios que vas a notar a nivel físico y mental son incalculables.

Cuando escuchamos a alguien que nos habla de que practica yoga y de que le ha cambiado la vida es muy común pensar que nosotras no tenemos tiempo, que lo primero es encontrar un buen profesor de yoga que nos enseñe y después ya incluirlo en casa, que no tenemos una escuela de yoga cerca o que la que nos gusta no nos resulta compatible en horarios, etc. Todo esto son solo excusas y limitaciones, hay que bajar al terreno y verlo todo desde un punto de vista más realista, menos subjetivo.

No es necesario comenzar con un profesor de yoga para realizar algunas asanas sencillas por la mañana en casa. Cuando empieces verás que es mucho más sencillo de lo que pensabas. ¿Qué son las asanas? Las asanas son ejercicios que parten desde un punto muy básico y se van haciendo más complicados según vamos avanzando en nuestra práctica. No pretendas ponerte a hacer el pino en casa, no es necesario en absoluto realizar posturas complicadas para recibir todos los beneficios del yoga. Lo importante es LA ACCIÓN. Ponerte a ello, hacer un poquito cada día, de manera sencilla y el tiempo que puedas. La magia ocurre cuando somos constantes con algo, y te aseguro que en solo una semana podrás apreciar ciertos cambios en tu cuerpo si mantienes esta rutina diaria.

En primavera el ejercicio es fundamental, no digo que no lo sea en otras épocas del año, pero es aquí cuando el cuerpo más necesita moverse y salir del letargo invernal, y por eso es vital que le ayudemos a moverse.

Estas posturas de yoga que te propongo son perfectas para esta época del año, ya que te ayudarán a agilizar tu metabolismo, evitar la congestión nasal tan típica de estos meses y acelerar el proceso de desintoxicación.

El yoga me ha enseñado a habitar mi cuerpo, a sentirlo como parte de mí y a comprender que es mi hogar, mi templo y mi espacio más íntimo.

YOGA SURYA NAMASKAR A

En primavera nuestro sistema funciona más lentamente y nos sentimos más pesados, esto se debe a la influencia de Kapha, que es quien gobierna esta estación. Es habitual que nos cueste más arrancar por la mañana, levantarnos de la cama cuando estamos totalmente cubiertos por edredones y mantas, y que busquemos cualquier excusa para retrasar ese momento.

Si estás en este punto, te propongo que vuelvas a traer a tu memoria la siguiente ley fundamental del Ayurveda: las energías afines se atraen y las energías opuestas crean equilibrio.

Según esta ley, que podemos aplicar a todo, tanto a lo que comemos como a cómo nos sentimos, podemos equilibrar nuestra energía mañanera siguiendo este principio. Kapha gobierna con sus elementos de tierra y agua, lo cual se traduce en una energía lenta y pesada. Lo que nos atrae de manera natural sería mantener esta sensación con movimientos lentos y pesados al levantarnos, pero es todo lo contrario lo que va a conseguir que nos equilibremos, por lo tanto, producir movimientos ligeros y un poco dinámicos logrará estabilizar nuestra energía y podremos empezar nuestro día con la energía adecuada.

Para ello, uno de los ejercicios que mejor sientan es hacer unos saludos al sol. Los saludos al sol son series de posturas entrelazadas que se repiten en ciclos de al menos cinco repeticiones. Iremos cambiando de postura con cada inhalación y exhalación en movimientos armónicos y conscientes.

Podemos encontrar diferentes versiones dependiendo del tipo de yoga que practiquemos, pero, en general, son posturas sencillas que, realizadas en ciclo, producen muchos beneficios en el conjunto del cuerpo, ya que se encargan de fortalecer y tonificar los músculos y articulaciones además de estimular los órganos internos. Otro de los beneficios principales que aportan los saludos al sol es que nos enseñan a utilizar la respiración durante el ejercicio y esto, a su vez, produce un estado de concentración que ayuda a generar serenidad y calma.

El saludo al sol más clásico es conocido como Surya Namaskar A y consta de doce posturas encadenadas:

1. **Pranamasana o Samasthiti:** comienza de pie con los pies juntos y el cuerpo erguido, es una postura de comienzo en la que puedes realizar un par de respiraciones completas antes de seguir. Para conocer más a fondo la correcta posición de esta postura y sus propiedades, puedes ir a las páginas 159 y 160 antes de pasar a la siguiente postura. Recuerda que harás el paso a la siguiente postura mientras inhalas.
2. **Hasta Uttanasana:** es la misma postura de pie que la anterior, pero ahora elevarás los brazos extendidos hacia el cielo, primero hacia delante y luego hacia arriba, extendiendo al mismo tiempo la espalda y el pecho al máximo, acentuando el arco y empujando un poco la pelvis hacia delante. Durante todo este proceso siempre continuaremos con los pies juntos y las piernas muy estiradas. Para pasar a la siguiente postura, lo harás exhalando.
3. **Uttanasana:** esta es una postura de flexión hacia delante. Seguimos con las piernas en la misma posición y, mientras exhalamos, bajamos el tronco hacia delante. Durante el descenso, mantén la espalda totalmente recta y trata de doblarte desde las caderas. En las páginas 162 y 163 tienes más información sobre esta postura y sus propiedades. Lo más importante es que trates de pegar el torso a los muslos y, si no llegas, puedes doblar las rodillas con la intención de relajar y estirar la espalda, el cuello y la cabeza. Para pasar a la siguiente postura, lo harás con una inhalación.
4. **Ashwa Sanchalanasana:** inspirando, dobla una de tus rodillas y extiende la otra pierna lo más atrás posible, con la rodilla estirada y sin tocar con ella el suelo. Las manos quedan delante, paralelas a la pierna doblada y con las palmas totalmente pegadas al suelo. La rodilla doblada forma un ángulo recto con el

tobillo. En esta postura, trata de mantener la espalda erguida, sin hundir las lumbares, y el pecho abierto mirando hacia delante. Para pasar a la siguiente postura, lo harás con una exhalación.

5. **Adho Mukha Svanasana:** espirando, desplaza la pierna doblada hacia atrás y colócate en la postura del perro mirando abajo, una de las posturas más utilizadas en yoga y de la que puedes encontrar más información en las páginas 110 y 111. Para pasar a la siguiente postura, lo harás con una exhalación.
6. **Ashtanga Namaskara:** para descender en esta postura, lo harás primero apoyando las rodillas, luego el pecho y, por último, la barbilla en el suelo. Las manos quedan a la altura de los hombros y puedes retener un poco la respiración con los pulmones vacíos antes de pasar a la siguiente postura, a la que pasarás de nuevo con una inhalación.
7. **Bhujangasana:** deslizando la barbilla y el pecho por el suelo y sin mover las manos, levanta el tronco y la cabeza hacia arriba para crear una extensión completa de espalda, extendiendo también los brazos del todo manteniendo los codos pegados a ambos lados del cuerpo. Los hombros tiran hacia abajo, separándose de las orejas, y la espalda se mantiene fuerte. Para entrar en la siguiente postura, lo harás con una exhalación.
8. **Adho Mukka Svanasana:** volvemos al perro boca abajo y, con una inhalación, regresamos de nuevo a
9. **Ashwa Sanchalanasana:** en esta ocasión realizamos esta postura con la pierna contraria y, con una exhalación, de nuevo nos colocamos en
10. **Uttanasana:** en esta postura, de nuevo con una inhalación, subimos a
11. **Hasta Uttanasana** y exhalamos en
12. **Samasthiti**

Las doce posturas se pueden ver como un círculo de ida y retorno en el que las seis primeras posturas se repiten en sentido contrario al volver, creando así las doce que completan el círculo.

MEDITACIÓN DE VISUALIZACIÓN

El mejor momento para realizar una meditación es justo después de practicar yoga por la mañana, ya que el cuerpo y la mente están calmados y equilibrados y se consigue una mayor concentración. Lo mejor de la meditación mañanera es precisamente conectar contigo misma, comprender lo necesario que es comenzar el día de manera consciente y no ir en automático desde primera hora. Si te permites unos minutos de calma antes de comenzar con tus rutinas, puedes realizar este sencillo ejercicio de visualización que te ayudará a conectar con tus próximas 24 horas de una manera más consciente.

La importancia de comprender que cada uno de nuestros días es único, que también puede ser el último día, que todo puede cambiar, se puede torcer... hará que no queramos pasar por delante de este día sin valorar ni un segundo todo lo que tenemos a nuestro alcance, sin entender que todas y cada una de las decisiones que hemos tomado hasta ahora en nuestra vida nos han traído hasta donde estamos en este momento.

Cuando meditamos nos damos ese permiso para agradecer, para convertirnos en creadores conscientes de nuestras próximas 24 horas desde una perspectiva más elevada, creando nuestra realidad. Hay muchas cosas que no podemos cambiar en nuestro día, todos tenemos obligaciones y compromisos, pero te aseguro que cuando te das el permiso de visualizar tu día, tu tiempo y cómo vas a atravesarlo muchas de las cosas que haces y de las decisiones que tomas a la ligera darán un giro, y esos pequeños giros, poco a poco, irán dibujando tu presente y, por consiguiente, tu mañana: tu futuro. No desperdicies esta oportunidad de conectar un rato con lo que la vida te tiene preparado este día, visualízalo, pasa por todas y cada una de las horas y los minutos que te esperan y llénalos de luz, de significado, de valor.

Esta manera de meditar a través de tu día es muy sencilla y, a la vez, muy enriquecedora, aprenderás a controlar tu mente y a ponerla a tu servicio durante unos minutos.

Meditar es muy sencillo si sigues estas instrucciones:

1. Siéntate en el suelo con las piernas cruzadas y pon una manta alrededor de piernas y caderas para no quedarte fría después de la práctica.
2. Respira tranquila y profundamente durante unos segundos hasta mantener un ritmo constante y pausado.
3. Conecta con tu mente como si fueras a ver una película de tu vida comenzando por este mismo momento. Mantente sentada en posición de meditación.
4. Continúa con la siguiente actividad que tengas programada, por ejemplo, la ducha. Imagina cómo será tu ducha, cuál será la temperatura del agua, qué parte de tu cuerpo necesita más atención en este día y se merece un breve masaje, conecta con el momento de exfoliación, etc.
5. Continúa recorriendo cada uno de los momentos del día: qué desayunarás, qué comerás, con quién te vas a encontrar camino al trabajo, qué quieres decirle

al portero o a esa vecina con la que te cruzas a diario... Continúa hasta tu vuelta a casa por la tarde, atravesando así todas las actividades, conversaciones y momentos que vas a vivir. Busca un momento que quieras mantener como algo especial en tu memoria, elige uno de estos momentos y otórgale el título de memorable, haz que este día pueda ser recordado por algo especial. Puede ser atreverte a llamar a alguien con quien hace tiempo que no hablas, incluso hablar con algún desconocido que te parezca interesante, hacer un regalo o una acción que pueda ayudar a otra persona, etc.

6. Cuando termines, da las gracias por este nuevo día que tienes por delante y termina tu meditación. Cuando lo hagas, piensa que este día es todo lo que tienes realmente delante de tus ojos y hazte la promesa de vivirlo conscientemente. Si durante la meditación te sientes mal, triste o no encuentras la manera de conectar con nada que te haga feliz, te recomiendo que utilices esta meditación en tus mañanas como recurso para visualizar momentos ficticios que conecten con lo que realmente te gustaría experimentar en la realidad. Quizás este ejercicio te dé la fuerza y la energía necesarias para comenzar a provocar cambios que te lleven a un presente más coherente con tus emociones. Es importante entender que nuestra realidad está formada por pequeñas rutinas que hemos ido eligiendo a lo largo de nuestra vida. La buena noticia es que estas decisiones no son irreversibles la mayoría de las veces, y siempre hay cosas que podemos ir cambiando si ya no nos hacen felices. La vida es un regalo y es nuestra responsabilidad aprovecharla al máximo sin sufrir ni hacer daño a los demás.

PRANAYAMA

¿Y si te digo que quiero enseñarte a respirar y que quiero darte algunas técnicas? Parece una tontería, ¿verdad? ¿Técnicas de respiración?, pero si ya nacemos respirando y es algo natural que nos sale solo... Ya, esto es lo primero que yo misma pensé cuando me recomendaron por primera vez que aprendiese a respirar.

Lo que quizás no sepas es que gracias al control de la respiración podemos conseguir efectos emocionales inmediatos. Por ejemplo, cuando estamos nerviosos o ansiosos por algo basta con respirar profundo unas cuantas veces para bajar ese nivel de ansiedad y recuperar la calma. También cuando tenemos que soportar algún tipo de dolor.

Gracias al control de nuestra respiración también somos capaces de aportar oxígeno de forma consciente a otros niveles dentro de nuestro cuerpo. Te propongo una prueba: mientras conduzcas, vayas tranquilamente en transporte público o estés en alguna sala de espera, para y mira cómo estás respirando. ¿Es una respiración torácica, es de abdomen, es entrecortada o es prolongada y suave? Es importante saber que la forma en que respiramos afecta al estado de nuestros órganos. Nuestros órganos viven en un medio acuático, ¿lo has pensado así alguna vez? Somos como peceras con piernas y nuestra pecera necesita oxígeno constante para poder vivir. El oxígeno es básico para la vida y, a través de la respiración consciente podemos aportar oxígeno de mejor calidad a nuestro cuerpo. Podemos hacerlo mejor. Tampoco es necesario ir constantemente controlando cómo respiramos, pero, al igual que ocurre con el yoga, cuando aprendemos técnicas de respiración estas, poco a poco, se van instalando en nuestro sistema y cada vez las vamos realizando más y más en nuestra vida cotidiana.

Además, el aporte de oxígeno constante y de calidad a través de sencillos ejercicios que podemos aprender de manera fácil y realizar tan solo en cinco minutos (por ejemplo, antes de irnos a dormir por la noche) resultará esencial para el mantenimiento de nuestra piel. Verás cómo este pequeño gesto es de gran ayuda.

Te propongo un sencillo ejercicio de respiración que se puede realizar justo antes de comenzar con los ejercicios o asanas de yoga. Consiste en relajar y preparar la mente y el cuerpo para un estado más concentrado. Así es como se hace:

1. Siéntate en una postura cómoda, puede ser, por ejemplo, sobre los muslos, con la espalda recta y los brazos relajados sobre el regazo.
2. Comienza realizando respiraciones conscientes, simplemente observando cómo es tu respiración en ese momento, y mantente así por unos segundos hasta que sientas que tu respiración es rítmica y constante.
3. A continuación, comienza inspirando todo el aire que seas capaz, llenando tus pulmones y todo tu torso y abdomen, y retén el oxígeno dentro de tu cuerpo mientras cuentas hasta tres.
4. Después, suelta lentamente el aire hasta la mitad y vuelve a contar hasta tres. Luego, suelta el resto del aire retenido y, cuando estés completamente vacía, vuelve a contar hasta tres.
5. A continuación, llena de nuevo de oxígeno tu cuerpo hasta la mitad de tu capacidad, retén y cuenta hasta tres.
6. Sigue llenando tu cuerpo a plena capacidad y con todo el aire dentro, retén y cuenta hasta tres.
7. Vuelve a vaciar hasta la mitad, retén y cuenta hasta tres.
8. Vacía del todo y mantén ese estado contando hasta tres. Luego, vuelve a llenar hasta la mitad de tu capacidad, retén y cuenta hasta tres.

Puedes realizar este ciclo con varias repeticiones. Te propongo que hagas al menos tres para notar sus beneficios. Notarás cómo tu mente está más calmada y tu capacidad de concentración es más elevada. Este ejercicio se puede realizar en cualquier momento, tanto antes como después de la práctica de yoga y, con el tiempo, podrás ir ampliando el tiempo de retención contando hasta 5, 6, 10...

ENTORNO

La llamada de la naturaleza en primavera es más que obvia, y las señales son una constante: todo en el campo empieza a florecer y las vistas hacia cualquier jardín, parque, monte o pradera nos van a resultar estremecedoras, hasta el punto de no poder resistirnos y de sentir la necesidad de salir a darnos un buen baño de bosque, parque o invernadero.

Mi conexión con la naturaleza es, desde hace años, muy orgánica y natural. Aunque he experimentado épocas de mayor y de menor conexión, lo cierto es que siempre me las he arreglado para acudir a su llamada, especialmente en esta época del año en la que todo florece, para así estar un poco más en armonía con ella. Escuchar sus mensajes me ayuda a comprender que somos naturaleza y nos regimos por los mismos principios que esta. Gracias a mis paseos por el campo he aprendido infinidad de cosas sobre mí misma. También he adquirido la paciencia, esencial para que broten los nuevos proyectos. He ganado en tolerancia con especies diferentes, he notado mi fragilidad ante tempestades y la necesidad de proteger mis raíces. En el fondo, somos eso: seres humanos que nos regimos por los mismos principios, por mucho que nos empeñemos en vivir alejados de ella, la naturaleza sigue siendo nuestra madre, nuestra mensajera y quien sabe siempre cuál es la respuesta correcta.

No me cansaré de pedirte a lo largo de este libro que conectes con ella a través de paseos, de viajes, de excursiones y, si no tienes a mano un espacio natural, siempre puedes buscar opciones más urbanas, como la visita a un invernadero, un jardín botánico o un vivero de plantas de tu ciudad; si no tienes el campo cerca, esta es una idea magnífica. Allí podrás ver una representación viva de todas las plantas de temporada en su mejor versión, y puedes aprovechar para llevarte algún ejemplar a casa y cuidarlo tú misma. La naturaleza se abrirá paso hacia ti en el mismo momento en que tú le des permiso.

Aunque parece que las plantas, los árboles y las flores, están ahí y desprenden su aroma y sus mejores galas sin más por el simple hecho de existir, aun sin que nadie se pare a disfrutarlo, este despliegue de color y aroma no es para nada deliberado. Las plantas y los árboles saben muy bien cómo atraer a otras especies animales como insectos, pájaros, etc. También saben cómo aprovechar la lluvia y el viento para polinizar y poder así reproducirse, expandirse, crecer, extenderse e incluso viajar.

A todos nos atrae esta maravillosa exhibición, lo malo es que a veces pasamos por delante de ella y ni siquiera nos paramos a observarla y, otras muchas, nuestra huella en forma de residuos convierte en lamentable la visita por estos parajes.

Sea como fuere, la primavera viene a decirnos que ya está preparada, que ha superado el duro invierno, que ha capeado la sequía del verano y los vientos del otoño y que, de nuevo, nos trae el espectáculo de toda su magnitud para ser disfrutado por todo aquel que así lo desee.

La primavera también llega con cambios básicos para nuestro organismo, comenzando por las horas de sol: las tardes se alargan, las temperaturas se suavizan y parece que la noche cada vez está un poco más lejos. Todo ello nos permite disfrutar más y mejor del tiempo en el exterior.

Un día cualquiera, haz pellas de ti

¿Sabías que los paseos por la naturaleza tienen infinidad de beneficios para el cuerpo y la mente? Los paseos por entornos naturales nos ayudan a enfocar y a calmar el estrés mental. Además, son muy beneficiosos para el organismo, porque con la caminata al aire libre purificamos nuestros pulmones y fortalecemos nuestros músculos. Si no puedes encontrar un espacio natural grande al que acudir para dar un buen paseo, puedes acercarte a algún parque de tu ciudad. Lo importante es que trates de conectar con plantas, árboles y espacios verdes. La naturaleza vibra a una frecuencia mucho mayor que la nuestra y, por lo tanto, cuando paseamos por ella, inmediatamente alteramos y aumentamos nuestra propia vibración, por eso nos sentimos tan bien cuando realizamos una actividad de este tipo.

Para mí esta conexión con la naturaleza ha supuesto un antes y un después. Observándola me he dado cuenta de muchísimas cosas que después he integrado en mi forma de vivir y trabajar. He aprendido mucho contemplando su perfecta imperfección, mirando las montañas de lejos, los campos, los arados… Todo parece perfecto, lo verde es muy verde, la nieve es totalmente blanca, los campos cubiertos son hermosos, las ramas de los árboles a lo lejos forman un tupido manto que cubre la superficie de un modo ordenado y cuidado al máximo. Cuando ves los campos arados desde un avión, todo parece perfectamente dibujado y coloreado como si de una maqueta se tratara. Sin embargo, a medida que te vas acercando, cuando vas profundizando y haciendo el camino, descubres que la naturaleza también es caótica: hay ramas rotas por todas partes, muchos de sus árboles están desnudos y parecen esqueletos, hay troncos partidos, podridos, plantas aún por brotar, charcos marrones que han dejado las últimas lluvias… Así es como la madre naturaleza avanza hacia la primavera, cuidando de sus pequeños brotes y protegiéndose del frío, hacia dentro, en paso lento y silencioso. No existe la perfección ni el orden tal y como nosotras lo hemos adaptado en nuestras vidas, no es real que todo se encuentre siempre en perfecto estado, aunque así lo mostremos a los ojos de los demás, sobre todo desde lejos, como hace la naturaleza.

La primavera es una explosión de vida y color que la naturaleza nos ofrece para que podamos disfrutar de su mejor versión, pero no podemos olvidar que para llegar hasta aquí también ella ha tenido que respetar el resto de estaciones y superar los obstáculos que se le han ido presentando. Y, por descontado, si miras bien de cerca, siempre encontrarás malas hierbas y partes vulnerables, porque en lo más profundo de todo ser vivo siempre habita cierto grado de imperfección.

Los paseos eternos son una de las actividades que más me gusta hacer en primavera. Suponen para mí una desintoxicación en toda regla y me ayudan a practicar el desapego, a desprenderme del personaje que a veces todas nosotras representamos en nuestro día a día y, en definitiva, a conectar con mi esencia sin filtros, sin exigencias de ningún tipo y sin juicios. Estoy segura de que a ti te aportarán las mismas cosas si te animas a iniciar tu camino. ¿Quieres saber qué necesitas para ponerte a caminar? Solo hace falta lo siguiente:

- Elige ropa y calzado adecuado y prepara una mochila con una botella de agua o un termo con una infusión caliente que te guste, un cuaderno, un lápiz y una goma de borrar.
- Elige un lugar tranquilo, si puede ser en la naturaleza. Si puedes alejarte de la ciudad y de todo tipo de estímulo artificial, mucho mejor.

Ya tienes los elementos necesarios, ahora solo se trata de dar un buen paseo sin ningún objetivo concreto salvo el de desconectar, mirar a tu alrededor, disfrutar del paisaje, observar los árboles, el manto del suelo que pisas, el aire, el sonido de los pájaros, el viento... Eso es todo (¡y no es poco!).

Durante tu paseo observa lo que pasa, huele, mira, escucha... La vida suena, todo está en plena ebullición y es perfecto tal y como está. Cuando encuentres un lugar cómodo, siéntate y escribe en tu cuaderno todo lo que hayas podido aprender en este paseo, intenta encontrar similitudes que te sirvan para tu vida cotidiana y conecta con aquellas cosas que necesitan brotar en ti.

Procura mantener tu mente en el aquí y el ahora. ¿Qué pasa si te vienen a la cabeza pensamientos ejecutivos del tipo: tengo que preparar este informe, necesito comprar fruta para mañana, no he contestado el mail de Cristina...? No te preocupes. Cuando te des cuenta de que estás en un bucle de este tipo, simplemente vuelve al presente, mira a tu alrededor, conecta con tu respiración, con los sonidos que se producen al caminar, vuelve al aquí y al ahora. El presente que estás experimentando es lo único importante en este momento.

En definitiva, el objetivo de estos paseos sin objetivo es nada más y nada menos que dejar a un lado quién eres en el curso de tu vida y, por un solo día, desprenderte de ti, de tu personaje, de tus obligaciones y responsabilidades, de tus juicios y de los de otros. Se trata de conectar con tu verdadera esencia, de soltar, de escuchar, de sentir sin presión, sin dirección, sin metas ni objetivos. Se trata de ti. A veces, todo lo que envuelve nuestra vida, disfrazado de logros, triunfos, comodidades y decisiones que hemos ido tomando, hace que desconectemos de nosotras mismas. Es cierto, estamos estresadas porque trabajamos muchísimas horas al día, pero lo hacemos en un supercochazo, con el último modelo de móvil, en nuestra flamante oficina y con vistas a unas vacaciones de escándalo el próximo verano. Nos pasamos la vida proyectando para cobrar la deuda de tanto sacrificio y, sin darnos cuenta, se nos pasa la vida sin tiempo para plantearnos si es así como queremos vivirla.

Estos parones son necesarios, son obligatorios en momentos determinados si no queremos perder el sentido entre tanto logro conseguido y mantener los pies en la tierra y la mente serena. Un solo baño de bosque puede comenzar a curarte, puede ayudarte en la toma de decisiones y en cómo te enfrentas a la vida. No lo subestimes.

Détox digital

Según hemos visto en Ayurveda, los elementos iguales se atraen y los contrarios se equilibran. Según esta ley, si observamos la primavera que aún está gobernada por Kapha, que es agua y tierra, lo que debemos hacer para equilibrar esta energía es complementar con contrarios como aire y éter. Es decir, aire y espacio. Un gran ejercicio para provocar un equilibrio en nuestro estilo de vida en esta estación es realizar una tarea consciente de desintoxicación digital.

La primavera es la estación de drenar, de purificar. No podríamos dejar pasar la oportunidad de hacerlo también en una de las tareas que más tiempo nos consumen en la sociedad actual. Pasamos demasiado tiempo atados (literalmente) a nuestros móviles, generamos necesidades constantes de cosas que realmente no son necesarias y ocupamos muchas horas viendo, incluso creando, contenido irrelevante con la ilusión de mantenernos y de mantener al resto ocupados. A pesar de malgastar todo este tiempo, paradójicamente nos quejamos del poco tiempo libre que nos queda a diario. En vez de invertir en conseguir más de ese valioso tiempo libre, nos esforzamos en que no nos sobre ni un minuto.

Si lo pensamos detenidamente, ¿cuánto del contenido digital que vemos a diario es realmente relevante? De vez en cuando conviene revisar a cuántas cosas reales estamos prestando atención a lo largo del día y qué otras cosas nos ocupan tiempo y espacio sin aportar nada. Contenido vacío, amistades, contactos, actividades... que fomentamos en modo automático, sin decidir realmente si nos están ayudando a construir valores que estén en línea con quienes somos realmente.

Este es un buen momento para pararse a pensar en todo ello y hacer un poco de limpieza. Del mismo modo en que a veces limpiamos nuestro armario, sacando de cajones y perchas aquellas prendas que ya no nos ponemos, que ya no nos sirven, podemos hacer lo mismo con el contenido que mantenemos en nuestros dispositivos, con las personas, actividades y entretenimiento al que dedicamos nuestro tiempo libre.

Cuando liberamos espacio en cualquier área de nuestra vida, nos sentimos más ligeros y limpiamos la energía a nuestro alrededor dejando lugar para que nuevas personas, contenidos, actividades y proyectos tengan opción. Todos cambiamos con el tiempo y ocurre a menudo que aquellas cosas en las que estábamos interesados un tiempo atrás ahora ya no nos sirven. Cambiar es maravilloso, el problema es que, si no dejamos espacio y no nos planteamos de vez en cuando qué cosas sí nos interesan y cuáles han dejado de hacerlo, no podremos avanzar.

Estos son algunos consejos para hacer un détox digital:

- **Puedes comenzar por los contactos del teléfono:** no solo los de la agenda, sino también los contactos de nuestras aplicaciones y redes sociales: todas esas personas a las que en un momento determinado decidimos seguir sin volver a plantearnos nunca más si aún continuamos interesados en ellas. Hagamos una buena limpieza y eliminemos a todos aquellos que ya no nos son útiles y están ocupando un espacio. Si sigues a personas porque ellas te siguen a ti, plantéate si este es un buen motivo por el que seguir haciéndolo. Marca objetivos claros en los que basarte a la hora de seguir o de dejar de seguir a gente. Por ejemplo, que ofrezcan contenido interesante para ti en este momento de tu vida, que aprendas a través de ellos, que te guste su forma de transmitir y de ver el mundo, por sus ideales, porque te inspira su trabajo o su modo de vida, etc.
- **Libera espacio eliminando las aplicaciones que ya no utilices:** las aplicaciones son un imán difícil de evitar. Es cierto que nos hacen la vida mucho más fácil de maneras que hace unos años no podíamos ni imaginar, sin embargo, su bajo coste y la enorme variedad que existen da lugar a que llenemos nuestros dispositivos de muchas aplicaciones que no son necesarias. Haz un repaso, elimina las que ya no necesites y deja tu dispositivo ordenado y sin distracciones. Esto te ayudará también a conocer exactamente todo lo que has ido guardando y a tener un mayor control y sensatez la próxima vez que quieras descargar algo.
- **Haz limpieza de fotos, procura realizar este ejercicio al menos una vez a la semana:** además, este ejercicio de limpieza te ayudará a recordar momentos especiales y podrás organizarlos mejor si no acumulas tanta cantidad de imágenes.
- **Establece un horario fijo al día en el que te propongas no conectarte al móvil:** puede ser, por ejemplo, por la mañana, antes de llegar al trabajo o durante las últimas horas del día, antes de acostarte. Piensa en un tiempo que sea factible para ti, pueden ser un par de horas o más o menos tiempo. Lo importante es que construyas el hábito de hacerlo cada día en la misma franja horaria. Te darás cuenta de que pronto habrás ocupado esas horas haciendo otro tipo de cosas para las que antes no tenías tiempo. No se trata de desconectar del todo, simplemente de hacerlo un buen rato cada día y así dejar un espacio de tiempo limpio, libre de tecnología y plenamente consciente y real para ti. En este espacio procura evitar todo lo que sea una pantalla, televisión, iPad, ordenadores... y construye espacios para otras actividades como la lectura, la conversación, cocinar o cualquier otro *hobby* que te interese.

- **Cuando lleves unos días desconectado a esta misma hora:** trata de conectar unos minutos contigo misma preguntándote cómo te sientes, qué cosas te atraen, qué necesidades tienes y, sobre todo, qué tal llevas la soledad producida por la desconexión. Muchas veces nos asusta el aburrimiento, no sabemos qué hacer con el tiempo y la pantalla funciona como anestésico de todas estas preguntas. Haz el ejercicio conscientemente y piensa cuántas veces al día repites la frase de «no tengo tiempo para esto o lo otro...». Realmente no somos conscientes de la cantidad de tiempo que perdemos con la conexión digital y, si liberamos algo de ese tiempo para nosotras, de repente no sabemos cómo gestionarlo. Te encontrarás con un montón de excusas que te llevarán a querer regresar a tu momento digital sin control, pero debes comprender que el 90 % de las cosas que ocurren en un móvil normalmente pueden esperar, no son urgentes y podemos posponerlas sin problema para ocuparnos de ellas más tarde.
- **Desactiva las notificaciones y pon tu móvil en silencio durante el tiempo marcado:** este tipo de notificaciones nos impiden concentrarnos e incluso interrumpen cualquier otra actividad o conversación, generan ansiedad y provocan una necesidad mayor de estar constantemente alerta.
- **Establece límites a la hora de utilizar tus dispositivos:** no vale todo a cualquier hora. Por ejemplo, evita utilizar el móvil cuando estés comiendo, también cuando estés con tus hijos o tus amigos y, en definitiva, busca espacios en tu tiempo de descanso en los que el móvil no esté incluido.
- **Predica con el ejemplo. Si tienes hijos a tu cargo, es importante que te vean el mayor tiempo posible sin el móvil cerca:** los momentos en casa donde los niños están haciendo los deberes, por ejemplo, son momentos en los que tú puedes estar cerca de ellos o realizando otras tareas sin utilizar el móvil. Resulta complicado educar a nuestros hijos a ser más conscientes con el uso de dispositivos digitales si nosotras estamos haciendo justo lo contrario. En las reuniones sociales pasa lo mismo, son momentos que elegimos para pasar al lado de otras personas y resulta agobiante ver a todo el mundo conectado con su teléfono sin estar presentes realmente. Es además un rasgo de mala educación que debemos evitar, especialmente cuando tenemos hijos a los que estamos enseñando a relacionarse en entornos sociales.
- **Cuando analices qué contenido eliges ver en tu dispositivo:** sé coherente con quién eres, elige contenidos que te aporten a cualquier nivel y aléjate de todo aquello que te robe tiempo. Y haz lo mismo al contrario. Si eres tú quien ofrece contenido para los demás, piensa que otros están también dedicando su tiempo a

lo que tú ofreces. Sé respetuoso y publica solo contenido cuando tengas realmente algo interesante y de calidad que compartir. Estamos absolutamente saturados y solemos pensar que, si no publicamos constantemente, los demás se van a olvidar de nosotras. Con esta creencia lo único que conseguimos es producir contenido constante provocando que ese contenido se quede obsoleto en menos de 24 horas. El buen contenido debe reposar. Está bien dejar que pase un tiempo y que así esté disponible para todos, los que lo ven inmediatamente y aquellos que tardan unos días en encontrárselo. Liberando nuestro propio feed de contenido vacío estaremos manteniendo un nivel y un equilibrio entre cantidad y calidad.

Crear un altar

Los altares son un símbolo sagrado y han sido parte importante de rituales y adoración durante miles de años en todas las religiones y culturas. En esta ocasión te pediré que abandones todas las nociones preconcebidas que tengas acerca de lo que debe ser un altar y también de todo aquello para lo que se supone que se hacen. Lo que vamos a hacer es crear un lugar sagrado para ti, aprovechando la energía constructiva de la primavera, donde puedas diseñar un espacio que te ayude a tener presente y a visualizar a lo largo del año aquellas cosas que te conecten con tus verdaderos deseos.

Para crear un altar solo necesitas un pequeño rincón que pueda ser respetado por todos los miembros de la casa. Podrás compartirlo con los demás si quieres y también puede ser un espacio en el que participen más personas, si ese es tu deseo. Lo que es importante es que este lugar sea respetado y que, si es solo tuyo, serás tú la única persona que lo toque. No permitas que nadie lo limpie u organice, porque es esencial que tenga tu energía.

Para montar un altar, necesitas hacerte con símbolos y elementos que sean sagrados para ti, que te conecten con lo que es realmente importante y que posean una clara conexión con los cuatro elementos de la naturaleza. ¿Cuáles son los cuatro elementos de la naturaleza? Son los siguientes:

- **Tierra:** hojas, flores, piedras, agua, palos o ramas.
- **Aire:** incienso, campanas, sonidos de gong o cualquier otro instrumento musical, fragancias…
- **Fuego:** velas, telas o piedras del color del fuego.
- **Agua:** un recipiente que contenga agua limpia y clara.

Hay un quinto elemento al que también convendría prestar atención:

- **Éter:** el éter es, en realidad, el espacio vacío que permite que existan el resto de los elementos. Puedes simbolizarlo con alguna imagen o figura sagrada, un ángel, si te gustan, o cualquier otro ser de luz.

Cada uno de estos elementos tiene su propio punto cardinal. Los elementos de tierra se colocan al norte, los de aire se colocan al este, los de fuego se colocan al sur y los de agua, al oeste.

¿Qué necesitas para montar tu altar? Será más que suficiente con los siguientes elementos y espacios:

1. El mejor lugar para montar tu altar sería en la parte este de tu casa, por donde sale el sol, pero puedes hacerlo en cualquier parte que sea válida para ti.
2. Cubre la superficie que vaya a ser el soporte de tu altar con una tela de color verde. El verde simboliza la fertilidad y te recordará que todo lo que pongas sobre ella prosperará y florecerá. El verde también significa esperanza, regeneración, nuevos ciclos y suerte. Si quieres, puedes colocar una tela blanca o de cualquier otro color y bordar a mano una pieza pequeña de color verde.
3. Empieza colocando los cuatro objetos de mayor tamaño de cada elemento en los cuatro puntos cardinales, esto creará una especie de rueda o círculo principal que simboliza el movimiento, el renacimiento y la renovación constante de energía.
4. Una vez creada la sección principal, puedes comenzar a colocar el resto de los objetos creando dos líneas perpendiculares en forma de cruz dentro del círculo en el que colocarás el resto de los elementos, cada uno en su sección correspondiente.
5. Coloca ahora el elemento que simboliza tus sueños en el centro del altar. El centro de una rueda es donde se juntan el mundo material y el espiritual o energético y es la parte más poderosa del altar. En el centro podrás colocar siempre el elemento más importante para ti en cada momento, escribir en tu diario o en un cuaderno específico para este fin el deseo correspondiente y visualizarlo como algo real siempre que puedas.

Más elementos que te pueden ayudar a montar tu altar:

- **Una estatua o figura que represente tus creencias:** puede ser un Buda, Shiva, Jesucristo, un santo, un ángel o una virgen. Este tipo de objetos se sitúan en el elemento éter, en cualquier parte del altar, lo más habitual es colocarlos en la parte superior del tapete y/o en el centro de este, presidiendo el círculo. Esto simboliza la creencia de que existe algo más grande que nosotras y de que todo lo demás, todo aquello que queramos simbolizar, quedará por debajo de la figura.
- **Un objeto de meditación que te guste:** por ejemplo, un collar de malas, un reloj de arena, un rosario o unas piedras. Los objetos que utilizamos para meditar corresponden al elemento aire y se sitúan al este del tapete.
- **Una vela:** las velas simbolizan el fuego y todo lo que se puede transformar. También simbolizan la luz e iluminan todos los elementos y objetos. Existen velas con diferentes simbologías dependiendo de nuestras necesidades y creencias. Se colocan en el sur del tapete.
- **Aceites esenciales:** por ejemplo, vetiver, sándalo, palo santo y lavanda. Puedes simplemente aplicarte un poco de tu aceite esencial preferido en las muñecas o detrás de las orejas antes de meditar. También puedes colocar cerca un humidificador y preparar las mezclas que te gusten. Los aromas pertenecen también al elemento aire y se sitúan al este del tapete. Los aceites esenciales ayudan a crear una atmósfera adecuada y conectan con nuestro cerebro, ayudándolo en momentos de concentración.
- **Piedras:** añade las piedras que más te gusten. Hay una gran variedad en tiendas especializadas y son objetos que contienen una gran energía y diferentes propiedades. También son perfectas para tu altar las piedras que vas recolectando de lugares que hayas visitado y que te conecten con experiencias personales. Las piedras se corresponden con el elemento Tierra y se colocan al norte del tapete. Las piedras nos ayudan a conectar con todo lo que es más material, nuestras raíces, el camino que queremos seguir en nuestra vida, los proyectos, etc.
- **Un instrumento:** como campanas o cuencos. Los instrumentos pertenecen al elemento aire y se posicionan al este del tapete, simbolizan el movimiento y la fuerza de conectar todo lo que existe a través de él. Gracias a las vibraciones que emiten podemos conectar a un nivel más profundo en nuestra meditación y momentos de introspección.
- **Un objeto que represente tu niño interior:** algo que te conecte con tus necesidades más primitivas y que te ayude a recordar de dónde vienes y qué es lo realmente importante para ti.

- **Un objeto que te represente a ti en el futuro:** algo que te muestre el camino hacia el que quieres dirigirte. Puede ser una imagen, un objeto o cualquier otro elemento que te conecte con aquello en lo que te quieres convertir.
- **Un cuenco con agua fresca:** donde, eventualmente, puedas añadir pétalos de flores o pequeñas hierbas que recojas de tus paseos por el campo. El agua es un elemento fundamental en el altar porque simboliza la fluidez y la pureza, y las flores representan la vida y los frutos que recogemos por el camino.
- **También puedes colocar semillas en tu altar:** en el elemento Tierra. Representan crecimiento, expansión y nuevos comienzos.
- **Aguas de flores:** como agua de jazmín o de rosas, que puedes utilizar para refrescar tu rostro o el espacio a tu alrededor antes de una meditación y que representan purificación y limpieza. No es necesario que coloques las aguas dentro del altar. Si no tienes espacio, puedes dejarlas fuera, a un lado, y pulverizar su contenido solo cuando sea necesario. Si decides colocarlas dentro, que sea porque para ti tienen un significado especial.
- **Un pañuelo de colores vivos:** que puedes utilizar sobre el tapete o para envolver a tu figura. Representa protección y genera buenas vibraciones.
- **Elementos que hayas recolectado personalmente de la naturaleza:** como piedras, conchas, etc. En este punto es importante que recuerdes que en muchos lugares está prohibido llevarse elementos. Somos muchos los que viajamos a lugares exóticos y a veces nos cuesta resistir la tentación de llevarnos un *souvenir*, pero debemos respetar los lugares sagrados y aquellos elementos naturales que se encuentren en peligro de extinción. Según algunas tradiciones, llevarnos elementos de sus tierras puede acarrear mala suerte. Lejos de supersticiones, este tipo de mensajes básicamente lo que proponen es que respetemos ciertos lugares y espacios, por ejemplo, los corales y conchas en playas vírgenes, la lava en los volcanes o raíces de plantas salvajes que, probablemente, no soporten el viaje de vuelta y mucho menos las condiciones de vida lejos de su clima original.
- **Algo vacío:** servirá para representar la necesidad de mantener un espacio libre y también el desapego a lo material, la soledad necesaria en todo ser humano y el recuerdo de que todo lo que poseemos no viajará con nosotras para siempre.

Un altar es un espacio sagrado que representa tu vida ahora y en un futuro. Está vivo porque lo componen elementos de vida y está sujeto a cambios según vayas evolucionando en tu camino. Un altar te ayudará a recordar la necesidad de parar y observar, de escuchar y agradecer y, lo más importante de todo, de recordar que tú eres el único creador de tu propia vida.

DESPENSA *BEAUTY*

Alimentos de primavera

En primavera nos centraremos en desintoxicar y liberar el organismo, en despertarlo del letargo invernal al que le sumió Kapha, por lo que vamos a consumir alimentos más ligeros y fáciles de digerir. La naturaleza nos invita a desarrollar ritmos y rutinas que nos ayuden a aligerar, así que vamos a evitar alimentos más pesados, como los lácteos o los hidratos de carbono. Podemos consumir alimentos más fríos por la mañana, sustituyendo los cereales calientes por frutas o batidos, y es también el momento de consumir más líquido a lo largo del día.

Fresas

En esta estación las frutas ganan protagonismo, ya que tenemos más variedad y nos suele apetecer más comer fresquito. En primavera, las fresas y los fresones son un auténtico manjar de temporada. Además de todas las propiedades y beneficios que contienen, son un perfecto sustituto a la vitamina C que nos aportan las naranjas y mandarinas en invierno. Como la mayoría de las frutas cítricas, son bajas en calorías, contienen gran cantidad de fibra y también ácido ascórbico, lecitina y pectina, que ayudan a disminuir el nivel de colesterol malo en sangre. Son un potente antioxidante y antiinflamatorio natural gracias a su aporte en manganeso y contribuyen a la salud ósea gracias a su alto contenido en magnesio, potasio y vitamina K. Por si no las has probado así, te recomiendo que las prepares con una pizca de sal y un chorrito de sirope de vainilla. Te sorprenderán.

Alcachofas

La alcachofa es para mí de las hortalizas más ricas de la temporada, en casa la comemos a la plancha, aplastada como en forma de flor y solo con aceite de oliva y sal Maldon por encima ¡y es una auténtica delicia! Entre sus propiedades podemos destacar que contiene cinarina, que es una sustancia que estimula la secreción de bilis, lo cual favorece la digestión de las grasas y, paralelamente, ayuda a desintoxicar el cuerpo. Es rica en fibra y ayuda a reducir la glucosa en sangre al tiempo que protege contra el estreñimiento. También posee fitoesteroles, que contribuyen a controlar los niveles de colesterol en sangre y, además de muchas otras propiedades, la alcachofa contiene fósforo, hierro, magnesio, calcio, potasio, así como diversas vitaminas entre las que destacan la B1, la vitamina C y la niacina.

Espárragos trigueros

Siempre recordaré a mi madre, cuando nosotras aún éramos pequeñas, encontrando este alimento de manera salvaje en sus escapadas al campo. Mi madre cogía espárragos trigueros en sus paseos por la naturaleza y también traía una hierba que crecía en la orilla de los ríos, los berros. A nosotras nos encantaba comérnoslos con tomate triturado, limón y aceite de oliva. Pero volviendo a los espárragos trigueros, son exquisitos si los consumes en temporada y están de muerte a la plancha con un chorrito de limón, aceite de oliva y pimienta fresca. Tienen una gran cantidad de vitaminas, sobre todo vitamina A, B1, B2, C y E y un gran aporte en minerales como el magnesio, el fósforo, el calcio y el potasio. También aportan antioxidantes.

Habas

Una legumbre exquisita para comerla tanto fría, en ensalada; como caliente, con un poquito de jamón ibérico en dados, por ejemplo. Las combinaciones son infinitas y la cantidad de beneficios que nos aporta su consumo también. Son, para empezar, una importante fuente de fibra con un alto contenido en ácido fólico. También contiene minerales como el hierro, fósforo, cobre, manganeso, zinc y potasio y un alto contenido en proteínas.

Recetas

PREPARA TU PROPIA MEZCLA DE ESPECIAS

Según la cocina ayurvédica, deberíamos consumir los seis sabores que existen en los alimentos en cada comida. Estos seis sabores son: dulce, amargo, astringente, salado, picante y ácido. Si aprendemos a realizar mezclas que contengan estos seis sabores, nuestro cuerpo se sentirá pleno y no sufriremos de antojos entre comidas. Esto es totalmente cierto, yo lo he comprobado y probablemente tú también. Por ejemplo, cuando abusamos mucho de un solo sabor, pongamos el dulce, aunque comamos mucho, al rato de haber comido el cuerpo nos pide más y entramos en una rueda de ansiedad insatisfecha que no logramos controlar. Esto se debe a que, en realidad, el cuerpo nos está pidiendo un poco de compensación. Aunque nos parezca que nos sigue pidiendo más dulce, en realidad, si le damos un poco del resto de sabores, conseguiremos calmar su ansiedad.

Para diferenciar qué alimentos nos proporcionan esos seis sabores, te doy algunos ejemplos de cada uno de los grupos. Así aprenderás a diferenciarlos y podrás incluirlos en tu ingesta diaria:

- **Sabor dulce:** granos, pasta, arroz, pan, lácteos, mantequilla, carne, pollo, pescado, grasas, azúcar, miel y melaza.
- **Sabor ácido:** frutas cítricas, bayas, tomates, alimentos encurtidos, yogur, conservas.
- **Sabor salado:** sal de mesa, salsa de soja, cecina, jamón ibérico, marisco.
- **Sabor picante:** ají, chiles, cebollas, ajo, pimienta cayena, pimienta negra, clavos, jengibre, mostaza, rábanos.
- **Sabor amargo:** lechuga, pepino, achicoria, endivia, espinacas, frijoles secos, manzanas verdes, taninos, piel de uva, coliflor, granadas, té, café natural.
- **Sabor astringente:** patatas, lentejas, coles, peras, manzanas, legumbres, arándanos.

A veces puede resultar complicado unir los seis sabores en una misma comida, pero hay un pequeño truco que te puede ayudar mucho: preparar un especiero con varios tipos de especias que contengan los seis sabores. Yo tengo siempre preparados dos diferentes, uno con especias que van mejor en platos dulces, que utilizo sobre postres y desayunos, y otro que va perfecto con el resto de las comidas. Lo único que tengo que hacer es espolvorear un poco de estas especias sobre cada plato antes de comer y así equilibro todas mis comidas. La mezcla que te voy a dar es apta para los tres Doshas y equilibra cualquier comida además de potenciar todos sus sabores.

ESPECIERO TRIDOSHA

Lo mejor es que compres todas estas especias por separado, de este modo podrás conservarlas mejor y, cuando se vaya vaciando tu especiero, puedes volver a preparar la misma mezcla para que siempre se mantenga fresca y con todo su sabor.

Ingredientes:

- 1 cucharadita de comino en grano
- 1 cucharadita de ají o cayena
- 1 cucharadita de hinojo
- 1 cucharadita de semillas de cilantro
- 1 cucharadita de clavo molido
- 1 cucharadita de semillas de pimienta negra
- 1 cucharada de cúrcuma molida
- 1 cucharada de jengibre molido
- 1 cucharada de fenogreco molido
- 1 cucharada de canela
- 1 cucharada de polvo de mango Amchur (opcional)

Preparación:

1. Empieza por poner las cantidades recomendadas de comino, hinojo, semillas de cilantro, cayena o ají, clavo y pimienta en una sartén caliente sin nada de aceite y dejar tostar lentamente durante 1 minuto.
2. Después mezcla el resto de los ingredientes que ya están en polvo: cúrcuma, jengibre, fenogreco, polvo de mango, clavo y canela.
3. Finalmente, junta todos los ingredientes en un especiero de cristal, preferiblemente con una tapa que te permita espolvorearlo todo en pequeñas cantidades. Habrá quien disfrute de esta mezcla solo en pequeñas dosis y quien prefiera mayor cantidad. Por supuesto, la cantidad también dependerá del plato que vayas a preparar, pero se puede espolvorear sobre cualquier comida cocinada, incluso en ensaladas está buenísimo.

4. Para conservarlo, guárdalo en un lugar fresco y seco y consúmelo antes de que pase un año. Si pasado este tiempo aún te queda mezcla, puedes retirar lo que sobre y volver a preparar todo de nuevo.

INFUSIÓN DÉTOX

Esta es una de las infusiones más potentes que conozco para drenar el cuerpo. La puedes preparar por la mañana y llevártela al trabajo para consumirla a lo largo del día. Puedes hacerlo en frío o en caliente, aunque lo más efectivo es no tomarla demasiado fría, ya que el organismo digiere mejor los líquidos a temperatura ambiente o ligeramente más calientes que la temperatura corporal.

Ingredientes:

- Semillas de comino.
- Semillas de cilantro.
- Semillas de hinojo.

Preparación:

1. Mezcla una cucharada de cada una de las semillas en un litro de agua hirviendo y déjalo reposar durante al menos 10 minutos, cuélalo para consumirlo a lo largo del día.
2. Personalmente, a veces le añado una pizca de jengibre para darle un toque más refrescante a la mezcla. En cualquier caso, esta infusión te ayudará a eliminar toxinas y a evitar retención de líquidos durante la primavera.
3. Si el sabor te resulta demasiado amargo, también puedes empezar a incluir un poco de jengibre fresco rallado a tu botella de agua. El jengibre es un gran antiinflamatorio y en esta época del año, en la que tendemos a acumular a todos los niveles, este truco es una delicia, sobre todo en trayectos largos (por ejemplo, si viajas en avión, ya que te ayudará a mantenerte más ligera).

Verano

¡EL VERANO YA LLEGÓ!

El verano es la mejor estación del año para celebrar, expresar nuestra gratitud y hacer que cobre sentido todo el esfuerzo realizado durante los meses pasados. Es también en esta estación cuando sentimos una mayor presencia de los cinco elementos que forman toda la materia de la que está compuesto nuestro planeta; no es que no estén presentes en el resto de estaciones, sino que en esta época es cuando estamos más en contacto con el exterior por lo que podemos observarlos mejor en su forma natural. El agua, el viento, el fuego, la tierra, el aire, el espacio…

El verano es la estación del año en la que más tiempo pasamos fuera de casa. Los días son más largos, las temperaturas más cálidas y nuestras agendas se llenan de actividades por las tardes y durante los fines de semana. Además, las horas de sol no solo aportan un bonito tono bronceado a nuestra piel, sino que también aumentan nuestros niveles de vitamina D, encargada de activar la liberación de neurotransmisores, como la serotonina y la dopamina, que provocan una mejoría muy positiva en nuestro estado de ánimo. En verano estamos más predispuestos a compartir experiencias y a celebrar ocasiones especiales, por eso también muchas de las fiestas en nuestras comunidades se celebran en esta estación.

Si te asomas a algún rincón de la naturaleza, verás cómo allí la actividad también es frenética: ver cómo las hormigas trabajan bajo el sol es un espectáculo al que merece la pena asistir, y el baile de los insectos y pájaros alrededor de las flores resulta también digno de observar. En esta bonita estación del año, todos nos reunimos fuera, casi de manera inconsciente, y nos ocupamos más de ser que de hacer. En verano somos aquello en lo que nos hemos convertido después de meses de introspección.

...

El verano es una sobremesa eterna
de tardes interminables,
leer,
la siesta,
pisar descalzos,
dormir con la ventana abierta,
el aire picante de primera hora de la mañana,
el eterno azul del cielo,
parar, parar, parar.
Parar de hacer, para ser.

...

EL VERANO EN NUESTRO CUERPO

El verano está gobernado por Pitta, el Dosha del fuego, la actividad y la fuerza de la transformación. Es una energía muy activa que produce un efecto estresante, sobre todo en la primera mitad de la estación, cuando aún estamos inmersos en nuestras obligaciones, pero con los ojos puestos en las próximas vacaciones. En el ecuador del verano, durante el mes de julio, las agendas se aceleran y todo adquiere un clima bastante intenso. El calor sofocante también nos afecta negativamente, produciendo una sensación de letargo general: los cuerpos se hinchan y la mente se torna inquieta. Sin embargo, nadie se resiste a disfrutar de las últimas horas del día, cuando bajan las temperaturas. Durante ese espacio de tiempo diario todos sentimos la necesidad de salir a la calle y disfrutar de las noches al aire libre. Todo se puede hacer fuera, trasladamos muchas de nuestras rutinas al exterior, como si quisiéramos sacudirlas un poco: hacer deporte, comer, leer, caminar... cualquier excusa es buena para salir y vivir fuera de nuestro hogar. No obstante, el verano trae también consigo un sol abrasador que afecta notablemente a quienes tienen un Dosha dominante en Pitta. Las personas con este Dosha deben protegerse ahora más que nunca, ya que sus delicadas pieles sufren al contacto con el sol y se pueden quemar con bastante facilidad. También las alteraciones propias de este Dosha cobran especial protagonismo: rojeces, rosácea, irritaciones, picores e inflamación cutánea son algunas de ellas.

Vamos a ver cómo afecta Pitta a nuestra piel.

Rostro

DOSHA PITTA

Las pieles con un Dosha Pitta dominante son aquellas que presentan una condición más sensible y reactiva. Esta condición se debe a un exceso de fuego en su constitución, ya que estas pieles son pálidas y rosadas, de temperatura caliente y se tornan rojas cuando algo les irrita. Es la más difícil y delicada de todos los tipos de piel, porque es la más sensible a alergias y reacciones derivadas de multitud de rasgos. Vamos a ver las características principales de las pieles Pitta:

- **Naturaleza:** Es de consistencia media, ni muy fina ni muy gruesa, se siente más húmeda y cálida al tacto, con tendencia a grasa en la zona T (frente y nariz) y mejillas secas, lo que llamamos piel mixta.
- **Necesidades:** Las pieles mixtas o sensibles necesitan más espacio (aire y tierra) y menos fuego para mantenerse frescas.

Elementos que las desequilibran:

- Los climas calientes, la comida picante y los estimulantes de cualquier tipo.
- Los cambios bruscos de temperatura, enfadarse mucho o irritarse.
- Todo lo que enciende las brasas: alcohol, tabaco, estrés, azúcar, grasas saturadas...
- Echa un vistazo a aquello que eventualmente entra en contacto con tu piel: sábanas, almohadas, ropa sintética, uso de esmaltes de uñas, productos capilares, jabones para la ducha... Y trata de elegir productos que no la irriten para minimizar los problemas derivados de este tipo de pieles.

Elementos que las equilibran:

- Los aromas de sándalo, camomila, lavanda, bergamota o manzanilla.
- Practicar meditación y los paseos de noche.
- Los climas estables y templados.
- Las comidas frescas y regulares, especialmente a mediodía.
- Los sabores dulces, astringentes y amargos.
- Evita el café y toma agua templada con limón por la mañana para mantener las bacterias a raya.

- Mantenerse frescas, especialmente en climas calientes y secos.
- Una rutina equilibrada y ordenada es esencial para mantener el equilibrio en este tipo de pieles.
- Lista corta de ingredientes, tanto *beauty* como en la alimentación. Todos ellos deben ser neutros y de buena calidad. Recuerda: menos es más a la hora de evitar alergias.

Alimentos que les gustan:

- Aceites y ceramidas son básicos para mantener los niveles de hidratación superficial y reducir la irritación.
- Ingredientes que funcionan como antiinflamatorios: camomila, caléndula, aloe vera y lavanda.

Limpieza:

- Es fundamental tratarlas con mucha delicadeza, con productos calmantes y muy refrescantes. No frotar y no utilizar agua muy caliente ni demasiado fría. Recomiendo retirar los productos de limpieza con la mano o con ayuda de una muselina muy suave y sin frotar.
- **Tónicos:** aplicar aguas frescas de flores a lo largo del día y aromaterapia relajante y calmante por la noche (podemos aplicarlas directamente en la almohada antes de acostarnos).
- **Nutrición:** cremas hidratantes de fácil absorción y textura ligera con alto contenido en agua. El ácido hialurónico y el colágeno también son bien aceptados por este tipo de pieles para ayudar a mantener el equilibrio hidrolipídico (equilibrio entre grasas y agua). Es bueno aplicar mascarillas hidratantes que aporten frescor y calmen la piel una vez por semana.
- Antes de elegir cualquier producto cosmético en una piel sensible es bueno aplicar una pequeña muestra del producto y dejar que actúe durante 24 horas para asegurarnos de que no va a darnos ningún problema de alergias.

Lemas a tener en cuenta para aquellas personas con una piel Pitta:

- Menos es más a la hora de prevenir alergias.
- Enfriarse o morir.
- Todo es bueno con moderación.

MAQUILLAJE, ¿MÁSCARA O COMPLEMENTO?

El maquillaje es una herramienta que sirve para potenciar nuestra belleza natural y dar un mayor protagonismo a los rasgos que más nos gusten de nosotras mismas. Es, en definitiva, un complemento que puede ayudarnos a brillar más y mejor y que también disimula esas pequeñas imperfecciones que no nos gustan demasiado.

Pero ¿qué sucede cuando el maquillaje se convierte en una obligación? Cuando utilizamos el maquillaje como máscara, cuando no nos atrevemos a salir a la calle sin maquillarnos. ¿Qué sucede cuando nos escondemos tras él?

Es importante comprender que el maquillaje es únicamente una herramienta. Si lo utilizamos a modo de máscara, no solo estamos dándole un uso incorrecto, sino que, además, es posible que no nos estemos dando la oportunidad de cuidar nuestra piel de la mejor manera.

Cuando un maquillaje es excesivo, resulta antinatural y no deja ver la verdadera belleza de quien está detrás. En ocasiones puede resultar divertido maquillarnos en exceso y disfrutar de una versión de nosotras mismas totalmente distinta, pero cuidado con convertir esto en una rutina, podemos perder nuestra esencia por el camino.

Si te encuentras en un momento así, en el que no te atreves a enseñar tu piel sin maquillaje, procura conectar con los cuidados necesarios para corregir aquello que no te gusta. Ya sean granitos, falta de tono y luminosidad o marcas cutáneas, el maquillaje no va a solucionar el problema. Es cierto que puede cubrirlo momentáneamente, pero en cuanto limpies tu rostro el problema seguirá estando ahí. El maquillaje es solo un parche en estos casos, y esconderte tras él solo te aliviará hasta el momento en que tengas que desmaquillarte.

Para solucionar este mal uso del maquillaje, que nos lleva a una dependencia hacia el mismo, es importante conectar con nuestra verdadera naturaleza y tratar de aportar a nuestra piel los cuidados necesarios para que se exprese en su mejor versión. Si te sirve de ayuda, todas pasamos a veces por esos momentos en los que no nos gusta o no conectamos con la imagen que nos devuelve el espejo, y por supuesto es bueno tener herramientas para disimular o esconder esas imperfecciones. Sin embargo, para poder solucionar el problema realmente es más efectivo observar y atender estas imperfecciones que esconderlas.

Utiliza maquillaje y, al mismo tiempo, busca herramientas para que cada vez sea menos necesaria esa máscara. Una piel saludable solo es posible si la mantenemos limpia y libre de residuos la mayor parte del día. El verano es un momento perfecto para liberarnos del maquillaje excesivo. Además, tomar unos minutos de sol al día en las primeras o últimas horas con la debida protección ayudará a que obtengamos un tono saludable en muy poco tiempo y fomentará nuestra autoestima. Acude a tu centro de estética o a tu dermatólogo de confianza para que te ayude con una rutina saludable, especialmente si tu piel es reactiva o sensible, y verás cómo pronto aprenderás a utilizar el maquillaje del modo correcto.

CONSEJOS DE MAQUILLAJE PARA EL VERANO

El verano posee una energía muy densa y es cuando más ligeras necesitamos sentirnos, por eso es también un momento perfecto para adaptar nuestro neceser, sacar aquellos productos que ya no necesitamos en los meses más cálidos y adaptar herramientas, productos y colores a un tono de piel más tostado, dorado o con cierto lustre. Como en el resto de estaciones, procuraremos mantener nuestro neceser siempre limpio y ordenado. Cerrar bien los envases, no dejar el neceser nunca al sol y mantener cierto nivel de higiene con nuestras brochas y herramientas es indispensable para que todo se mantenga en perfecto estado.

Estos son los pasos a seguir para un maquillaje de verano ideal:

- **Cuida e hidrata tu piel:** si sabes más o menos qué tipo de piel tienes, sigue mis indicaciones en este libro sobre tu tipo de piel y ponte manos a la obra. Si mantienes una piel equilibrada y sana, independientemente de cuál sea su naturaleza, ya tendrás la mitad del maquillaje hecho.
- **Protector solar:** es importantísimo que utilicemos un protector solar en el rostro antes de maquillarnos. Lo haremos durante todo el año, pero sobre todo en verano. Ojo: ¡el protector solar no sustituye a tu hidratante! Es mejor usar dos productos por separado. Busca texturas ligeras si te vas a maquillar a continuación o deja pasar unos minutos entre la aplicación del filtro y el maquillaje.
- **Base de maquillaje sí o no:** te recomiendo que no utilices una base de maquillaje por todo el rostro a no ser que se trate de una muy fluida. Incluso puedes utilizar filtros solares con algo de color que te ayudan a suprimir esta parte. Utilizar bases de maquillaje densas en verano puede resultar un poco incómodo y, si cubrimos nuestra piel en exceso, al final del día tendremos brillos y el maquillaje puede cuartearse. Lo mejor en esta época es utilizar bases muy fluidas y ligeras en caso de ser necesario, y utilizarlas solo en ocasiones especiales y/o si tenemos un tono muy irregular o muchas manchas y queremos

unificarlo un poco. Si no es así, es mejor suprimir este paso e ir directamente al siguiente.

- **Corrector:** con este producto podemos suprimir el maquillaje. Debemos utilizarlo solo en aquellos puntos faciales que deseemos corregir o aportar algo más de luz: ojeras, párpados, surco nasogeniano, diferentes zonas con marcas como granitos o manchas, etc. Existen correctores que pueden hacer la función también de maquillaje y lo mejor de utilizar este tipo de productos es que solo es necesario aplicar la cantidad necesaria en puntos concretos, consiguiendo así un resultado muy natural al mantener gran parte de nuestra piel limpia. Para hacerlo correctamente debemos aplicar muy poca cantidad de producto y no esparcirlo con los dedos, sino aplicarlo a pequeños golpecitos sobre la zona de la piel donde queramos integrar el producto hasta su completa absorción. Para asegurarte de que has aplicado la cantidad correcta, puedes pasar una esponja de maquillaje limpia dando pequeños toques por las zonas maquilladas. De este modo, el exceso, si es que lo hay, se quedará en la esponja. Si tu piel es grasa o con tendencia a brillos, puedes sellar un poco el maquillaje o corrector con polvos translúcidos aplicados con una pequeña brocha o directamente con la yema de los dedos.
- **Polvos de sol:** son los que nos ayudan a conseguir ese tono tostado en la piel que tanto favorece. Es importante contar con una brocha tipo kabuki para aplicarlos y elegir productos que no tiren mucho a naranja, los colores terracota con pigmentos más fríos son mucho más naturales y sientan mejor a todo el mundo. Mi forma de aplicarlos es siempre de fuera hacia dentro, es decir, empezando por ejemplo por la oreja hacia el pómulo y subiendo luego hacia la sien. Lo hago por todo el contorno deslizando la brocha hacia el centro de la misma con el fin de aportar más tono alrededor y menos en el centro del rostro. Al final, con lo que nos quede de producto en la brocha, podemos aplicar un poco en la nariz, las mejillas y los párpados.
- **Colorete en crema:** en verano es cuando más lustre tiene nuestra piel gracias a los baños de sol, y eso es precisamente lo que más nos gusta de ella. Así pues, la mejor manera de respetar ese efecto natural es mantener un equilibrio entre los productos en polvo y los productos en crema que utilicemos. Un bonito colorete en crema bien aplicado es justo el toque que necesitamos para conseguir un efecto «buena cara. Además, puedes encontrar coloretes que actúan al tiempo como iluminadores aportando un extra de luz al rostro. Es tan sencillo como aplicar una pequeña cantidad (la huella de una yema del dedo será

suficiente) y comenzar a extenderla bien con nuestras propias manos o con una pequeña esponja o brocha si eso nos resulta más sencillo. Lo más fácil es hacerlo en línea recta desde la parte más alta del hueso del pómulo hacia atrás, procurando no subir demasiado hacia arriba y tampoco acercarse demasiado a las mejillas. También puedes aplicar pequeños toques del mismo tono como sombra de ojos y así tendrás un mismo producto para ambas cosas. Si tu piel es Pitta, seguramente no necesites colorete porque ya lo tienes de manera natural. Si tu piel es rosada y con cierta intensidad en mejillas, no acentúes ese rasgo con más colorete y simplemente pasa al siguiente paso.

- **Máscara de pestañas:** la máscara de pestañas abre la mirada y aporta mucha intensidad al ojo. Procura no utilizar demasiado producto si buscas un resultado fresco y natural. Los excesos en verano son aún más visibles. Si no tienes la pestaña naturalmente rizada, es una buena idea utilizar un rizador, pero utilízalo siempre antes de maquillar tus pestañas. Y si tu ojo tiene tendencia a humedecerse alrededor del párpado a lo largo del día, busca máscaras de pestañas que se sequen rápido o utiliza productos *waterproof* en los días en que necesites mantener tus pestañas perfectas durante una larga jornada. En mi opinión este tipo de productos no son para todos los días, pero en ocasiones concretas son una gran solución.
- **Labiales de verano:** un labial bonito es siempre bienvenido, independientemente de la época del año en la que estemos. Sin embargo, en verano sienta muy bien la mezcla de piel casi desnuda con un labial de tono potente. Los fucsias, rojos, naranjas, calderos, corales… están hechos para las noches de verano y. mezclados con joyas en cuello y orejas, el resultado puede ser muy sensual y refrescante.
- **Cejas:** un lápiz de cejas siempre viene bien para remarcar la forma natural o para rellenar pequeñas zonas más despobladas, para alargar la línea final o simplemente para aportar un toque más profundo a la mirada. En verano, sobre todo si optas por llevar la piel desnuda, marca las cejas ligeramente y evita trazos o contornos muy marcados, ya que esto restaría naturalidad y frescura al resultado final.
- **El toque final:** para mantener tu maquillaje fresco e intacto a lo largo del día puedes llevar en tu neceser algún spray de agua de flores, como agua de rosas o de jazmín, y aplicarlo de vez en cuando para hidratar la piel. Notarás cómo tu rostro lo agradece y tu piel se mantiene mucho más hidratada y saludable.

NECESER DE VACACIONES

Si ya sabes adónde te vas a ir de vacaciones de verano, lo mejor es que prepares el neceser con antelación. Es habitual que dejemos este tipo de preparativos para el último momento, sin embargo, resulta mucho más efectivo ir planificando el contenido de aquellos productos que te van a acompañar en los días de descanso, así no te encontrarás sorpresas en el último momento y, además, es una magnífica forma de preparar el alimento para tu piel y tu cuerpo con premeditación. Al fin y al cabo, los momentos *beauty* durante las vacaciones son igual de importantes o más que en el resto del año, y planificarlos con antelación nos ayudará a visualizar mejor aquellos instantes de los que pensamos disfrutar.

Yo no suelo utilizar los mismos cosméticos que tengo en casa cuando me voy de vacaciones. Si viajo a un lugar en el que tendré nuevos ritmos, en el que mi cuerpo va a tener que habituarse a otro clima, a nuevas rutinas, a una alimentación diferente, etc., ¿cómo no va a cambiar también mi neceser? Demos un paseo por los imprescindibles que podemos dejar preparados y añadir a nuestro neceser con antelación para que las nuevas necesidades del viaje no nos tomen por sorpresa.

- **Higiene dental:** en casa solemos utilizar cepillos eléctricos, pero son poco manejables para viajar, así que solemos estrenar cepillos nuevos cuando nos vamos de vacaciones. A los niños les encanta y es una bonita manera de explorar nuevas marcas de cepillos de materiales orgánicos y pastas con sabores diferentes. Aparte de los cepillos de dientes, yo incluyo en el neceser un enjuague bucal a base de aceite de coco y un rascador de lengua. Si no uso estos dos accesorios siento que no estoy realizando una higiene bucal a fondo. No te preocupes, más adelante te explicaré con detenimiento para qué nos sirven ambos.
- **Champú y acondicionador:** si te gusta llevar tus propios productos para el cabello, te recomiendo que elijas aquellos que puedan ser utilizados por más de una persona. Si viajas con amigos o familia, este tipo de productos son ideales para compartir. Si te gusta descubrir cosas nuevas y probar la cosmética local, otra opción es comprarlos una vez que llegues a tu destino. Es divertido y estimulante navegar por internet antes de salir de viaje para saber qué puedes encontrar en tu próximo destino, y así aprovechar para estrenar y probar otro tipo de productos durante las vacaciones. De este modo, además de viajar ligera de equipaje, puedes consumir cosmética local, una manera de ayudar a los pequeños comercios probando productos diferentes, cuanto más auténticos, locales y artesanos, mejor. Si no tienes opción de comprar local en el destino

al que te diriges, los champús y acondicionadores sólidos son también una gran opción, ya que ocupan muy poco espacio, son muy duraderos y reducen el consumo de plásticos.

- **Higiene corporal:** elige pastillas de jabón en vez de gel, ocupan menos espacio, son más prácticas en los viajes y ayudarás al medioambiente. Las pastillas de jabón pueden viajar cómodamente en bolsas de silicona con cierre tipo zíper o en pequeñas latas de aluminio con cierre de rosca. Lleva siempre contigo un aceite vegetal que puedas utilizar dentro del baño o la ducha para limpiar e hidratar tu piel tal y como te cuento en la estación de otoño.
  En cuanto al desodorante, mejor en sistema roll-on o en crema como norma general, y también es recomendable que sea orgánico. La exfoliación del cuerpo en verano es muy recomendable. Si no tienes espacio para llevarte un exfoliante, lo puedes preparar tú misma con azúcar y aceite corporal o llevar un guante Garshan, que ocupa muy poco espacio y resulta muy práctico.
- **Cuidado facial:** aunque en tu día a día cuentes con varios productos para tu cuidado facial, a la hora de viajar procura llevar solo lo más básico: limpieza, hidratación y protección. Piensa si vas a estar en un destino de sol y playa o si vas a pasar más frío de lo habitual. ¿Y si vas de viaje de aventuras en plan mochilera? No te preocupes, el espacio no será un problema: si lo planificas y llevas pequeños kits con botes de viaje, podrás apañarte. Además, si vas en avión, estos kits de viaje serán indispensables para los productos y cosméticos líquidos, ya que no podrás transportarlos en recipientes de más de cien mililitros. Simplemente adapta tus elecciones a la naturaleza de tu piel y al clima al que se verá sometida en esos días. Te pongo un ejemplo de estos básicos para que te sea más sencillo elegirlos:

  - **Limpiadora facial:** para viajes lo más cómodo es la versión en tubo y con texturas jabonosas o incluso un poco exfoliantes. En verano solemos pasar más tiempo del habitual al aire libre y abusamos de filtros solares constantemente, por lo que es muy placentero limpiarse el rostro con este tipo de soluciones jabonosas exfoliantes que nos ayudan a retirar fácilmente todo el residuo acumulado durante el día y preparar la piel para recibir los productos siguientes.
  - **Aceite facial:** puedes probar las versiones en *roll-on*. Son pequeñas, comodísimas y suelen contener una mezcla de aceites vegetales y esenciales. Además, los aceites siempre deben estar envasados en cristal

opaco para preservar su calidad, ya que pueden estropearse con los cambios de temperatura y los trayectos largos, por lo que el envase en este tipo de productos es esencial. Utilízalo de día a modo de hidratación siempre después de la limpieza facial y antes de la protección solar. Si tu piel es o está muy seca, utilízalo también por la noche, en el mismo orden sustituyendo la protección solar por la crema de noche a continuación.

- **Crema hidratante de noche:** por las noches, después de limpiar el rostro, es imprescindible aportar hidratación. Si hay una época del año donde nuestra piel se siente más agredida, esa es, sin duda, el verano. Te recomiendo una crema de noche porque tienen una textura más untuosa y nutren algo más que las cremas de día, pero si tu piel es grasa o la sientes muy pesada, puedes sustituirla por una crema de textura más ligera.
- **Protector solar facial:** imprescindible siempre, y mucho más en verano. Lo más recomendable es que lleves un protector solar de rostro, aparte del de cuerpo, ya que son más manejables en tamaño y se pueden manipular mejor. Este será el producto que más utilices a lo largo del día, así que procura encontrar una textura que te resulte agradable y que te proteja adecuadamente.

Con estos cuatro productos: limpiadora, aceite, crema y un protector solar de calidad, tendríamos listo el neceser para nuestro rostro. Si tienes espacio y quieres añadir un extra, un bálsamo multiusos que te sirva como hidratante labial y también para nutrir zonas que tienden a deshidratarse con mayor facilidad en esta época, como pueden ser codos, talones o eczemas que surjan durante el viaje, puede irte fenomenal.

Cuerpo

Protección solar y exposición al sol

El verano es la estación de Pitta, en la que el sol es el gran protagonista, por ello debemos tomar medidas y precauciones para evitar daños innecesarios en nuestra piel. Las piscinas con cloro, el agua del mar y el sol deshidratan y envejecen la piel, por lo que el cuerpo necesita más humedad y protección por dentro y por fuera durante todo el verano.

Si bien el sol ha sido siempre uno de los peores enemigos de la piel, sus efectos nocivos se han incrementado más aún desde que la capa de ozono ha empezado a debilitarse a una velocidad vertiginosa. La radiación solar es uno de los principales causantes de enfermedades como el cáncer de piel, las cataratas, la degeneración celular, la descomposición del colágeno y la elastina, la cual se traduce en arrugas y envejecimiento prematuro entre otras cosas.

Vamos a dar un paseo por los tipos de protección solar que existen y cómo estos afectan no solo a nuestro cuerpo, sino también al ecosistema:

- **Filtros químicos:** son moléculas orgánicas que absorben la radiación solar y la transforman en inocua para la piel. Estos protectores solares de nueva generación se absorben en pocos segundos tras su aplicación cutánea, por lo que resultan ligeros y dejan una sensación agradable. Los encontramos en diferentes texturas: aceite, crema, loción, leche, etc., y no dejan rastro en la piel. Sin embargo, es aconsejable aplicar este tipo de protectores al menos media hora antes del baño o de la exposición directa al sol, pues es el tiempo que tardará nuestra piel en absorber el producto. Cuando nos aplicamos este tipo de protectores y nos lanzamos directamente al mar o a la piscina, gran parte de esta protección termina en el agua, con el consiguiente perjuicio ecológico que esto supone, y, por supuesto, dejando de protegernos de manera correcta. Por esto es de suma importancia que aprendamos a respetar los tiempos necesarios para que el producto haga su trabajo antes de disfrutar de un baño.
- **Filtros físicos u orgánicos:** se trata de partículas minerales que reflejan la radiación solar. Este tipo de protección solar actúa en la capa más superficial de la epidermis y resulta mucho más visible, puesto que produce una barrera física sobre la piel. El efecto de estos filtros es parecido al que tendría lugar si nos pintásemos con yeso, y la pesadez que provocan en nuestra piel debido a su gran densidad también es similar. Aunque bien es cierto que algunas marcas son más suaves que otras y ya se están empezando a formular este tipo de protectores con un tono muy similar al de la piel. Sin embargo y a pesar de su aspecto, resultan ser los protectores menos agresivos, y también es el único tipo de protección solar permitido en ciertas zonas naturales por su mínimo impacto en el ecosistema.
- **Filtros biológicos:** protegen frente a la radiación infrarroja (IR), que produce sensación de calor y oxidación celular; la luz azul o visible (HEV), que produce pigmentación y oxidación celular; los rayos ultravioletas (UVA), que pueden producir alergias y envejecimiento prematuro y los rayos UVB,

que pueden producir quemaduras y daño celular. Son moléculas antioxidantes que bloquean los radicales libres y fortalecen el sistema antioxidante de la piel.

- **Protectores físicos:** gorros, sombreros, gafas de sol, ropa con protección UPF, mantenerse a la sombra... Estas recomendaciones siempre son positivas durante esta época del año.

Como consejo general, siempre que estés de vacaciones aplícate protección solar antes de salir de casa, así te aseguras una protección más estable, y recuerda repetir las aplicaciones a lo largo del día al menos cada dos horas.

NUESTROS PIES, CUIDADOS DE VERANO

Nuestros pies son los protagonistas del verano en todos los sentidos. Gracias a ellos, literalmente, podemos dedicarnos a recorrer todos los lugares del mapa que hayamos previsto para nuestras vacaciones y, al mismo tiempo, es justo en verano cuando más descubiertos los mostramos. Quizás por estos motivos estamos también dispuestas a cuidar de ellos de una manera un poco más profunda. Las sesiones de pedicura se convierten en un imprescindible en verano y nos gusta lucir nuestros pies en su mejor versión.

Para mí, una de las cosas más bonitas del verano es recuperar el hábito de caminar descalza. Te animo a que, durante unos minutos al día, dejes los zapatos a un lado y conectes con el contacto con la tierra. Hazlo en casa y verás que pisar descalza es de lo más agradable y, si puedes hacerlo también en el exterior, en un jardín, en la arena de la playa... pues mejor aún. Se trata de un ejercicio muy placentero que te ayuda a conectar a través de los nervios y canales energéticos que tenemos en esta zona del cuerpo tan sensible. A través de los pies disfrutarás de la temperatura fresca del suelo, notarás la hierba mojada y la arena te dará un suave masaje al caminar. Es una experiencia sensorial maravillosa.

En la planta de los pies tenemos instalados un gran número de canales de energía que conectan con todos los órganos del cuerpo, incluido el cerebro. Si nunca has probado un masaje de reflexología, te invito a hacerlo. Esta técnica milenaria puede incluso mejorar y curar diferentes patologías a través del masaje en los pies.

Otro de los ejercicios que descubrí hace años en mis clases de yoga fue el de aprender a pisar correctamente. Ya sé que me dirás que ya sabes pisar, también pensabas que sabías respirar, ¿recuerdas? Pero lo cierto es que es realmente importante que tomemos conciencia de cómo estamos pisando, porque la pisada es fundamental para la estabilidad de la columna y puede evitar dolores de espalda y otros problemas a lo largo de nuestra vida.

Este ejercicio que te cuento a continuación resulta algo incómodo al principio, pero, si lo practicas con cierta asiduidad, verás cómo cambia tu manera de pisar y puede mejorar muchísimo tu postura.

Se trata de ponerte entre los dedos de los pies unos separadores de silicona, que puedes encontrar ya en multitud de establecimientos, también sirven esas almohadillas de silicona o espuma que se utilizan para la pedicura. Una vez te los hayas colocado, camina descalza con ellos puestos todo el tiempo que puedas aguantar. Al principio, sobre todo si no tienes habilidad de separar los dedos de los pies, seguramente te resultará muy incómodo, pero trata de ir acostumbrándote poco a poco para ganar elasticidad en los dedos y pronto podrás aumentar el tiempo. Si tienes algún problema en particular en esta zona, mejor consúltalo con tu médico antes de probar este método.

Otro de los problemas que suele afectar a nuestros pies en verano es el hecho de que se hinchen y se recalienten más de la cuenta debido a las altas temperaturas y a llevar calzados que sujetan poco. Seguro que tú también has notado que a la larga y después de pasar horas sentada o de pie, los tobillos terminan hinchándose, con la consiguiente retención de líquidos, y los pies acaban por soportar peor cualquier tipo de calzado al final del día. Una manera de calmar esa sensación de hinchazón y mejorar la circulación en poco tiempo es sentarse en una silla y rodar cada pie sobre una pelota de tenis. Esto te ayudará mucho a fortalecer los músculos de la planta del pie y también a mejorar la flexibilidad de las articulaciones.

Y, sin duda, uno de los placeres del verano es sumergir los pies en agua tibia con un par de puñados de sal de roca durante unos diez minutos. Después, al sacar los pies del agua, frótalos enérgicamente con aceite de aguacate y deja que se sequen tranquilamente al aire mientras mantienes las piernas en alto.

LIMPIEZA BUCAL

Si existe un buen momento en el año para aprender nuevas rutinas, ese es el verano. Es cuando tenemos más tiempo para revisar aquellos hábitos que realizamos de manera normalmente inconsciente y podemos aprovechar para moldearlos, o incluso sustituirlos, por nuevas rutinas que nos aporten experiencias más saludables o placenteras.

Una de estas rutinas es aprender un nuevo método de higiene bucal que se practica en Ayurveda. Como ya te había adelantado cuando te di algunos consejos para preparar nuestro neceser de verano, este método se divide en dos técnicas: una de limpieza de lengua y otra de enjuague bucal. Yo utilizo esta rutina cada mañana y espero que a ti te sirva también.

La limpieza de la lengua es una de las primeras prácticas ayurvédicas que implanté en mi vida. Se trata de rascar tu lengua cada vez que te cepillas los dientes. Hasta aquí parece sencillo, pero lo que ocurre con muchos de los rascadores que venden en los comercios tradicionales es que simplemente exfolian ligeramente la capa más superficial de la lengua, pero no arrastran esas impurezas fuera de la boca. ¿Y qué sentido tiene entonces mover todas esas bacterias si parte de ellas se quedan exactamente en el mismo sitio?

El rascador ayurvédico está hecho de metal (cobre o acero inoxidable), tiene forma de «U» y arrastra todas las impurezas instaladas en la lengua hacia fuera de manera que, en pocas pasadas, puedes observar tu lengua limpia, y es entonces cuando debes comenzar con el lavado dental.

Para hacerte con un limpiador de este tipo, basta con visitar cualquier tienda *online* donde vendan utensilios de limpieza bucal. Es muy fácil encontrarlos y puedes hacerlo buscando por «limpiador de lengua ayurvédico» o, en inglés, «*stainless-steel tongue scraper*». He probado los de cobre, pero terminan oxidándose, así que te recomiendo los de acero inoxidable.

Para utilizarlo correctamente deberás comenzar rascando toda la superficie de la lengua, de atrás hacia delante, varias veces (aproximadamente 7 u 8) hasta que no salga suciedad. Recuerda que debes ir aclarando el rascador bajo el grifo tras cada pasada.

Esta forma de limpiar tu lengua hará que se eliminen muchísimas bacterias y, además, estimularás a su vez las enzimas del sistema gástrico y digestivo y comenzarás el día con mayor energía. Yo realizo la limpieza de la lengua por la mañana y por la noche. Si tú te animas a empezar, te recomiendo que lo hagas por la mañana para ir habituándote y luego, cuando ya tengas esta rutina implementada, lo hagas también por la noche.

El segundo elemento del método, ahora que ya conocemos el limpiador de lengua, es el enjuague bucal. Este se debe realizar justo después de la limpieza de la lengua y, desde luego, antes de cualquier comida o bebida. Por ello, lo más cómodo o práctico sería realizar la limpieza de lengua y utilizar el enjuague nada más levantarte y dejar la limpieza dental para después del desayuno.

Hay varios aceites con los que puedes realizar este enjuague, pero el más habitual es el aceite de coco, ya que, además de tener un sabor más suave, también ayuda a blanquear los dientes de manera natural. Otros aceites que se pueden emplear para el enjuague son el de girasol y el de sésamo.

Para realizar el enjuague llena una cuchara pequeña de aceite y métetela en la boca. Dentro de tu boca, realiza movimientos circulares de enjuague durante 20 minutos. No resulta fácil contar con ese tiempo por la mañana pero, si te acostumbras a utilizar el enjuague mientras te encargas de otras tareas, como hacer la cama o ducharte, por ejemplo, economizarás tu tiempo. Si no dispones de esos 20 minutos, puedes hacerlo durante menos tiempo. Lo realmente importante es que procures hacerlo un ratito cada día y siempre en ayunas.

Es importante no tragarse el aceite y, a la hora de deshacerte de él, no lo hagas en el lavabo, ya que los aceites pueden atascar las tuberías. Lo mejor es que utilices el inodoro o bien algún recipiente vacío para después tirarlo a la basura. Si una cucharada es demasiado o poco para ti, ve ajustando la cantidad que mejor se adapte a tus necesidades.

Una vez que termines, aclara tu boca con abundante agua. Gracias a este método milenario, en pocos días notarás la diferencia tanto en tus dientes como en tu aliento.

Cabello

EL COLOR DEL CABELLO EN VERANO

Una de las quejas que escucho continuamente es lo difícil que resulta mantener un color de pelo bonito durante el verano. Parece que teñirse el pelo es sinónimo de terminar con el pelo naranja, las puntas echas polvo, una melena sin vida y sin brillo…

Lo cierto es que uno de los motivos fundamentales por los que nos teñimos el cabello es porque queremos mejorar o aportar diferentes efectos a nuestra melena. Las rubias lo hacen porque van perdiendo ese tono claro de cuando eran más jóvenes y quieren mantenerlo. Las castañas y morenas porque, a medida que pasan los años, van necesitando más luminosidad alrededor del rostro. Y los cabellos canosos porque quieren sentirse y verse la melena cuidada, independientemente de que busquen cubrir esas canas de manera natural o con tintes permanentes.

Todos estos trabajos técnicos bien realizados no deberían terminar con los síntomas descritos más arriba. Para evitar estos problemas típicos del verano, la premisa es siempre la misma: mantener la estructura original del cabello. Es decir, procurar que se mantenga lo más sano posible antes, durante y después del servicio de color que tengamos que realizar. A la hora de conservar la salud de nuestro cabello, influye tanto la técnica que nos apliquen en el salón como los cuidados que después realicemos en casa. También influyen otros aspectos, como el lugar en el que vives, si pasas mucho tiempo al sol, en la playa o en la piscina, si el agua de tu localidad tiene mucha cal, etc. Pero, independientemente de todos los factores anteriores, si lo que buscamos es un resultado natural y que nuestro cabello se mantenga en buen estado durante el verano, estos son algunos consejos que te pueden ayudar a conseguirlo:

Cabellos rubios

Para los cabellos rubios o castaños claros que quieren mantener la luminosidad y el tono perdidos, el secreto está en la base. La base de una persona que ha sido rubia de pequeña y que ha ido oscureciendo su tono con el paso de los años, debe ser respetada en la raíz para no crear una dependencia por la aparición de raíces incómodas en poco tiempo.

La mejor manera de mantener este tipo de cabellos para lograr un efecto natural y duradero sería haciendo unas mechas o reflejos naturales en tonos degradados. Estos reflejos se realizarán de medios a puntas hasta conseguir un tono muy claro en las puntas del cabello y manteniendo un tono lo más parecido al original en la raíz. La intensidad dependerá de tus gustos personales, pero siguiendo estas premisas conseguirás un efecto bastante natural y, sobre todo, alargarás las visitas al salón al no tener un efecto raíz tan marcado.

Mi consejo para este tipo de cabellos es que sigas las instrucciones de servicio de color que te doy a continuación:

- No manipular el tono de la raíz y realizar trabajos de degradado de más oscuro a más claro de raíz a puntas.
- Mantener el color en casa a base de mucha hidratación en medios y puntas con productos de lavado adecuados. En playa y piscina, utilizar siempre protección para el cabello, bien con aceite de coco o, si prefieres una textura más natural, con protectores en gel o en spray. En todos los casos, utiliza productos de marcas cosméticas de buena calidad. No desenredes tu pelo con peines ni

cepillos, hazlo mejor con tus propios dedos cuando estés usando el secador. Nunca uses peines o cepillos en playa o piscina, ya que en ese momento tu pelo se encuentra debilitado por el cloro o el salitre y romperás muchos cabellos innecesariamente durante el cepillado. Utiliza mascarillas en medios y puntas al menos una vez a la semana.

- Eventualmente se pueden aplicar tratamientos de brillo en medios y puntas para mantener el tono entre servicios de color. Podrás realizarlos tú misma en casa de manera muy sencilla con barros naturales que, además ayudan a cerrar la cutícula, aportan mucha fuerza y cuerpo al cabello.

Cuidado y mantenimiento en casa para cabellos rubios

Te propongo un enjuague válido para todo tipo de cabellos, que es, además, uno de los mejores enjuagues que conozco para cabellos rubios. Es muy sencillo de elaborar y su base es el vinagre de manzana. Puedes preparar este enjuague en casa y utilizarlo al menos una vez por semana para proporcionar brillo al cabello y potenciar los reflejos dorados naturales. Además, este enjuague es maravilloso para fortalecer el cabello fino, para aportar britlo y recuperar la cutícula.

ENJUAGUE DE VINAGRE DE MANZANA

Para preparar el enjuague:

Mezcla el vinagre de manzana con la misma cantidad de agua.

Para utilizar el enjuague:

1. Tenlo a mano en una jarra o en un bote de champú.
2. La mezcla durará una semana.
3. Este enjuague se utiliza una vez aclarado el último champú.
4. Escurre un poco el exceso de agua del cabello con una toalla y vuelve a aclararlo con el enjuague.
5. Ya con el enjuague puesto, si lo que buscas es potenciar el brillo del cabello, aprovecha para tomar un poco el sol de manera natural, bien desde una ventana o balcón o en algún rincón del exterior.
6. Vuelve a aclarar completamente el cabello después de 5 o 10 minutos de exposición.

Cabellos castaños

En la mayoría de los casos, para conseguir un contraste natural en cabellos castaños oscuros o morenos que van necesitando algo de luminosidad alrededor del rostro, tenemos que jugar con tonalidades cálidas. Sin embargo, a menudo me encuentro con mujeres que buscan este tipo de tonos, pero huyen de lo que llaman «pelo naranja». En estos casos me encanta sacar una de las cartas de color que tengo en mi salón y enseñarles los tonos que mejor se adaptan a su cabello y su piel. Ver diferentes tonalidades sobre su cabello es la mejor manera de comprender la diferencia entre un tono cálido (marrón, chocolate, arena, miel…) y un tono naranja o cobrizo.

Aun así, también en estos casos la prudencia es la mejor de las armas y no debemos escoger tonos muy alejados de nuestro color natural, sobre todo en las raíces, si buscamos un resultado fresco y duradero. Podemos también recurrir a técnicas de degradado y buscar los tonos más claros en las puntas. De esta manera conservaremos nuestras raíces en su tono natural y evitaremos así tantas visitas al salón y un mantenimiento más sano. Lo más complicado de mantener en los cabellos castaños y morenos es su brillo natural. Vamos a ver cómo podemos hacerlo.

Cuidado y mantenimiento en casa para cabellos castaños

Especialmente en verano, cuando este tipo de cabellos están tratados químicamente se tornan anaranjados y muy secos en medios y puntas. Esto sucede cuando no refrescamos el tono de la melena con pigmentos naturales o cuando hace mucho tiempo que lo hicimos y se ha ido oxidando. El uso continuado de tintes químicos afecta de manera notable al estado de nuestra cutícula. Por si esto fuera poco, en verano solemos disfrutar de baños en el mar o en la piscina que pueden empeorar aún más el estado de nuestro cabello.

Por suerte, existen fórmulas para que regresemos después de nuestras vacaciones no solo con el color del cabello intacto, sino incluso en mejores condiciones. Una de las mejores fórmulas es la de introducir el aceite de coco en nuestra rutina diaria durante todas las vacaciones de verano. Utilizaremos este aceite como un tratamiento protector del sol para nuestro cabello, con la ventaja de que también se encarga de enriquecer y mejorar el aspecto de nuestra cutícula capilar. El aceite de coco es rico en ácidos grasos y ácido láurico, es antifúngico y antibacteriano. Es un aceite frío, por lo que, cuando la temperatura ambiente es fresca, este aceite se solidifica. Lejos de ser un problema, lo convierte en una pasta mucho más práctica a la hora de aplicarlo en el cabello y sus propiedades son las mismas cuando se encuentra en estado líquido. Si te gusta más hacerlo con la textura sólida, puedes mantenerlo en la nevera en los meses más cálidos.

BAÑOS DE ACEITE DE COCO

Para preparar el aceite:

1. Te recomiendo que lo compres envasado en alguna droguería o herboristería de confianza.
2. Hoy en día está disponible incluso en algunos supermercados.

Para utilizar el aceite:

1. La manera más eficaz de utilizar este aceite es aplicarlo por la mañana, antes de la exposición al sol, en medios y puntas. Si tienes nudos, aprovecha para tratar de desenredar tu cabello en la medida de lo posible solo con los dedos.
2. Después recoge tu pelo en un moño o coleta y mantenlo así durante toda la jornada.
3. Si es necesario, puedes repetir la aplicación a lo largo del día, esto resulta imprescindible cuando vamos a pasar mucho tiempo al aire libre o nos vamos a bañar muchas veces en el mar o la piscina.
4. El aceite de coco servirá tanto para protegernos de los agentes nocivos del sol en el cabello, como del yodo, la sal o el cloro. Al mismo tiempo, aprovecharemos la exposición al sol para que el aceite penetre en la fibra capilar, alimentando la cutícula y reparando los daños superficiales que presente.
5. Después de toda la jornada, simplemente tenemos que lavar nuestro cabello del modo habitual, intentando evitar champús que contengan sulfatos y siliconas en su composición. En los días en que hayamos utilizado el aceite, no será necesario el uso de acondicionadores.
6. Una vez aclarado el champú, notaremos el cabello especialmente áspero, pero solo tendremos esa sensación mientras esté húmedo. Una vez lo sequemos con el secador o si decidimos dejarlo secar al

aire, veremos cómo el cabello se muestra limpio, suelto, brillante y muy suave.

7. Podemos repetir la aplicación de aceite de coco siempre que queramos, incluso todos los días durante la etapa de vacaciones. Al término de las mismas volveremos a casa con el color del cabello impecable y la melena perfectamente hidratada.

8. Para mantener el mismo efecto a lo largo del año, puedes conservar este ritual una noche a la semana en la estación de verano y, cuando comience el frío, cambiaremos el aceite de coco por aceite de sésamo o jojoba. Bastará con dormir con el aceite puesto en el cabello toda una noche. Después lávate el pelo por la mañana sin acondicionarlo. También es un gran tratamiento para hacerlo en casa justo antes de ir al salón a aplicarnos nuestro color, de este modo actuará como protector del cabello y no sufrirá tanto.

Cabellos canosos

¿Qué hacemos cuando aparecen las canas? Existen dos tipos de personas con canas: las que quieren mantener su color natural y las que llevan (o quieren llevar) un tono más claro. Bueno, en realidad existen tres tipos de personas con canas, ya que a muchas de ellas les encantan estos mechones blancos y deciden dejar que la naturaleza y su vida sigan su curso y obren su magia.

Aquellas personas que quieran mantenerse fieles a su color natural, podrán lograrlo tanto con barros como con óleos o coloración vegetal 100 % libre de químicos. Gracias a estos productos podremos conseguir cualquier tono de modo natural y realizar una cobertura de las canas prácticamente completa. Lo que más influye en este tipo de coloración es el tiempo de exposición del producto. Al ser productos totalmente naturales, estos no tienen la capacidad de atravesar la cutícula del cabello, es decir, trabajan coloreando el tallo a nivel superficial y funcionan por depósito.

En el caso de la coloración natural (barros y óleos), cuanto más tiempo tengamos puesto el producto en nuestro cabello, mayor será el poder de cobertura de la cana, pero en ningún caso conseguiríamos manipular el tono de nuestro cabello libre de canas. Es decir, si tenemos un cabello moreno, el hecho de utilizar plantas de tonalidades claras, como la cassia, o coloraciones en óleo de tonos más claros, no conseguiríamos pasar de un cabello moreno a uno rubio. Lo que sí lograríamos sería aumentar su brillo y luminosidad. Los óleos y los barros transforman el color únicamente de los cabellos canosos o como mucho de los cabellos muy claros. Sí sería posible, por ejemplo, pasar de un cabello rubio a uno moreno, o al menos castaño.

Por ejemplo, si aplicamos henna sobre un cabello castaño (la henna es una de las plantas con mayor poder de cobertura de tono), posiblemente conseguiríamos un tono anaranjado en las partes más claras del cabello y en sus canas. Sin embargo, un cabello rubio con la misma henna sí podría terminar totalmente cobrizo, mientras que un cabello negro solo recibiría brillo pero nada de color.

Cuanto más claro sea un cabello de manera natural, mayor será el poder de cobertura de tono sobre su color natural utilizando solo plantas o pigmentos naturales. En todo caso, estos tintes naturales serán perfectos para todas aquellas personas que no quieren alterar su color natural pero sí cubrir sus canas sin utilizar tintes químicos.

Sin embargo, si buscamos un tono de cabello más claro que el nuestro y, además, están comenzando a aparecer las primeras canas, lo más habitual es que estemos acostumbradas a los tintes. En el caso de los tintes químicos no hay demasiado misterio, debemos utilizarlos cuando vuelvan a asomar las canas y optar siempre por productos de calidad. Tampoco estaría de más que tomásemos nota de los siguientes consejos:

- Si nos teñimos habitualmente el cabello para aclarar nuestro tono natural, debemos recordar algo importante: no pasar el tinte de la raíz a las puntas, salvo en el caso en que nuestro cabello se tiña por primera vez. Cuando hacemos esto, exponemos nuestro cabello a un castigo constante e innecesario que perfora la cutícula debilitándolo y termina por estropear el resultado a corto y medio plazo. Utilicemos solo el tinte en las raíces y dejemos limpios medios y puntas.
- Una fórmula preparada para aclarar la raíz de un cabello no se debe pasar por ninguna otra parte de ese mismo cabello, por la sencilla razón de que el resto del cabello ya está teñido. Muchas veces, con la excusa de aportar más brillo a la melena, se realiza esta práctica que aparentemente aporta ese falso brillo recién aplicado. Sin embargo, en cuanto lavamos un par de veces el cabello en casa, nos encontramos con el resultado real de un cabello sobresaturado de oxidante y con el temido resultado de medios y puntas anaranjados o pajizos, sin brillo, sin vida... En definitiva, sin nada de lo que habíamos buscado en un principio.
- Si deseas aclarar toda la longitud de tu cabello, tan solo es necesario hacerlo una vez. El resto de las veces solo se debe manipular la parte que crece. La fórmula que se prepara para la raíz se hace para un cabello virgen, nuevo, que hay que igualar con el ya existente, si es que ha sido teñido o coloreado en sesiones anteriores.
- Para mantener el brillo y la salud en el resto del cabello teñido, tan solo necesitamos proteger, cuidar y nutrir su cutícula con productos y tratamientos que aporten vitaminas, brillo y fortaleza.

¿Y cuando las canas comienzan a superar a los cabellos naturales? Ocurre muchas veces que llevamos años aclarando nuestro cabello en busca de un tono más luminoso en la raíz y, además, nos hacemos mechas o reflejos porque nos gusta ver tonos más claros que contrasten con nuestra melena. Y resulta que llega un momento en el que podemos tener todo esto simplemente dejando de teñir nuestro pelo. ¿Cómo? Pues en estos casos es cuando mejor funcionan los barros y la coloración natural.

Tal y como he comentado antes, la coloración natural no tiene poder de aclarar el cabello, pero sí influye en el tono de las canas. Por lo tanto, si tienes una cantidad de canas abundante, pongamos un 40 o 50 % de canas, y comienzas a utilizar barros naturales, el resultado sería un cabello con muchas mechas naturales del tono que elijas. Las plantas pigmentarias consiguen diferentes tonalidades dependiendo de lo que estemos buscando. Encontrarás en el mercado barros dorados, cobrizos, marrones, arenas, castaños... El resultado al aplicarlos sobre un cabello canoso es una melena con su tono natural y el porcentaje de cabellos canosos haciendo la función del reflejo que hasta ahora has tenido que crear artificialmente.

Bien es cierto que cuando dejamos crecer las canas en su tono natural, blanquecino o plateado, estas pueden dar un aspecto triste, ya que, en conjunto con el resto del cabello, a menudo el efecto es gris, especialmente en cabellos castaños y morenos, apaga nuestro rostro. Sin embargo, gracias a los avances en coloración natural y utilizando los cabellos blancos a nuestro favor, podemos dar un giro brutal a nuestro pelo. Si barnizamos nuestras canas con tonalidades que se adapten a nuestro tipo de piel y cabello mejor que el gris, conseguiremos resultados muy favorecedores y los beneficios en comparación con la coloración química son infinitos.

Cuidado y mantenimiento en casa para cabellos canosos

Uno de los beneficios más importantes de la coloración con barros es que el tono que elegimos para nuestra melena se mantiene intacto de una aplicación a la siguiente. Esto ocurre porque el cabello no se ha tratado químicamente y la cutícula se mantiene cerrada. Justo en esta cutícula sana es donde se adhieren los pigmentos naturales, más exactamente en la keratina existente en la cutícula del cabello. Pero ¿qué pasa si tu cabello ha sido tratado químicamente antes de la coloración con barros y tu cutícula no está en condiciones? ¿Qué pasa si el cabello está poroso y le falta keratina? En ese caso es probable que, si abusas de los baños en la playa o la piscina durante el verano, termines por perder la coloración, ya que esta se encuentra solo a nivel superficial en el cabello y necesita un soporte en la cutícula para poder mantenerse. Si el daño está hecho y has perdido la coloración y la salud de tu cabello, puede ser útil que sigas este truco:

Utiliza siempre champús y acondicionadores naturales y libres de sulfatos y siliconas, estos ingredientes son muy agresivos para la cutícula y todo lo que esté sobre ella. Así que mimar tu cutícula es el primer paso para mantener tu color intacto. El segundo paso es utilizar champús y acondicionadores ricos en pigmentos. Puedes encontrar numerosas marcas comerciales con este tipo de productos. Estos cosméticos te aportarán un extra del pigmento de tu cabello o del tono que lleves en tu coloración para evitar que lo pierdas tan fácilmente. Este tipo de productos se pueden utilizar de manera habitual sin ningún problema, por lo que, si te vas de vacaciones y quieres asegurarte una mayor duración del color de tu cabello, puedes utilizarlos a diario simplemente alternándolos con un champú neutro de vez en cuando.

RITUALES DE VERANO

Meditación para hacer en verano

Por norma general, a mí me gusta realizar mis prácticas de meditación a primera hora de la mañana y en casa, justo después de mi práctica de yoga. Supongo que es porque estoy acostumbrada a ese lugar en concreto, enteramente destinado para ello, y es ahí donde consigo concentrarme con mayor facilidad. Sin embargo, cuando comienza el verano también cambian las sensaciones: empiezo a escuchar a los pájaros mucho más temprano y también más fuerte por la mañana, y eso me invita a salir fuera, a dar paseos y a buscar espacios en la naturaleza para realizar este ritual. Es también, en parte, una manera de prepararme para las próximas vacaciones.

Lo cierto es que, cuando salimos fuera, cambia nuestro entorno y esto afecta inevitablemente a nuestras rutinas. Por eso es importante hacer también un ejercicio de desapego para no luchar después con las típicas resistencias. Seguro que te suenan algunas como: «Si no es en mi rincón, no medito», «Si no es en mi gimnasio, no entreno» o «Si no es con mi profesor de yoga, no practico»... y un largo etcétera.

Estas son resistencias en forma de excusa más que habituales en esta época del año, donde el calor ralentiza nuestros movimientos y nuestras rutinas deben adaptarse inevitablemente. Así que, para evitar que estas excusas aparezcan, cuanto antes entendamos el proceso, mucho mejor.

Lo único que necesitas realmente para crear un espacio para la meditación es a ti misma. Si puedes, ponte a prueba y sal de casa, busca un parque o jardín cercano y siéntate sobre una manta, un cojín o simplemente sobre el suelo.

Cuanto estamos en el exterior es fácil quedarse enganchado con los sonidos del entorno: los pájaros, el viento que mueve las ramas de los árboles, sonidos de pequeños insectos a nuestro alrededor... Te recomiendo que cada vez que te descubras distraída por estos estímulos, vuelvas a traer la atención a tu presente. Puedes hacerlo concentrándote en la respiración o utilizando una meditación guiada para abstraerte un poco más del entorno y concentrarte mejor. Existen muchísimas aplicaciones para el móvil con meditaciones guiadas, es cuestión de investigar y buscar aquellas que sean más afines a ti y a tus gustos.

A pesar de que debes abstraerte del entorno y de sus sonidos, es muy agradable meditar al aire libre. Cuando estamos en silencio, en quietud y en concentración, sentimos el aire en nuestro rostro y cabello e incluso la vibración del terreno en el que estamos y, por unos instantes, formamos parte de todo ello.

Pasar unos minutos en silencio cada día, independientemente del tiempo que consigas concentrarte, simplemente en silencio contigo misma, aporta muchísima energía y ayuda a relajar la mente. Haz la prueba. Reserva para este silencio contigo misma cinco minutos cada día durante un tiempo y verás cómo no te arrepientes.

UN EJERCICIO DE RESPIRACIÓN PARA REFRESCAR EL ORGANISMO: KAPALABHATI

El Kapalabhati es un tipo de respiración que se utiliza para estimular y refrescar el organismo. Cuando practiques este ejercicio sentirás que estás drenando todo el cuerpo. Su nombre en sánscrito significa literalmente «hacer brillar el cráneo», y parece que es eso lo que provoca. Después de este ejercicio sentirás tu mente más despejada, más oxigenada. Por supuesto, también aportará numerosos beneficios al resto del cuerpo, como la capacidad de levantar el ánimo, aliviar la depresión, despojarse de emociones limitantes, mejorar la digestión y aliviar problemas digestivos derivados de la misma. Yo utilizo esta respiración a veces antes de mi práctica de yoga, porque me despeja y me prepara para la sesión.

Para realizar Kapalabhati correctamente, sigue estas instrucciones:

1. Elige un lugar tranquilo, libre de ruido y contaminantes ambientales, como polvo, polución u olores desagradables.
2. Debes sentarte con la espalda recta. Si no puedes hacerlo en la postura del loto, hazlo en una silla. Si en la postura del loto no llegas con las rodillas al suelo, siéntate sobre un apoyo o soporte, como, por ejemplo, una manta doblada. El fin es mantener la espalda recta y el sacro o el coxis apuntando hacia el suelo en vertical.
3. Mantén los ojos y la boca cerrados durante todo el ejercicio.
4. Coloca las palmas de las manos sobre el abdomen por debajo del ombligo e in-

hala lentamente por la nariz, relajando el diafragma y llenando de aire la base de los pulmones. Haz un par de respiraciones completas y tranquilas antes de comenzar con el siguiente paso.

5. Inspira de forma natural por la nariz y, al expirar (también por la nariz), hazlo de forma enérgica, contrayendo al mismo tiempo los músculos del abdomen con fuerza. Tira del abdomen hacia arriba con cada expiración.
6. Las inspiraciones se producen de forma automática, pero la exhalación debe de ser potente y vigorosa. Te animo a que busques algún vídeo explicativo en internet para que entiendas un poco mejor cómo realizar este ejercicio.
7. Se aconseja realizar Kapalabhati en tandas de 10 a 24 respiraciones con descansos, aunque lo mejor es ir probando con poquitas respiraciones al principio y después ir subiendo el número.

CINCO POSTURAS DE YOGA PARA LLEVARTE A CUALQUIER LUGAR

Simhasana

También conocida como la postura del león, nos ayuda a liberar tensión del cuerpo y a eliminar el calor al exhalar por la boca. Quizás pueda darte algo de reparo hacer esta postura delante de gente, pero es un verdadero alivio practicarla al aire libre en verano; te deja como nueva. Así que te recomiendo que encuentres un espacio en la intimidad donde puedas practicarla cómodamente.

Para realizar la postura correctamente, sigue estas instrucciones:

1. Siéntate de rodillas sobre los talones y con las manos sobre el suelo (o la esterilla) justo delante de ti.
2. La postura debe imitar a la de un león sentado, con la cabeza alta y mirando al frente.
3. Inhala por la nariz y exhala por la boca, proyectando el cuerpo hacia delante mientras ruges con fuerza como si fueras un león.
4. Durante la exhalación debes sacar la lengua hacia fuera con todas tus fuerzas.
5. Recupérate con una inhalación sencilla y vuelve a practicar el rugido tantas veces como lo necesites.
6. Al terminar, descansa en Balasana (postura del niño).

Estos son algunos de los beneficios de Simhasana:

- Lo que más me gusta de esta postura es que proporciona mucho oxígeno inmediato a los músculos faciales y, si la practicas con cierta frecuencia, conseguirás una potente firmeza en el rostro, así como mucha luminosidad en la piel.
- Esta postura también es buena para los ojos, ya que reduce la tensión de los músculos oculares.
- Aunque parezca extraño, también ayuda en dificultades relacionadas con la voz (por ejemplo, tartamudeo) y en problemas relacionados con la garganta (por ejemplo, ronquera y amigdalitis), debido al estiramiento de la lengua.
- También nos ayuda a un mejor funcionamiento del seno carotideo, los nervios sinusales, la laringe, el sistema respiratorio, así como las glándulas tiroides y paratiroides. Los cuerpos carotideos ayudan a mantener la presión arterial y los latidos cardíacos normales, mientras que el ejercicio de respiración ayuda al pecho y al abdomen.

Adho Mukha Svanasana o perro boca abajo

Es una postura básica que se practica en todas las clases derivadas del Hatha Yoga. En apariencia puede resultar una postura incómoda, sin embargo, los que practicamos yoga la utilizamos para descansar entre posturas.

Para realizar la postura correctamente, sigue estas instrucciones:

1. Para entrar en esta postura desde la anterior, simplemente colócate a cuatro patas y estira las piernas completamente, dejando también los brazos estirados hacia delante.
2. Lo primero que tienes que hacer es colocar bien tus piernas, para esto es necesario que empujes tus talones hacia el suelo. Si no llegas al suelo con ellos, no pasa nada, pero la inercia de empujar hacia abajo debe estar activa.
3. Las piernas en esta postura se mantienen firmes, las rodillas completamente estiradas. Si esta postura es demasiado para ti y necesitas alternar al principio, ve doblando una y otra pierna hasta encontrar tu zona de confort. Después, pon ambas rodillas estiradas y los muslos activos, ligeramente girados hacia dentro.
4. La cadera y los isquiones apuntan al cielo, como si quisieras tocar el techo con ellos y, al mismo tiempo, mete el abdomen hacia dentro y hacia arriba.
5. La espalda ha de estar completamente recta, los hombros separados de las orejas y los brazos ligeramente girados hacia fuera.

6. Los brazos están también completamente estirados y los dedos de las manos muy abiertos, manteniendo el dedo índice mirando hacia el frente y las palmas de las manos firmemente apoyadas en el suelo.
7. La cabeza cuelga totalmente relajada con la mirada hacia atrás.
8. En esta postura podemos hacer cuatro o cinco respiraciones completas y, mientras esto ocurre, vamos perfeccionando nuestra posición.

La cantidad de beneficios que tiene Adho Muka es infinita, pero te cuento algunos:

- Esta postura calma el cerebro y ayuda a aliviar el estrés y la depresión leve.
- Energiza el cuerpo.
- Estira los hombros, isquiotibiales, pantorrillas y manos.
- Fortalece los brazos y las piernas.
- Ayuda a aliviar los síntomas de la menopausia.
- Ayuda a prevenir la osteoporosis.
- Mejora la digestión.
- Alivia el dolor de cabeza, el insomnio, el dolor de espalda y la fatiga.
- Terapéutico para la presión arterial alta, asma, pies planos, ciática, sinusitis...

Adho Mukha no es particularmente una postura de verano, sino que es esencial en la práctica de yoga durante todas las estaciones. Además, es perfecta para pasar de una postura a la siguiente.

Anahatasana

Conocida también como la postura del corazón, ya que abre literalmente el chakra Anahata, el chakra del corazón. A nivel energético facilita una mayor tendencia a conectar con nuestras emociones y con las de aquellos que nos rodean. Esta postura puede resultar algo incómoda si no estás acostumbrada a practicarla, porque nos obliga a abrir mucho los hombros y, sobre todo, la garganta. Hay que hacerla muy despacio, respetando los límites de nuestro cuerpo y llegando allá donde este nos permita, sin perder la capacidad de respirar normal y pausadamente. Para hacerla correctamente, sigue estas instrucciones:

1. Regresando de la postura anterior, colócate de rodillas en la postura conocida como Vajrasana.
2. Exhala, inclínate hacia adelante llevando las manos hacia delante hasta que coloques la frente y ambos brazos muy estirados en el suelo.
3. Las caderas están elevadas hacia el techo formando un ángulo recto con tus piernas y el vértice en tus rodillas. La espalda está también muy estirada.
4. Una vez controlada esta parte de la posición, debes avanzar arrastrando tu cuerpo lentamente hasta apoyar tu pecho y tu barbilla en la esterilla. Los brazos ayudan en el desplazamiento hacia delante, tirando de ambas manos sobre la esterilla. Mantenemos los brazos muy estirados hacia delante.
5. El estómago y las caderas continúan separados del suelo.
6. Mantén esta postura aproximadamente 30 segundos. Si quieres y te encuentras cómoda, puedes alargar este tiempo.
7. Para volver, simplemente baja las caderas y quédate en la postura del niño (Balasana) por un tiempo o termina de estirar todo tu cuerpo hasta quedarte tumbada.

Algunos de sus principales beneficios son:

- Ayuda a mantener alineada la columna vertebral.
- Calma la mente, el acto de apoyar la frente o el corazón sobre el suelo en posturas como esta tiene un efecto calmante y relajante sobre nosotras.
- Es buena para el sistema respiratorio. Al abrir el pecho en esta postura, ayudamos a que esta zona se mantenga bien oxigenada. Además, nuestros órganos encargados de recibir y distribuir el oxígeno se benefician de una práctica constante en este tipo de posturas.
- Ayuda a corregir la postura haciendo que los hombros se coloquen en su lugar y evitando así las malas posturas que adquirimos inconscientemente, por ejemplo, con los hombros hacia delante, lo que a su vez provoca muchas de las contracturas típicas en la espalda.

Ustrasana

Esta postura está también relacionada con el chakra del corazón. Nos ayuda a generar confianza en nosotras mismas y a abrirnos al mundo y a nuestros miedos con más facilidad. Es conocida como la postura del camello, ayuda a limpiar los pulmones y a activar la circulación. Es una postura algo exigente en la que hay que entrar y salir muy despacio si no queremos marearnos, pero, dependiendo de tu nivel, es una postura que puedes adaptar perfectamente a tus necesidades y sus beneficios son inmediatos.

Para hacerla correctamente, sigue estas instrucciones:

1. Volviendo de la postura anterior, empieza de rodillas con el torso recto y sin sentarte sobre los muslos. Si te molestan las rodillas, puedes utilizar una manta o doblar tu esterilla para conseguir una mejor amortiguación sobre la postura.
2. Separa un poco ambas piernas, situándolas a la altura de las caderas.
3. Coloca tus manos en la zona lumbar, inhala empujando tu cuerpo hacia delante, curvando la espalda hacia atrás y manteniendo las caderas impulsadas hacia delante.
4. Exhala echando la cabeza hacia atrás mientras doblas tu espalda en arco. Realiza en esta postura un par de respiraciones completas y regresa, poco a poco, a la posición inicial mientras inhalas.
5. En una segunda vuelta, puedes bajar tus manos a la altura de los muslos por la parte trasera de estos o, si te sientes cómoda, puedes bajar las manos a los talones y repetir las respiraciones completas tanto rato como necesites.
6. Para regresar, no olvides hacerlo muy despacio y exhalando.
7. Al terminar es obligatorio entrar en una postura inversa o contrapostura, como Balasana.

Algunos de sus beneficios son los siguientes:

- Mejora la digestión. Esto no significa que te pongas en esta postura después de una digestión pesada, ya que en ningún caso deberíamos practicar yoga con el estómago lleno. Eso sí, practicando esta postura en tu sesión diaria, ayudarás a que tus digestiones sean mejores.
- Ayuda a estirar los hombros y la parte frontal del cuerpo, pecho y abdomen.
- Libera los dolores de espalda baja (siempre que después se realice una contrapostura, como Balasana).
- Mejora la postura y ayuda a abrir las caderas.
- Ayuda también en momentos de dolor menstrual.

Si te lías con las inhalaciones y exhalaciones, recuerda este *tip*: Normalmente, al inspirar abrimos el cuerpo, abrimos el diafragma, por lo que en los momentos en los que estemos estirando, alargando o doblando el cuerpo hacia atrás, lo haremos inhalando. Cuando exhalamos, estamos contrayendo el diafragma, el abdomen, por lo que en el momento de entrar en posturas hacia delante o volviendo de posturas hacia atrás, lo haremos exhalando. Arriba, inspiramos; abajo, expiramos. Al principio puede ser confuso, pero, poco a poco, será tu propio cuerpo, tu propia intuición, quien te indique lo que debes hacer en cada caso. Lo importante es respirar, ya que sin respiración no hay asana, no hay yoga y no hay beneficio. Por eso es importante no forzar y realizar las posturas en su justa medida.

Balasana

La postura del niño. Una postura maravillosa para relajarse entre asanas y también como postura final en una secuencia corta como esta.

Para realizar Balasana correctamente, sigue estas instrucciones:

1. Volviendo de la postura anterior, colócate sobre las rodillas y abre las piernas ligeramente. Exhala y echa el torso hacia delante, dejando tus brazos tranquilamente a cada lado de tus piernas con las palmas hacia arriba.
2. El cuerpo está totalmente pegado a los muslos. Si necesitas abrir un poco más las piernas, puedes hacerlo con el fin de tocar el suelo con tu frente.
3. Una vez colocada, puedes permanecer ahí desde algunas respiraciones completas, si estás entre posturas, hasta varios minutos, si quieres utilizarla como relajación final o en momentos del día. Esta es una postura que se puede realizar aisladamente siempre que se necesite.
4. Para volver, primero coloca tus manos a ambos lados de la cabeza y ayúdate con ellas para levantar la cabeza del suelo muy despacio.
5. Túmbate en Shavasana un par de minutos antes de terminar.

Los beneficios de Balasana son muchos, principalmente me gusta porque es una postura que realmente consigue relajarnos en cuestión de segundos, pero aquí te dejo más información sobre ella:

- Ayuda a estirar las caderas, la cintura y los tobillos.

- Calma la mente y ayuda a combatir estados de estrés y fatiga.
- Alivia el dolor de espalda y de cuello.
- A nivel energético me gusta porque ayuda con estados de bloqueo a recuperar la intuición y la creatividad.
- Y otra cosa que me encanta de esta postura es que la podemos utilizar para aprender a canalizar la respiración, sobre todo cuando no estamos acostumbrados a prestarle atención. Por lo general, no respiramos consciente y completamente en la parte posterior del torso. Balasana nos brinda una excelente oportunidad para hacer precisamente eso. Imagina que cada inhalación está empujando el torso posterior hacia el techo, alargando y ensanchando la columna vertebral. Luego, con cada exhalación, suelta el torso y relaja el interior de tus piernas.

ENTORNO

Un paseo al atardecer

El atardecer es uno de los regalos más bonitos que nos hace el verano. Nos enseña algo nuevo cada día, con sus infinitas mezclas y colores. No hay nunca un atardecer igual, como tampoco hay un día igual. Todo está en constante movimiento, en constante cambio.

El atardecer es un momento sagrado en el que el día da paso a la noche, un momento único de gran belleza que viene a decirnos que no importa cómo hemos llegado hasta aquí, porque siempre podemos despedir el día con algo bonito: pidiendo perdón si es necesario, haciendo las paces con esas decisiones que quizás no hemos tomado conscientemente. En verano, el sol siempre se despide con un beso en las mejillas, caliente, suave y lleno de luz.

Cuando el sol se pone, nos permite ver la realidad desde otros filtros, desde otros ángulos. Nos permite agudizar nuestros sentidos para darnos cuenta de que todo puede ser diferente dependiendo de qué lentes llevemos puestas.

Si dedicas unos minutos a mirar los atardeceres, sean donde sean, aplacarás tu mente de forma efectiva. Mantente en silencio durante un rato, para. Este momento tan extraordinario ocurre cada día de nuestra vida, delante de nuestras narices, pero, en la mayoría de nuestros días, estamos demasiado ocupados como para prestarle atención. Y también, como en la misma vida, a veces no somos capaces de valorar la belleza, por muy cerca que esté de nosotras. Por eso este tipo de actividades, de caminatas, nos recuerdan lo importante que es parar de vez en cuando y mirar a nuestro alrededor. Muchas veces las cosas más hermosas suceden justo delante de nuestros ojos.

Si existe una estación en el año en la que realmente podemos disfrutar de un buen atardecer, esa es, sin duda alguna, el verano. El verano nos permite vivir tardes eternas donde el sol se esconde mucho más tarde que en el resto del año. Además, el clima acompaña para que estos momentos sean aún más especiales.

El paseo que te propongo en esta estación está formulado para que encuentres tu propio atardecer. Puedes preparar la caminata desde algún lugar cercano a tu casa o puedes también saborear este paseo en algún destino de tus vacaciones estivales. El caso es que, sea cual fuere tu elección, el paseo debe ser preparado de antemano para disfrutarlo al máximo de principio a fin.

Te animo, como siempre, a llevar contigo un pequeño diario donde puedas apuntar, al final de la experiencia, cuáles han sido tus impresiones. Guardar un diario de paseos puede ser un recuerdo precioso y una bonita manera de no olvidar momentos mágicos.

El objetivo de este camino hacia el atardecer es que lo puedas hacer como tú quieras, sola o acompañada. En verano es mucho más fácil estar rodeados de gente y también es más factible que se animen a un plan como este. Proponlo en tu entorno y verás cómo pronto estarás rodeada de acompañantes. No hay nadie que se pueda resistir a un atardecer en buena compañía y te aseguro que será un día de verano para recordar durante mucho tiempo.

Para este paseo necesitas averiguar desde dónde puedes visualizar un buen atardecer. Puede ser en alguna colina o montaña cerca de tu casa, puede ser en una playa o en un parque con cierta altura... Sí es importante que esté conectado con la naturaleza, ya que los paseos por la naturaleza forman parte de la conexión con uno mismo que tanto quiero transmitir en este libro. Así que, si ves un atardecer desde el balcón de tu casa, tal vez en esta ocasión sea mejor que añadas un buen paseo a las vistas.

En este camino hay varias cosas a tener en cuenta:

1. Antes de ponerte en marcha debes calcular exactamente cuánto tiempo te llevara hacer el camino, puesto que una vez empieza a ponerse el sol, el tiempo en que termina de bajar es muy corto y, a continuación, se hará de noche muy

rápido. Por ello, debes contar con tiempo suficiente para llegar y poder ver el atardecer completo sin perderte durante el trayecto.

2. Deberías llevar contigo una loción antimosquitos, ya que estos molestos insectos se ceban una vez que se pone el sol y es imposible quitárselos de encima, especialmente en zonas naturales. También puedes preparar tu propio antimosquitos con algunos aceites esenciales, como lavanda, citronela, árbol del té y eucalipto. Diez gotas de cada uno de los aceites diluidas en agua de rosas será suficiente. Llévate la mezcla contigo en un pequeño frasco de spray.
3. También es aconsejable que lleves una linterna para tu vuelta y para que puedas escribir, si es que anochece mientras estás apuntando en tu libreta.
4. Lo más importante en este tipo de caminatas que se realizan de noche, por muy cerca que estés de casa o aunque vayas acompañada de otras personas, es que lleves contigo teléfono móvil y que avises antes de partir. Pon a algún allegado al corriente del lugar al que vas y de a qué hora piensas regresar.
5. Por último, lleva una chaqueta o algo de abrigo, ya que, una vez que se pone el sol, en muchos sitios la temperatura baja drásticamente y el objetivo del paseo es que estés cómoda en todo momento.

Quitando estas precauciones que debemos tomar, las caminatas nocturnas en verano son de lo más mágico que hay. Nosotros las hacemos mucho en familia y nos encanta volver cuando es totalmente de noche y ya se pueden ver las estrellas. Incluso a veces estamos un buen rato observándolas cuando el clima y los mosquitos nos lo permiten. Las caminatas nocturnas ocurren un poco a ciegas, sin embargo, a partir del momento en el que el sol cae, se agudizan el oído y el olfato y comenzamos a reconocer esa otra parte maravillosa que nos regala la naturaleza: sus olores y sus sonidos. Lo importante de este tipo de caminatas es mezclarse con el entorno. No vamos ni venimos de ningún lugar en concreto, solo estamos en él. Somos parte de él y queremos, simplemente, disfrutarlo. Por eso es importante programarlo muy bien antes de partir y así poder aprovecharlo intensamente.

Recuerda, este paseo se divide en tres partes:

- El camino de ida, aún por la tarde y en dirección a un lugar en el que podamos ver la puesta del sol.
- Ver la puesta del sol tranquilamente y tomar notas si nos apetece.
- El camino de vuelta, a oscuras y disfrutando de los sonidos de la naturaleza. No hay nada más veraniego que los grillos cantando por la noche, ¿verdad?

FLYING WISH PAPER

Esta es una tradición que conocí en Estados Unidos durante un viaje de verano y me pareció tan bonita y curiosa que la he adoptado como propia y me encanta hacerla de vez en cuando. Es una tradición que encaja muy bien en momentos de familia, como cumpleaños o celebraciones de Navidad, por ejemplo. En verano, no sé por qué, a mí me resulta especialmente bonita, quizás porque puedo hacerlo al aire libre y enviar mis deseos directos al cielo.

Los *flying wish papers* son pequeños trozos de papel de seda, muy finos, que se venden en muchas papelerías. También puedes encontrarlos *online* en casi todas partes. Normalmente se venden en paquetes que incluyen unos cuantos trozos de papel cuadrados del tamaño de un posavasos grande y suelen traer alguna cartulina o soporte dentro para apoyar el papel y un lápiz. No son necesarios todos los complementos, pero estos paquetes con todo junto son muy bonitos y resultan muy atractivos también como regalo.

Lo que hay que hacer es simplemente sacar uno de los papelillos y escribir en él tu deseo. Después arrugas todo lo que puedas el papelillo en tus manos y vuelves a abrirlo para que la textura sea rugosa. Luego trata de estirar por completo el papel de nuevo.

A continuación, deberás formar una especie de tubo o cilindro con el papel enroscándolo entre tus dos dedos índices y, finalmente, cuando tenga más o menos esa forma, lo pondrás de pie en el soporte. Procura que el soporte no sea inflamable.

Por último, deberás prender una cerilla o un mechero y quemar el papel, que empezará a arder enseguida y, lo más bonito de todo, es que, cuando se quema completamente, de repente sale disparado hacia el techo y es precioso verlo. Si lo haces con niños, les encantará.

A mí me gusta hacer soñar a mis hijas, decirles que piensen en algo que deseen conseguir y que sueñen con que eso se pueda hacer realidad. Tener sueños, aspiraciones, fantasía e imaginación es importante, sobre todo en la infancia. Para mí estas pequeñas cosas son la sal de la vida, son lo que nos impulsa a movernos, a seguir hacia delante. Puedo vivir sin muchas cosas, pero creo que no podría vivir sin soñar.

¡Stop!

Muchas de nosotras llegamos a las ansiosas vacaciones de verano derrapando. La energía alrededor de los meses de junio y julio es siempre muy activa, incluso agresiva en algunos momentos. Con la llegada del calor, las altas temperaturas en la ciudad hacen que descansemos peor por las noches y provocan estados irascibles a nuestro alrededor.

Es cada vez más común presentarnos en estos días de descanso totalmente estresadas, con la prisa de las últimas semanas y con el riesgo de vivir también estos días así, con prisa y sin pausa. Con todo ello, llegamos a septiembre casi sin habernos enterado.

Lo que te propongo en esta estación del año es justo lo que más nos cuesta hacer: parar. Tomarnos con calma los días previos y posteriores a las vacaciones para poder entrar en ellas y salir de la mejor manera posible.

Es cierto, a lo largo del año no dejamos de repetir eso de que nunca tenemos tiempo. El tiempo. ¡Ese bien tan preciado! Es precisamente lo que todos compramos en verano. Compramos tiempo para estar con los nuestros, para disfrutar de destinos y modos de vida diferentes... Es importante tener esto en cuenta cuando hacemos las maletas, porque muchas veces, inconscientemente, metemos en ellas hábitos y costumbres típicos de la rutina diaria, como nuestra dependencia a aparatos digitales, las prisas o el estrés acumulado.

El verano nos propone desconectar de verdad de los hábitos que gobiernan habitualmente nuestro día a día, hasta el punto de hacernos creer que no podemos vivir sin ellos. Si no ponemos la atención adecuada a la hora de preparar nuestras vacaciones, pueden jugarnos muy malas pasadas, porque esos hábitos y rutinas instaladas se meten en nuestra maleta y, literalmente, se comen nuestro tiempo y el de todos los que nos rodean.

Cuando no desconectamos, nos arriesgamos a vivir desconectados de todo aquello por lo que hemos luchado y, sin darnos cuenta, ocurren cosas a nuestro alrededor que simplemente no vemos. Es incongruente, pero ocurre más a menudo de lo que somos capaces de reconocer.

Saber vivir el momento presente es una de las tareas más complicadas a las que nos enfrentamos hoy en día. Esto ocurre sobre todo en vacaciones, cuando nos parece casi imposible dejar fuera de la maleta nuestras preocupaciones, nuestros líos, nuestras broncas, nuestras redes... y estar ahí, de verdad, con aquellos a quienes hemos elegido para vivir esos días junto a nosotras. Debemos esforzarnos en participar y en crear memorias irrepetibles, en vivirlas con todos nuestros sentidos puestos en ellas. Ese es el objetivo real de unas vacaciones de verdad.

El verano, más que cualquier otra estación del año, nos invita a conectar. ¡Escuchémosle!

DESPENSA *BEAUTY*

Alimentos de verano

Según el Ayurveda, la alimentación es realmente nuestra medicina, es lo que consumimos de manera más constante a lo largo de toda nuestra vida y gracias a ella podemos sentirnos sanos, plenos y llenos de energía, o simplemente todo lo contrario.

Es importante aprender a escuchar los ciclos de nuestro metabolismo a través de cada estación y consumir alimentos locales que sean compatibles con nuestro Dosha y con el momento en el que nos encontramos.

Como habrás visto más arriba, en la explicación sobre las pieles Pitta, existen algunas recomendaciones sobre los alimentos que desequilibran este Dosha. En verano, que es precisamente la estación donde Pitta está más presente, debemos tener especial precaución con este tipo de alimentos. Entre los más comunes encontramos: comidas muy calientes, exceso de picante, alcohol o demasiada grasa. Estos alimentos pueden agravar el Dosha Pitta y provocar digestiones más lentas y complicadas.

Cuando estamos expuestos a altas temperaturas, nuestro cuerpo nos pide energía y vitalidad a través de alimentos crudos, poco cocinados o frescos, que refresquen el organismo y que se puedan consumir en su versión original. Así que, siempre que nos sea posible, deberíamos introducir este tipo de alimentos en nuestra dieta diaria. Entre los más comunes encontramos verduras crudas, vegetales frescos poco cocinados, zumos recién exprimidos, frutas tropicales, ensaladas... En definitiva, todo lo que sea calmante, ligero y refrescante; cualidades que equilibran Pitta.

En verano, estos son algunos de los alimentos que procuro que no falten en mi dieta:

Aguacates

Los aguacates no solo son beneficiosos para nuestra salud, sino que también son fundamentales para mantenerla en buen estado. Son ricos en carotenoides como el alpha o el betacaroteno, sustancias que la piel necesita para estar tonificada y nutrida. También son ricos en vitaminas E y C, que previenen los daños provocados por los radicales libres. Pero, aparte de todo esto, los aguacates son deliciosos. Su sabor neutro permite que puedan prepararse tanto en platos dulces como salados. Son ideales como acompañantes de verduras y pescados, en ensaladas frías, untados en pan o solos, con un poco de aceite de oliva, pimienta y sal.

Otra forma deliciosa de consumirlos en el desayuno es untarlos en un poco de pan integral tostado y acompañarlos con un huevo duro o poché.

Coco

Su olor y su sabor nos traslada directamente al verano. Todo lo relacionado con este sabroso alimento me resulta irresistible, tanto el agua de coco, como la fruta tierna del coco, el aceite de coco o la leche de coco. Te recomiendo que lo pruebes en todas sus formas y escojas la que más te guste… ¡o todas ellas! El agua de coco es una excelente fuente de calcio y electrolitos, maravillosos ingredientes tanto para el cabello como para la piel. También es rico en ácido láurico, que combate la inflamación y aporta fuerza a la piel y al cabello. La carne del coco está llena de enzimas beneficiosas y contiene minerales como el magnesio, el potasio y el cobre. La leche de coco es refrescante y sabrosa, ideal para acompañarte en las mañanas de verano. Con ella puedes hacer riquísimos batidos a base de frutas en esta época del año.

Frutas de verano

Como la papaya, el mango o la sandía, contienen vitaminas y minerales que son todo un lujo para la piel. Además, constituyen una base alimentaria rica en azúcares naturales que evitan que tengas antojos de otro tipo de alimentos dulces más perjudiciales. Si tomas una o dos de estas frutas durante el día, te mantendrás alejada de dulces producidos artificialmente y te sentirás plena y repleta de energía. Eso sí, recuerda que las frutas son más digestivas cuando las consumimos fuera de las comidas principales.

Recetas

No hay nada más rico, saludable y sabroso que nuestro maravilloso gazpacho, el alimento estrella del verano. El gazpacho aporta fibra y antioxidantes, contiene minerales como el fósforo, el magnesio, el calcio, el cinc, el hierro, etc. Es bajo en calorías y tiene un índice glucémico muy bajo también, aporta vitaminas A, C y E e hidratos de carbono naturales. Es antioxidante gracias al licopeno y a los carotenoides del tomate. Si quieres un gazpacho diferente y original que en verano triunfa en nuestra casa, tienes que probar este de cerezas. Te cuento cómo hacerlo:

GAZPACHO DE CEREZAS

Ingredientes:

- 1 kg de tomates pera o rama, maduros.
- Medio pepino
- Medio pimiento rojo
- 1 diente de ajo
- ¼ de kg de cerezas
- 70 ml de aceite de oliva virgen extra
- 10 ml de vinagre de Jerez o de manzana
- 200 ml de agua
- Sal

Preparación:

1. Lo único un poco pesado de preparar en este gazpacho es limpiar las cerezas. No es necesario quitarles la piel, pero sí debes sacar el hueso. Un truco para sacarlo de manera sencilla es aplastarlas con la hoja de un cuchillo grande. De este modo, las cerezas se romperán por la mitad y podremos extraer el hueso con facilidad.
2. Una vez limpias, mézclalas con el resto de ingredientes. Añade la mezcla en tu trituradora y tritura durante unos minutos hasta conseguir una mezcla homogénea y sin grumos.
3. Mételo en la nevera y consúmelo muy frío.

CÓCTEL DE VERANO

Una de las bebidas que más me gusta en verano, aparte del agua de coco, es este cóctel. Además de estar delicioso, quita la sed y refresca al instante.

Ingredientes:

- 1 o 2 limones
- Agua con gas

- Hierbabuena
- Sirope de arce (opcional)
- Jengibre (opcional)
- Hielo picado

Preparación:

1. Prepara una jarra grande con mucho hielo picado y llénala de agua con gas.
2. Corta un poco de hierbabuena fresca y pícala para añadirla a la jarra.
3. Exprime un limón y vierte su zumo en la jarra. Puedes exprimir más de uno si te agrada el sabor ácido.
4. Añade una cucharada pequeña de sirope de arce si necesitas que esté más dulce.
5. Si te gusta que tenga un punto picante, puedes añadir un poco de jengibre fresco rallado.
6. Sírvelo muy frío y en cada copa con una rodaja de limón fresco recién cortado.

INFUSIÓN DE VERANO

Una manera de consumir infusiones en verano es prepararlas en jarras de litro y dejarlas enfriar un poco. A mí me gustan las infusiones a temperatura ambiente, pero, si lo prefieres, también puedes añadir un poco de hielo a la mezcla.

Una infusión que me encanta tomar en verano es esta:

Ingredientes:

- Un litro de agua
- 4 vainas de cardamomo
- 1 rama de canela
- ¼ cucharadita de regaliz en polvo

- ½ cucharadita de cúrcuma en polvo
- ¼ cucharadita de jengibre en polvo
- ½ cucharadita de hojas secas de tulsi (albahaca sagrada)
- Leche opcional (puede ser leche de vaca o leche de avena o de arroz)

Preparación:

1. Llena una tetera de al menos 1 litro de agua y ponla a hervir. Ten a mano una jarra grande para té con filtro incluido o utiliza un filtro de tela para la mezcla.
2. En la jarra añade al filtro todos los ingredientes.
3. Deja que la mezcla macere en el agua caliente entre 5 y 7 minutos.
4. Retira el filtro y deja que la infusión se atempere antes de consumirla.

Prueba a introducir amla en tus infusiones.
El amla es una fruta india difícil de encontrar en nuestro país. Si no la venden al natural en tu herboristería de confianza, seguro que la encontrarás en forma de pastillas.

Tiene numerosos beneficios, especialmente en esta época del año en la que se agravan los problemas relacionados con el Dosha Pitta.

Otoño

¡EL OTOÑO YA LLEGÓ!

¡EL OTOÑO YA LLEGÓ!

La tierra comienza a sentir frío, necesita un abrigo que la proteja. Sus hijos, los árboles, lo saben y van poco a poco despojándose de las hojas, que terminan por cubrir todo el contorno de su tronco. Gracias a este constante acto de generosidad, el manto de las hojas protegerá las raíces del árbol bajo la tierra, manteniendo así el flujo de la vida en constante cambio, en constante evolución.

El otoño nos enseña la importancia de volver la mirada a nuestras raíces, mirar hacia dentro y comenzar a preparar el nido para nutrir aquello verdaderamente importante.

Volver la mirada hacia dentro después de la calurosa presencia del verano es un ejercicio que nos invita a limpiar, dejar caer: dejar caer el bronceado, el lustre, el descanso infinito en nuestra mirada; dejar pasar la calma, la sensación de plenitud y el sosiego para reconectar con nuestro interior desde una perspectiva más serena gracias a todos los nutrientes recibidos, pero sin la nostalgia de aquello que ya se fue.

Después del descanso del verano, es inevitable el reencuentro con nuestra vida cotidiana, que, poco a poco, nos atrapa de nuevo acercándonos una vez más la rutina. Con ello caemos en una especie de fiebre por el comienzo de curso que nos empuja a replantearnos la agenda y a decidir cómo queremos que sean esas páginas, ahora en blanco, durante los próximos meses.

Proyectos, retos y algunos buenos propósitos nos llevan a mantener nuestra mente muy activa y con el firme propósito de cumplir con todo lo que nos hemos propuesto. Mi único consejo en este momento en particular es que procures no basar tus objetivos en grandes logros a la hora de poner tu agenda en marcha. He descubierto a lo largo de los años que es mucho mejor empezar por pequeñas cosas que podamos cumplir cada día que soñar con grandes objetivos y frustrarnos a mitad de camino.

Para ello, te recomiendo que apliques en tu vida el método Kaizen, una filosofía japonesa que consiste en conseguir objetivos comenzando por dedicarles tan solo un minuto de tu tiempo al día, pero siendo muy constantes. Kaizen viene de la unión de dos palabras: «Kai», que significa cambio, y «zen», que significa bueno. Esta filosofía afirma que, para conseguir cambios positivos en nuestras rutinas, debemos ser constantes, pero poco exigentes con el objetivo final. Por ejemplo, si nos planteamos comenzar a hacer yoga, podemos empezar con la práctica constante de una sola postura al día hasta que este hábito esté instalado en nuestro cerebro como algo habitual, y entonces podremos seguir construyendo sobre esta base y añadiendo posturas y tiempo a nuestra nueva actividad. Este método poderoso se puede aplicar a todo y promete mantener a raya nuestra tendencia a procrastinar, algo que hacemos a menudo cuando tenemos en mente el objetivo que queremos cumplir como algo grande e inalcanzable. La procrastinación nos hace sentirnos culpables y, a menudo, termina matando nuestra motivación. El principio del otoño es una etapa perfecta para poner a prueba este método en diferentes áreas de nuestra vida.

Por ejemplo, si quieres comenzar a escribir, hazlo escribiendo solo un folio al día y, aunque haya días en los que te apetezca escribir más, déjalo ahí. Solo una página al día durante 21 días y, si consigues llegar hasta aquí, entonces añade poco a poco más hojas a tu proyecto. Verás cómo casi no te das ni cuenta de que la escritura se ha convertido en parte de tu vida.

Suelta.
Aquello que ya no te sirve, me puede servir a mí.
Tus hojas secas no permiten que la lluvia las impregne,
tus hojas secas serán mi abrigo.
Tu tronco desnudo recibirá los baños de la lluvia
y las heladas del invierno nutrirán tus raíces
con el calor de mi nuevo manto.
El de tus hojas marchitas.

...

EL OTOÑO EN NUESTRO CUERPO

Si sientes que tu piel está apagada, que ya no tiene la luminosidad que tenía hace unos meses, que has perdido el lustre y que, además, la sientes tan seca y deshidratada que ya no sabes ni qué ponerle... entonces, ¡bienvenida al otoño! Todas experimentamos síntomas cuando las horas de sol ya no son las mismas, cuando hemos vuelto a la rutina y pasamos más tiempo dentro que fuera y también cuando nuestra piel está devolviéndonos la imagen de los excesos que hemos cometido en verano.

Pero hay otros síntomas que se agravan con la llegada del otoño, porque también es en otoño cuando, de nuevo, nos encontramos con nuestro amigo el estrés. Una vez más, con él vuelven todos los síntomas típicos de nuestro particular tipo de piel, pelo, etc. Si no sabes interpretar qué es lo que te está pasando, es un momento perfecto para contactar con algún profesional que realice un mapa de guía para ti. A veces pensamos que con el uso de cosméticos, e incluso automedicándonos, podemos superar la mayoría de estos síntomas. Sin embargo, ningún producto por sí mismo es capaz de hacer milagros y, en mi opinión, el milagro lo hace siempre un buen diagnóstico de la mano de un buen profesional. Dermatólogos, esteticistas o naturópatas especializados en piel pueden ser grandes aliados para ofrecernos un conocimiento más profundo sobre la naturaleza o el estado de nuestra piel y cómo interpretarla en cada ocasión.

Rostro

DOSHA VATA

El otoño está gobernado por Vata y por eso todos los síntomas típicos de este Dosha salen a florecer ahora con mucha más fuerza. Todo el mundo se deshidrata un poco al comienzo del otoño, sobre todo con el uso de las calefacciones, pero especialmente las personas con un Dosha Vata dominante en su constitución. Estas suelen sufrir muchos síntomas relacionados con la sequedad de la piel, como descamación, grietas en labios, talones, palmas de las manos o codos, psoriasis, caspa, etc. Es importante comprender aquí la necesidad de aportar una mayor lubricación a la piel durante esta estación. Los baños de aceite en todo el cuerpo son una gran opción para combatir la deshidratación en la piel, así como los baños de aceite en el cuero cabelludo, un remedio magnífico para mantener la dermatitis a raya. Para que puedas comprender mejor cómo se comporta este Dosha, vamos a ver juntas las principales características de las pieles Vata:

Naturaleza:

- Son más finas y delgadas.
- Se sienten ásperas y secas al tacto.
- Tienen los poros finos.

Necesidades:

Las pieles secas necesitan más tierra, agua y fuego y menos espacio y aire.

Síntomas de desequilibrio:

Cuando está en desequilibrio puede terminar en eczema seco, arrugas alrededor de los ojos y tono apagado.

Elementos que las desequilibran:

- Exceso de viajes o actividad de cualquier tipo que no sean rutinarias y ordenadas.
- Climas muy secos y fríos.
- Lenguaje grosero y voces ásperas. Mucha gente o manifestaciones grandes.

Elementos que las equilibran:

- Aromas de rosa y jazmín.
- Paseos por la playa, el sol y la calma del sonido del mar o río o incluso fuentes.
- Una rutina ordenada y descanso periódico.
- Meditación y Pranayama.
- Consumir comida cocinada y caliente en vez de fría y cruda.
- Acostarse temprano, descansar mucho y de forma regular.
- Alimentos con aceite.
- Sabores dulces, salados y agrios.

Alimentos que les gustan:

- Aceites de aguacate, argán, buriti, almendras… Son aceites gruesos y calientes los que más favorecen a este tipo de pieles.
- Mantecas y ceramidas: como la cera de abeja, que se encuentra en muchos productos naturales. Son buenas para ayudar a la piel seca a mantener la humedad en la epidermis.
- Leche de avena utilizada como tónico y como parte de la dieta.
- Suplementos: coenzima Q10, omega 3, aceite de borraja…

Limpieza:

- Profunda y aceitosa, frotando vigorosamente con lociones en aceite y evitando el uso de jabones en el rostro.
- Limpiadoras con textura de aceite y muselina mojados en agua caliente.
- Por la mañana solo con la muselina o con una esponja Konjac será suficiente, ya que las pieles secas no suelen tener residuo después de dormir toda la noche.
- Utiliza tónicos que contengan aceites en su composición.
- Hidrata tu piel con aguas de flores a todas horas, flores como el jazmín o la rosa ayudarán a mantener la piel húmeda durante el día.
- Nutre con cremas untuosas y muy consistentes, especialmente durante la noche. En ocasiones, las texturas muy gruesas pueden provocar granitos en la superficie de la piel, así que utilízalas solo si tu piel está muy deshidratada y únicamente por las noches. Para hacerlo más o menos nutriente, según tus necesidades, puedes añadir unas gotas de aceite a la composición de tu crema y así tener una misma crema para el día y la noche, enriqueciéndola solo de noche.

- Las mascarillas hidratantes o nutritivas son un *must*, ya que funcionan en las capas superficiales de la piel aportando vitaminas, alimento y nutrientes, además de una buena dosis de agua. Incluso podemos dejar que actúen durante toda la noche.
- Exfolia solo una vez por semana o cada quince días. Esto ayudará a que la piel elimine células muertas y a recuperar un tono luminoso y brillante.

Lema a tener en cuenta para aquellas personas con una piel Vata:

- Mantenme húmeda y calentita y seré feliz.

NECESER DE OTOÑO. ESENCIALES DE MAQUILLAJE PARA EL CAMBIO DE ESTACIÓN

Parece que definitivamente se ha ido el sol de nuestras vidas y también de nuestra piel. Poco a poco vamos sintiendo cómo el lustre que deja el verano va desapareciendo y ya no es suficiente con un toque de luz para potenciar el moreno. Si a esto le añadimos el cambio horario y el hecho de que las horas que pasamos en el exterior son horas de poca luz solar, se hace necesario adaptar nuestro neceser y renovar colores y texturas que nos ayuden a recuperar el lustre perdido de manera sencilla y eficaz.

En mi opinión, un par de cambios de neceser al año son fundamentales: en primavera o verano y en otoño. El resto del tiempo podemos sustituir algún que otro tono o producto, pero un cambio completo un par de veces al año nos ayuda a visualizar qué es lo que tenemos, qué necesitamos y de qué podemos prescindir.

Lo primero que vamos a hacer es preparar una toalla grande y volcar todo el contenido de nuestro neceser en ella. Si te apetece cambiar el neceser por otro más apropiado para esta estación, ahora es el momento. Yo tengo uno para los meses más cálidos y otro para otoño e invierno. Los dos suelen ser de algodón, porque así los puedo meter cómodamente en la lavadora cada vez que lo necesito.

Hay muchos productos que nos pueden servir de una estación a otra, sin embargo, debemos tomar algunas precauciones. Por ejemplo, todos aquellos productos en crema que hayan estado expuestos durante el verano a temperaturas elevadas, bien porque los hayamos trasladado de un lado a otro o porque hayan podido sufrir cambios de temperatura, deberían ser retirados y no se pueden guardar de un año para el siguiente. Algunos ejemplos de este tipo de productos son las sombras y coloretes en crema, los labiales o bálsamos, iluminadores en crema, bases de maquillaje, etc.

Los productos en polvo se conservan mucho mejor, por lo que, si en verano hemos utilizado tonos que ahora ya no nos apetecen o no nos sientan bien, podemos guardarlos para la siguiente temporada estival. Esto pasa mucho con sombras de ojos, coloretes o con algunos polvos de sol que ahora nos resultan demasiado oscuros.

Vamos a ver uno a uno los tipos de producto que tenemos y qué hacer en cada caso:

- **Hidratación:** antes de maquillarnos debemos utilizar un tipo de hidratación fluida que la piel pueda absorber con facilidad, de este modo no la bloquearemos con demasiado producto y el resultado será más ligero. Podemos elegir entre un aceite facial, un sérum o una crema hidratante fluida. Si tu piel es o está muy seca y necesitas hidratarla más en profundidad, puedes utilizar productos más densos, en este caso deja pasar unos minutos antes de maquillarte para que la piel tenga tiempo de absorberlos bien.
- **Protección solar:** siempre será necesario que protejamos nuestra piel antes del maquillaje, pero si en otoño o invierno la exposición al sol es menor, también podemos utilizar filtros más suaves. En el caso de tener tendencia a manchas o rojeces, cuperosis u otro tipo de irritación, será mejor que sigas utilizando filtros al menos con un 50 SPF durante todo el año. También puedes utilizar filtro solar con color, una mezcla que funciona muy bien para proteger la piel al tiempo que aportamos un ligero tono. De esta manera evitamos la base de maquillaje y pasamos directamente al corrector.
- **Base de maquillaje:** en otoño y en invierno nos podemos permitir bases de maquillaje algo más cubrientes. Nos gusta sentir la piel más abrigada y podemos jugar con texturas empolvadas y aterciopeladas que le darán a nuestro rostro un aspecto más compacto, pero esto va en cuestión de gustos. También las bases fluidas con efecto *BB cream* sientan de maravilla si lo único que necesitamos es igualar un poco el tono de todo el rostro. Las bases fluidas suelen extenderse por todo el rostro y ayudan a igualar el tono de toda la piel en general con una consistencia más ligera. Por su parte, las bases más compactas o en crema tienen una mayor cobertura y son perfectas para aplicarlas solo en aquellas zonas donde tengamos marcas, manchas, granitos, etc. No es necesario aplicarlas por todo el rostro, sino que, normalmente, se aplican más por la parte central: algo de la barbilla, surcos de la nariz, zona central de las mejillas, ojeras y contorno de los ojos y, si hay alguna marca más, por la frente o los pómulos, etc. Aplicar una base correctamente aporta mucha naturalidad al resultado y, al no cubrir todo el rostro, dejamos también parte de la piel libre para conseguir en general un efecto mucho más natural.

- **A la hora de elegir el tono de base:** debemos inclinarnos por el que más se parezca a nuestro tipo de piel, independientemente de que nos apetezca lucirla más morena, eso podemos remediarlo más tarde con un poco de polvos solares. Es importante que el tono de la base sea el correcto, así evitaremos el efecto careta. La cantidad de producto que utilizamos debe ser mínima y podemos aplicarlo con una brocha de maquillaje pequeña o con los dedos para asegurarnos de que se adapta y absorbe correctamente. Un truco para saber si hemos utilizado la cantidad correcta es presionar ligeramente una esponja de maquillaje limpia por aquellas zonas ya maquilladas con el fin de que la esponja absorba el exceso de producto que la piel no necesita.
- **Correctores:** muy importantes, sobre todo en los meses de más frío. Al perder el tono veraniego parece que tanto las ojeras como las marcas se acentúan más que nunca. Aquí es importante que utilicemos un tono natural ligeramente amarillento o ligeramente rosado, dependiendo de nuestro tipo de piel, pero con una textura rica, nutrida y de fácil absorción. Algunos correctores sirven también como base de maquillaje si los utilizamos tal y como te he explicado más arriba, solo en aquellas zonas que realmente lo necesitemos.
  El tono del corrector: puede ser ligeramente más clarito que tu tono de piel, así aprovechamos para aportar luminosidad en esas zonas más hundidas del rostro, como son las ojeras o los surcos nasogenianos. Si tienes que corregir un granito, por ejemplo, ten cuidado con los tonos más claros porque corregirán el color rojizo o marrón pero aumentarán el volumen del mismo. En este caso es mejor utilizar base de maquillaje un poco más compacta, pero del mismo tono de tu piel.
- **Polvos de sol:** siempre llevo en mi neceser polvos solares, especialmente en los meses en los que mi piel está más blanca, pero a veces pensamos que el mismo producto nos servirá en invierno y en verano y no siempre es así. Si nuestros polvos solares son demasiado oscuros para el otoño e invierno, podemos guardarlos hasta la próxima temporada y elegir un tono más acorde al actual en este momento. Se trata de lucir un tono natural, que nos aporte algo de color pero que no nos tiña demasiado la piel porque quedaría antinatural. Una opción que funciona muy bien en otoño es utilizar iluminadores bronceadores en crema que, además de aportar muchísima luz y un tono precioso al rostro, también le aportan hidratación y un efecto muy jugoso. Una forma de utilizar este tipo de productos es sobre la base de maquillaje. Nos los aplicaremos igual que los polvos solares, pero utilizando las yemas de los dedos. Si no utilizas base de maquillaje, puedes aplicarlos directamente

sobre la piel después de la hidratación o incluso mezclarlos con unas gotas de aceite para un efecto ultranatural.

- **Colorete:** dependiendo de cómo hayas elegido tu base de maquillaje, así deberías elegir el colorete. Es decir, que si has optado por una base cubriente, más compacta, con efecto aterciopelado y seco, quizás puedes contrarrestar con un colorete más nutrido de textura cremosa. Si por el contrario optas por una piel más limpia y jugosa, tanto los coloretes en formato crema como los coloretes en formato polvo te irán bien. A mí en particular me gustan más las texturas en crema, pero con algunas excepciones: para las pieles grasas o acneicas y para pieles con rojeces tipo rosácea o cuperosis, me gustan más los coloretes en polvo. En cuanto a los tonos: el otoño es pura inspiración para labiales y coloretes. Encontrarás un amplio abanico que abarca tonos tipo frutas del bosque, borgoña, burdeos, rojos, tintos, rosa palo, rosas tierra, marrones, calderos, etc. Las opciones son ilimitadas, busca cualquier tono que vaya bien con tu piel y juega a mezclar este tipo de tonos entre labiales y colorete para conseguir diferentes *looks*.
- **Máscara de pestañas:** lo cierto es que podemos utilizar lo mismo durante todo el año, así que no creo necesario decirte que la cambies. En todo caso, si no lo has hecho después del verano, este puede ser un buen momento para renovarte. Existen tantas marcas, modelos y opciones como mujeres que las utilizan. La elección de la máscara es muy personal, así que lo único que puedo añadir aquí es la importancia de limpiar tus pestañas en profundidad por la noche y sin frotar demasiado para no debilitarlas en exceso. Otro consejo a la hora de elegir el tipo de máscara es que no utilices *waterproof* si no es imprescindible, ya que cuesta mucho retirar este tipo de productos. Por último, te recomiendo máscaras que se sequen deprisa, nada más aplicarlas, ya que, si nos rizamos las pestañas y, a continuación, utilizamos una máscara muy pesada o que tarda en secar, hará que las pestañas caigan y pesen demasiado, y seguramente la máscara manchará a lo largo del día.
- **Sombras de ojos:** mi estación preferida del año para encontrarme con ellas es el otoño. Me gustan las texturas en polvo, pero con mucho pigmento. Los tonos más bonitos en otoño son los marrones, los verdes y los grises pardos en todas sus gamas. También es una gran idea contar con alguna sombra en crema que aporte algo de luminosidad al resultado. La puedes elegir en tonalidades plateadas, doradas o cobrizas y utilizarla sola sobre el párpado o bien sobre cualquiera de tus sombras de color, así consigues mayor versatilidad.
- **Labiales:** es importante retirar aquellos que no estén en buenas condiciones y también todos los tonos de verano, por ejemplo, los corales, ya que cuando

baja el tono de la piel no sientan demasiado bien. Los tonos de temporada van muy en la línea con los descritos en los coloretes, aunque quizás en los labios podamos permitirnos un poco más de intensidad y efectos más mates o cremosos, dependiendo de nuestras preferencias. Lo que es muy importante siempre, pero mucho más ahora, es que tengamos a mano un bálsamo labial y un exfoliante de labios. Es en esta época, con los cambios de temperatura, cuando más sufrimos de labios extremadamente secos y deshidratados, con muchas pieles muertas que es necesario exfoliar e hidratar constantemente.

- **Cejas:** un básico para un resultado bien terminado. En mi opinión, basta con un poco de sombra de ojos en tonos no muy oscuros para rellenar allí donde tenemos menos densidad. Si no te convence la sombra de ojos, puedes decantarte por un lápiz de cejas con el tono adecuado. Huye de los lápices muy oscuros o con subtonos rojizos. Para las cejas más claras, busca un tono de sombra o lápiz en tofe y para las cejas más oscuras, marrón topo grisáceo, pero nunca demasiado oscuro.
- **Retoques:** a fin de mantener la piel hidratada a lo largo del día, algo complicado cuando estamos expuestos a calefacción constante y a cambios de temperatura bruscos con el exterior, te recomiendo que lleves en tu neceser un spray de agua destilada y flores. Por ejemplo, agua de rosas o de jazmín. Podrás pulverizar aquí y allá cada vez que sientas la piel seca. Esto te ayudará a mantener la humedad en las capas más superficiales y también hará que tu maquillaje se vea siempre jugoso y bonito. Si tu piel es o está demasiado seca, puedes llevar además un pequeño aceite facial y aplicar de vez en cuando unas gotitas. Pon cuatro o cinco gotitas de aceite en las palmas de las manos y frótalas entre sí. Después da pequeñas palmaditas sobre el rostro hasta que el aceite se absorba. Es un truco que yo utilizo constantemente y, si lo haces con un poco de cuidado, el maquillaje permanece intacto.
- **Higiene del neceser:** es importante mantener los productos que llevamos en nuestro neceser en buen estado de higiene. De vez en cuando, saca todo el contenido y limpia cada envase con un papel de cocina desechable. Mantén los lápices limpios sacándoles punta periódicamente. Las brochas que utilices para aplicar productos en crema deberán ser lavadas después de cada uso con un poco de agua templada y jabón. Para conservarlas, déjalas secar al aire y guárdalas en un compartimento aparte para que no se manchen. Las brochas para producto seco (colorete, polvos, sombras, etc.) se pueden lavar una vez a la semana, pero también recomiendo llevarlas aparte del resto de productos. Lo

mejor es contar con un neceser que tenga al menos dos compartimentos, uno para productos y otro para brochas.

Cuerpo

LA DUCHA

Cada mañana, el momento de la ducha es un auténtico regalo. El agua nos limpia y nos purifica por fuera y por dentro. Dejar el agua correr por nuestra piel es una de las bendiciones de la vida y algo por lo que deberíamos estar agradecidos. Es un acto cotidiano al que no damos ninguna importancia y que, sin embargo, es un auténtico milagro y una manifestación de la abundancia en la que vivimos constantemente. Piensa en ello, tan solo con caminar unos pasos por tu casa llegas a un lugar donde, a golpe de giro de muñeca, recibes un manantial de agua caliente solo para ti, para limpiar tu cuerpo, tu piel, tus sentidos... Además está ahí siempre, dispuesta para ti en cualquier momento.

No demos por sentadas cosas como esta, porque son estos pequeños detalles de la vida cotidiana los que realmente nos hacen felices. Piensa si alguna vez te has visto privada de tu ducha diaria, por ejemplo, si te has quedado sin agua caliente en casa o si te han cortado el suministro de agua en tu comunidad... ¿Verdad que ahí sí que valoramos lo mucho que necesitamos nuestra ducha, nuestro baño? La ducha diaria supone una oportunidad maravillosa para agradecer la suerte que tenemos, para valorar el bien que nos hace.

Tanto la ducha como el baño suponen una oportunidad única de conectar con nuestro cuerpo cada día. El agua es el elemento purificador por excelencia y es capaz de arrastrar cualquier toxina acumulada en la piel, en la mente y también en nuestras emociones. Solo tenemos que realizar este ritual con un poco de consciencia. Especialmente en esta estación, donde gobierna Vata, el agua es un elemento equilibrante para este Dosha y la ducha diaria nos ofrece la oportunidad perfecta para proporcionar a nuestra piel ese equilibrio necesario.

En nuestra sociedad nos han enseñado a ducharnos con jabón cada día, todo el cuerpo, como si la piel realmente estuviera tan sucia que necesitara ser arrancada literalmente a base de esponja y espuma en cada ocasión. Pero si lo piensas bien, ¿qué partes de nuestra piel necesitan realmente limpiarse tan a conciencia? Posiblemente nuestras manos, que lavamos más de una vez al día, los pies, que contienen glándulas sudoríparas, y otras zonas íntimas, como axilas o genitales... pero para el resto de nuestra piel, sinceramente, el uso de tanto jabón supone más una agresión que un regalo. Las toxinas y células muertas adheridas a la piel en brazos, piernas, espalda o tronco, se desprenden de manera natural con el agua y con la ayuda de aceites vegetales. El jabón no solo arrastra todas estas impurezas, sino que también se lleva con él las defensas naturales de la piel y produce estados de extrema deshidratación. En las pieles más sensibles, como las de los bebés y niños, el exceso de jabón puede producir intolerancia y pieles atópicas.

Por lo tanto, la mejor manera de limpiar nuestra piel a diario sería utilizar el jabón únicamente para las zonas descritas más arriba y limpiar el resto del cuerpo con agua y nutrirlo con aceite.

BAÑOS DE ACEITE

Empieza por aplicar aceite templado en tu piel. Puedes calentarlo con tus manos antes de aplicarlo o puedes calentar directamente el envase debajo del grifo durante unos minutos antes de entrar a la ducha, y así estará a la temperatura adecuada cuando lo vayas a utilizar.

Es más sencillo aplicar el aceite una vez dentro de la ducha y sobre la piel húmeda, de este modo resbala mucho mejor y es más rápido. Utiliza aceites naturales y, si quieres, introduce aceites esenciales en tu mezcla que te ayuden a potenciar un estado de ánimo positivo y enérgico si te duchas por la mañana, o relajante y calmante si te duchas por la noche.

Algunos aceites vegetales que puedes utilizar en la ducha son, por ejemplo, los de Jojoba, aguacate, caléndula, almendras dulces, sésamo... Los aceites esenciales más utilizados para efectos energizantes son el geranio, la naranja, la menta, los aromas cítricos como el limón o el *lemongrass*, también el de jengibre. Si buscas un efecto más relajante, puedes optar por aceites esenciales de lavanda, geranio, rosa, bergamota o manzanilla. Si vas por la vía fácil, en cualquier tienda encontrarás mezclas de aceites de masaje o de baño ya formuladas con aceites esenciales. Si tienes algo más de tiempo y ganas, puedes crear la tuya propia comprando los aceites de base y los aceites esenciales por separado para mezclarlos a tu gusto. El objetivo es el de nutrir la piel con algo rico que la alimente y permita eliminar las toxinas y células muertas, respetando sus defensas naturales sin forzarla ni agredirla.

La manera de utilizar estos aceites es sencillamente igual que cuando utilizas un gel de baño, directamente con las manos sobre la piel mojada. Comienza aplicando pequeñas cantidades de aceite por todo el cuerpo y después masajea hasta que toda la piel se haya cubierto. Este sencillo contacto con tu piel también te sirve para conectar con cada parte de tu cuerpo y sentir dónde necesita más atención. Yo recomiendo realizar un masaje rápido y general por todo el cuerpo y elegir una zona concreta cada día de la semana para un masaje algo más intenso. Por ejemplo: lunes, las rodillas; martes, los pechos; miércoles, la espalda; jueves, los muslos y caderas; viernes, los pies y tobillos; sábado, el cuello y las cervicales; domingo, los brazos y los hombros. De esta manera estaremos más en contacto con nuestro cuerpo y sabremos dónde nos necesita más en cada momento.

Una vez aplicado el aceite por todo el cuerpo, algo que no te llevará más de cinco minutos, puedes proceder a lavarte con jabón las zonas necesarias o el pelo, si es el día que te toca hacerlo, si no lo es, no olvides recogerlo en la coronilla antes del baño de aceite para no mancharlo. Después ya puedes aclarar tu cuerpo de nuevo debajo del agua. El aceite que tu piel no necesite resbalará por tu cuerpo arrastrando toxinas, impurezas y pieles muertas. Al salir, sécate despacio y sin arrastrar, simplemente a golpecitos, y retira el exceso de aceite que pueda haber quedado adherido.

La ducha debe ser un momento de encuentro íntimo contigo misma y el baño de aceite te devolverá una piel renovada y preciosa. Verás cómo, poco a poco, tu piel deja de necesitar cremas después de la ducha y empieza a estar suave, con lustre y protegida.

Si después del baño de aceite aún notas tu piel muy seca, puedes complementar la hidratación con alguna loción ligera. Recuerda que si te duchas por la mañana y te vas a vestir a continuación, no ayuda utilizar texturas muy densas. En caso de que realmente necesites una loción densa, entonces deja pasar unos minutos antes de vestirte para que la crema se absorba.

Otro modo de aprovechar el momento de la ducha y permitir que el aceite se mantenga más tiempo en el cuerpo es realizar la limpieza facial. Ten a mano tu limpiadora y aplícala como de costumbre, para retirarla utiliza únicamente el agua de la ducha o una pequeña esponja Konjac. De este modo, creas un espacio entre la aplicación del masaje corporal y el aclarado del cuerpo y también te ahorras un paso en la rutina facial.

RECONOCERNOS A TRAVÉS DE LOS CHAKRAS

A menudo solemos pensar que aquello que no podemos ver con nuestros propios ojos, no existe. Y así es como estudiamos anatomía en el colegio, únicamente aprendemos lo básico sobre aquellas partes del cuerpo que podemos ver, tocar o conocer por fotografías y saber a ciencia cierta que están ahí. Sin embargo, nadie nos enseña prácticamente nada sobre otras cosas que también ocurren en nuestro cuerpo, por ejemplo, las emociones. ¿Cómo las sentimos, dónde se instalan, qué huella dejan en nosotras?

Las emociones están hechas de energía y son capaces de imprimir huellas tangibles en nuestro cuerpo físico, tan ciertas como cualquier otra cosa que podamos clasificar. Por ello, todos somos perfectamente capaces de reconocer la tristeza profunda en el rostro y el cuerpo de aquellas personas que han sufrido pérdidas o han sobrevivido a una guerra. También somos perfectamente capaces de reconocer el amor en los ojos de alguien que está viviendo un intenso romance, o la rabia en las palabras de alguien poseído por esta emoción en un momento concreto. Estos son solo ejemplos básicos para resumir que no existe únicamente aquello que podemos tocar. Nuestro cuerpo físico es solo una parte de nosotras, es la parte que encarna todo lo demás y en ella se manifiesta físicamente nuestro estado general, pero somos muchísimo más que un cuerpo físico.

Como ya he comentado en varias ocasiones a lo largo de este libro, nuestro cuerpo físico está vivo gracias a la energía que lo mantiene. Esa energía está, o al menos así debe ser, en constante movimiento, en constante cambio. Que la energía se encuentre estancada o bloqueada es sinónimo de enfermedad, incluso de muerte, por eso es importante comprender la importancia de que nuestra energía se encuentre en movimiento y dotada de un flujo sano y constante.

Para ello, son importantes todas las acciones que desempeñamos a lo largo del día, desde nuestros pensamientos, nuestra respiración, los ejercicios o deporte que realicemos o nuestras decisiones, trabajos, lugares donde nos movemos, gente con la que nos relacionamos... Todo ello contribuye al buen funcionamiento de nuestra energía. Pero ¿dónde se encuentra esa energía, de dónde sale, hacia dónde se dirige? Nuestra energía vital, según el hinduismo, se encuentra situada a lo largo de nuestra espina dorsal y está distribuida en siete chakras o centros energéticos. De ahí sale toda la energía de nuestro cuerpo físico particular, aunque, al ser parte de un todo, es decir, de un planeta con muchos otros seres vivos que también desprenden su propia energía, cada elemento es capaz de crear la suya propia, de vibrar en su frecuencia personal y, al mismo tiempo, también existe una energía global que está formada por la vibración de todos los seres vivos que componemos el planeta Tierra.

En la comprensión y gestión de nuestra propia energía a través de los chakras se encuentra la clave del equilibrio y la salud de nuestro cuerpo. Si logramos comprender cómo funcionan estos centros de energía y aprendemos a equilibrarlos, tenemos muchas probabilidades de combatir la mayoría de los problemas de salud y desequilibrio que habitan en nuestro cuerpo y seremos capaces de evitar y prevenir problemas más serios al detectarlos mucho antes de que se transformen en algo físico. Existen infinidad de terapias y fórmulas para trabajar sobre los chakras: la meditación, el ejercicio físico o incluso el masaje. También es posible profundizar en el tema gracias a personas especializadas en este ámbito o realizar sesiones de yoga con esta finalidad. Yo te voy a explicar brevemente cada uno de ellos y también veremos una forma concreta de trabajarlos. Se pueden trabajar por separado o hacer una revisión de todos ellos consecutivamente, depende mucho del tiempo que tengas o de lo que necesites explorar. Pero primero, vamos a conocerlos más detenidamente.

Siete ruedas repartidas a lo largo de nuestra espina dorsal representan los siete chakras en el cuerpo físico. Cada uno de ellos está conectado con diferentes órganos y partes de nuestro cuerpo físico, y también con nuestras emociones y pensamientos.

MULADHARA

Es el chakra base, situado justo en la base de nuestro tronco, donde termina nuestra columna vertebral. Se representa en color rojo y también se visualiza en él la imagen de una serpiente enroscada y dormida.

Muladhara está relacionado con nuestras raíces y necesidades más básicas: la comida, el hogar, nuestros ancestros, el arraigo, la infancia... y con la sensación de tener y pertenecer. Su acción sería «Yo tengo». Su elemento básico es la tierra y nos conecta con nuestra existencia más palpable, el cuerpo físico. Para reconocernos en este chakra podemos conectar con todo aquello que nos proporciona estabilidad a nivel físico.

Podemos activar este chakra siempre que sintamos que estamos desarraigados de nuestros orígenes. En realidad, todos somos una cadena secuencial que, irremediablemente, está unida a nuestros antepasados. Reconocernos en ellos, respetar de dónde venimos y los atributos físicos, emocionales o psíquicos que hemos heredado nos ayuda a producir una sensación de seguridad, amor y respeto. Cuando nos sentimos desarraigados o desconectados, producimos sentimientos de desconfianza y confusión, los órganos relacionados con este chakra comienzan a funcionar mal y esto se manifiesta con desórdenes alimenticios, problemas de obesidad o anorexia y bulimia, inestabilidad emocional, miedos o un apego constante a lo material. Sin embargo, cuando Muladhara está en equilibrio nos aporta estabilidad, vitalidad, sentimientos de lealtad, paciencia y tenacidad y nos proporciona la energía necesaria para realizar avances a cualquier nivel, por muy complicados que sean, porque sentimos la confianza de contar con el apoyo suficiente en nuestras raíces y tenemos cubiertas las necesidades más básicas.

Muladhara es un chakra que se puede trabajar en cualquier etapa de la vida, pero en especial en los cambios vitales, como puede ser la adolescencia, que es una etapa crucial en el proceso de cambio de la infancia a la adultez.

Podemos hacerlo a través de varias técnicas, una de las que me parecen más bonitas es sentarnos en cualquier postura que mantenga el sacro en contacto con la tierra. Por ejemplo, te propongo que te sientes en el suelo con las piernas cruzadas y veas fotografías de tu familia y tus raíces. Incluso te invito a que lo hagas acompañada de otros miembros de sangre que te ayuden, a través de esta actividad, a conectar con aquellos atributos que siguen vivos en nosotras y que hemos heredado a través de años o siglos de pertenencia familiar. Fortalecer los lazos familiares es un ejercicio muy potente que nos aporta seguridad y confianza, y también nos enseña a ver nuestras debilidades como oportunidades para mejorar, canalizar y entregar estas debilidades mejor trabajadas a través de nosotras para las generaciones futuras. Si no te sientes unida a tus ancestros o no mantienes un lazo familiar, puedes realizar este ejercicio basándote en conexiones que hayas creado en tu vida con personas a las que te sientas unida con el corazón, en la unión a tu cultura, a tu país de origen o a tu entorno más cercano, visualizando aquellos atributos que compartís.

Mensaje de Muladhara: Tienes un hogar y eres parte de él.

SWADISTHANA

Conocido como el chakra sexual y situado en la zona de nuestros órganos sexuales. Se representa en color naranja y está relacionado con los placeres obtenidos por cualquier medio: la comida, la bebida, el sexo… Tiene que ver con la necesidad de fluir, de dejarse llevar, de no controlar. Su acción sería «Yo deseo». Su elemento básico es el agua y nos conecta con todo aquello que podemos sentir a través del gusto y con uno de los poderes más importantes que poseemos, el de procrear.

Para reconocernos en este chakra podemos conectar con todo aquello que nos proporciona placer, tanto a nivel físico como a nivel emocional o mental. Cuando Swadisthana está en equilibrio nos sentimos alegres y con todo el poder en nuestras manos para crear y manifestar cualquier cosa, nos relacionamos con seguridad y nos sentimos únicos y especiales. También gracias a este chakra somos capaces de relacionarnos con los demás con naturalidad y cultivar relaciones auténticas y duraderas. A nivel sexual nos permite sentirnos parte de otra persona, fortalece la unión y diluye la sensación de ego. En definitiva, nos permite afirmar que tenemos permiso para disfrutar de los placeres de la vida.

Debemos trabajar Swadisthana siempre que sintamos que no somos deseados, cuando tengamos sentimientos y emociones de inseguridad que nos aparten de los demás o cuando sintamos que no somos lo suficientemente buenos, atractivos o merecedores de recibir. También podemos trabajar este chakra cuando nos falte creatividad en nuestra vida o cuando nos sintamos rígidos en cualquier área. Una bonita forma de conectar con todo lo bueno que nos aporta este chakra es bailar.

Ponte una selección de música que te emocione y baila con los ojos cerrados, imaginándote en cualquier escenario, puede ser una playa desierta, el pico de una montaña, las tablas de un teatro o directamente frente al espejo. Baila, baila salvajemente hasta que no te queden fuerzas y seas capaz de llorar de emoción. Conecta con tu cuerpo, con tu alma y con toda la energía que puedas despertar en ti. Disfruta de los placeres de todos tus sentidos a través de la música y el movimiento y conecta con la agradable sensación de disfrutar, por pleno y absoluto derecho.

Mensaje de Swadhistana: El mundo está repleto de placeres y tú tienes derecho a disfrutarlos.

MANIPURA

Manipura está situado en nuestro plexo solar, se visualiza en color amarillo y su elemento es el fuego, el más transformador que poseemos. Su acción sería «Yo puedo», y está relacionado directamente con cuánta luz emanamos o dejamos entrar en nuestro interior.

De Manipura depende nuestro carisma, las relaciones interpersonales, la sensación de química o rechazo por otras personas y la capacidad de desarrollarnos en la sociedad adaptando las normas a nuestra propia vida. El tercer chakra es el asiento de nuestra personalidad, la identificación social y la autoafirmación. A nivel físico está relacionado con la zona del hígado, órgano capaz de purificar y transformar los alimentos, separar lo desechable de lo provechoso y transformar la energía de los alimentos en sustancias buenas para nuestro organismo. Esto mismo lo podemos adaptar a situaciones de nuestra vida cotidiana, a la manera en la que digerimos las experiencias de cada día y en cómo las gestionamos.

Para trabajar Manipura debes conectar con una de las particularidades más profundas que contiene: tus metas y tus logros personales. La posición que ocupas en tu vida en la actualidad está directamente relacionada con el equilibrio de este chakra, así que, si sientes que se tambalea alguna de las áreas de tu vida en este momento, el trabajo, la familia, tus relaciones sociales o algún proyecto en particular en el que estés trabajando, te propongo que realices este ejercicio visualizando ese tema en concreto. Trata de transformarlo utilizando la energía que desprendes desde tu plexo solar, aportando luz y claridad desde el amor más absoluto.

Para ello te propongo un sencillo ejercicio de relajación en el que debes colocarte tumbada en el suelo, con los brazos abiertos y con una manta enrollada que pondrás atravesada a lo largo de toda tu columna vertebral. De este modo, con los brazos extendidos en cruz, sentirás tu plexo solar totalmente abierto y podrás prepararte para sentir toda su fuerza. Ahora trata de visualizar en tu mente esa área que te provoca sentimientos negativos de rabia, confusión y enfado, o de insatisfacción e inseguridad, y comienza a enviar luz pura, amarilla y clara, hacia ese lugar con afirmaciones como: «Yo puedo hacerlo, tengo las herramientas para posicionarme en el lugar que me corresponde», «Yo puedo verme ocupando ese lugar desde el amor y la aceptación, desde el respeto y la confianza que me da mi propia luz».

Si hay personas implicadas en esta visualización, trata de conectar con ellas desde una perspectiva más amable. Puedes utilizar también la técnica hawaiana del Ho'oponopono que se basa en decir: lo siento, perdóname, te quiero y gracias. Dedícate estas palabras a ti mismo y a todas las personas o situaciones implicadas en la visualización. Es una herramienta muy potente y capaz de transformar emociones en muy poco tiempo.

Mensaje de Manipura: Existe un lugar en el mundo y un propósito para ti. Encuéntralo.

ANAHATA

Anahata está situado en el centro del corazón, se visualiza en color verde y representa el elemento aire. Su acción sería «Yo amo», y está relacionado directamente con nuestras emociones más primitivas y con la capacidad humana de transformar en emociones todo aquello que percibimos a través de los sentidos: las imágenes, las palabras, los sonidos de la naturaleza o la música.

De Anahata depende nuestra capacidad de amar incondicionalmente, de perdonar, de entregarnos y de recibir ese mismo amor y entrega por parte de los demás. Anahata nos conecta de manera instantánea con nuestros hijos en el momento de su nacimiento. Un amor incondicional y difícil de explicar que se puede comparar con un gran impacto en medio del pecho. A otros niveles, también podemos sentir esto en momentos de emoción extrema, provocada por acontecimientos importantes en nuestra vida y, al contrario, también cuando sentimos dolor en el pecho, angustia o tristeza desmedida. Todas ellas son emociones que emanan directamente de este chakra.

Si te encuentras ante emociones de opresión, angustia, falta de amor, soledad, tristeza, depresión o rabia es posible que necesites trabajar con Anahata.

Lo primero que debes hacer es sentarte en una postura cómoda y cerrar los ojos, visualizar dentro de ti, en tu barriga, por ejemplo, a una niña pequeña que vive ahí y que es quien tiene todas estas emociones encontradas. Esa niña no se siente segura y no está recibiendo los cuidados necesarios. Esa niña pequeña eres tú misma, pero a una edad que no te permite aún tener la madurez necesaria para enfrentarte a estas emociones y gestionarlas sola, por eso la niña pequeña pide ayuda a la persona adulta en quien te has convertido.

Cuando visualizamos nuestras emociones en otro ser humano más pequeño y dependiente que nosotras, enseguida nos posicionamos como cuidadoras y tratamos de calmar esas emociones de nuestra niña interior. Pero ¿cómo hacerlo?

Una manera sencilla de saber qué ocurre es dejar que esta niña se exprese. Coge papel y lápiz y deja que escriba, deja que saque al exterior todas sus frustraciones, sus miedos y sus críticas, sin juicio y sin analizarlas, simplemente como con cualquier otro niño pequeño, permitiendo que se desahogue y que suelte.

Una vez tengas todas esas quejas escritas, a pesar de lo mucho que te hayan revuelto, de lo te que hayan hecho llorar o sentir, no las adoptes como tuyas porque, si lo haces, te convertirás en esa niña pequeña y no tendrás las herramientas de adulta suficientes como para hacerles frente; te hundirás en tus propios miedos e inseguridades y no podrás salir de ahí. Así que conecta con el amor infinito que sientes por esa niña y dile estas palabras: «Gracias por contarme lo que te pasa, gracias por confiar en mí para que pueda ayudarte. A partir de este momento te prometo que nunca dejaré que pases tanto tiempo sola sin ser escuchada y valorada. Buscaremos espacios para estar juntas y trataré de conectar contigo para saber si todo está bien. En cuanto a tus peticiones de hoy, prometo ser la adulta que necesitas para cuidarte y procurar que estas cosas se resuelvan, porque te quiero y eres lo más importante para mí».

A través de este sencillo ejercicio activaremos un profundo sentimiento de amor propio y de respeto hacia nosotras mismas y la certeza de que ahora, como adultas, podemos y debemos hacernos cargo desde la comprensión y la escucha.

Mensaje de Anahata: El amor es un legado universal que está dentro de todos nosotros.

VISHUDDHA

El chakra Vishuddha está situado en la garganta, se visualiza con el color azul y se relaciona con el sonido provocado por el elemento aire a través de las cuerdas vocales. Su acción sería «Yo hablo», y está directamente relacionado con nuestra capacidad de comunicarnos, con la transmisión de la verdad, con la honestidad y con la coherencia entre nuestras palabras y nuestras acciones.

Vishuddha nos permite transformar nuestros pensamientos en palabras y nos aporta la capacidad de imprimir esas palabras desde una perspectiva única y personal. En él están involucrados los bronquios y los pulmones, la garganta, las cervicales y las cuerdas vocales.

Cuando está en desequilibrio, tenemos miedo a ser juzgados, y eso puede provocar la necesidad de mentir constantemente, provoca inseguridad y timidez, nos aísla y no nos deja expresarnos. Hace que aparezca la frialdad en nuestra forma de comunicarnos con los demás, entre otras muchas cosas.

Vishuddha también nos recuerda la importancia de escuchar, pero no solo a los demás, sino también a nosotras mismas en primer lugar. Por eso es importante comprender la posición de este chakra y la manifestación de nuestras palabras a través del camino recorrido hasta aquí. Vishuddha es el puente entre los chakras más básicos y los más sutiles, que aparecerán a continuación de este.

Para trabajar Vishuddha puedes realizar el sencillo ejercicio de hablar contigo misma en voz alta. Una de las fórmulas más divertidas, sencillas y potentes de activarlo es cantando. Puedes hacerlo bajo la ducha, en el coche o en un karaoke, depende de ti. Cualquiera de estas formas te ayudará a activar Vishuddha y a construir poco a poco una firme y constante familiaridad con él.

Mensaje de Vishuddha: Haz de tus palabras tu verdad.

AJNA

Es el chakra del tercer ojo, posicionado en el centro de la frente y de color índigo. Su elemento es la luz y su acción sería «Yo comprendo». Este chakra simboliza la central de mandos del sistema nervioso central. En él se asientan la memoria, los recuerdos y la voluntad. Gracias a él podemos llegar a cierto nivel de conciencia y nos otorga la capacidad de pensar y vislumbrar. Es también el chakra de la intuición.

Cuando Ajna está en equilibrio, somos capaces de ver más allá de lo que nuestros ojos nos permiten, podemos reconocer cualidades en nosotras y en los demás que no se encuentran a simple vista y nos relacionamos con personas, cosas y situaciones que vibran a la misma frecuencia que nosotras. Cuanto más desarrollado esté Ajna, menos caso harás de tu pensamiento lógico y más escucharás a aquellos pensamientos que vibran directamente del corazón, es decir, a tu intuición. Tenemos clara la sensación de que todo está conectado y de que nosotras somos parte de algo más grande, desde la comunidad en la que vivimos hasta el planeta que habitamos, y que todas nuestras acciones afectan al conjunto.

Cuando Ajna está en desequilibrio estamos más anclados en un razonamiento rígido y marcado por la parte más analítica del cerebro, también podemos sufrir de falta de memoria y concentración.

Para trabajar Ajna te ofrezco un camino que a mí me encanta: otorgar a tu intuición la calidad de mejor amigo. Siéntate en silencio y respira fácil y cómodamente al principio. Después realiza algunas respiraciones más profundas. Hazlo completamente en silencio. A este chakra le encanta el silencio, porque es la manera más profunda de conectar con tu interior y de escuchar realmente lo que tu nuevo mejor amigo tenga que decirte.

Una vez estés relajada, utiliza cualquier posición que te permita apoyar la frente en el suelo. Puede ser sobre algún soporte, si estás sentada o arrodillada, o puedes hacerlo en Balasana (postura del niño). Respira de nuevo varias veces en esta postura.

A continuación, siéntate con la espalda recta, toma lápiz y papel y comienza a preguntar con el fin de intimar con tu mejor amigo. Puedes preguntar cualquier cosa, por ejemplo: ¿qué piensas de esta persona, qué podría hacer respecto a esta situación, estoy haciendo realmente lo que me gusta en mi trabajo? Pregunta cualquier cosa que te venga a la cabeza y para la que creas que no tienes una respuesta clara y sincera. Tu intuición te guiará hacia ella sin titubear y esta práctica potenciará tu capacidad de confiar en aquellas señales más sutiles, pero tan poderosas que aparecen constantemente en nuestra vida y a las que normalmente no escuchamos porque pensamos que no tienen importancia.

Mensaje de Ajna: Tu intuición es la brújula de tu vida.

SAHASWARA

El séptimo chakra está situado en la coronilla, se representa con color violeta y su acción sería «Yo soy». En él se asienta la perfección de todo nuestro ser y es donde se reúnen todas las energías de los chakras inferiores. También es el lugar por el que toda esa energía sale de nuestro cuerpo para unirse con la energía del universo. En la mitología hindú se dice que la serpiente que descansa enroscada en el chakra raíz, a medida que los demás chakras se van activando, va despertando hasta subir por todos ellos.

Este es el chakra más elevado de todos cuantos podemos experimentar en nuestro cuerpo físico y el más difícil de completar, pues se necesita una gran capacidad para hacerlo y solo algunos maestros espirituales han conseguido mantenerlo activo. Sin embargo, gracias a la meditación constante podemos vislumbrar algunos de sus beneficios, como una sensación de claridad y de unión con todo lo que somos.

Se dice que cuando llegas a abrir este chakra tienes la sensación de haber despertado de un largo sueño y de estar por fin conectado a la realidad. Dejas de ser un objeto aislado para convertirte en la parte del todo que siempre has sido. Tu yo universal.

Para trabajar este chakra debemos, en primer lugar, abrazar la certeza de que hay algo más allá de nosotras. Llámalo como quieras: universo, Dios, energía universal... elige el nombre que quieras pero conecta con ello. Es necesario tener esta certeza, esa verdadera fe. Sin fe se hace realmente complicado avanzar espiritualmente, así que este principio es básico. Y, partiendo de esta base, cuando sabemos que somos simplemente una gota en el océano, esa idea rebaja nuestro ego y nos ayuda a conectar con todo lo demás como si se tratara también de nosotras mismas.

Los mejores trabajos para conectar y abrir Sahaswara son la meditación, el rezo y el servicio a los demás. Elige un proyecto, una fundación, una ONG o a alguien de tu comunidad a quien le pueda ser útil tu ayuda y comienza desde aquí tu camino hacia la conexión espiritual.

Mensaje de Sahaswara: No estás sola. Todo lo que es, está dentro de ti.

Cabello

CUERO CABELLUDO SECO O DESHIDRATADO

Picor, descamación, rojeces... Estos síntomas son bastante molestos y a veces se intensifican mucho en los meses más fríos. ¿Por qué me pasa esto? Entre las causas más comunes de un cuero cabelludo seco se encuentran factores como el estrés, los cambios hormonales, una mala alimentación, la contaminación ambiental e incluso determinados productos capilares con siliconas y parabenos que obstruyen la correcta excreción del cuero cabelludo. Cuando esto sucede, se producen pequeñas inflamaciones en el tejido cutáneo. Estas inflamaciones no son más que la respuesta de nuestras células intentando repararse. La humedad y la hidratación naturales de la raíz descienden y sientes picores y descamación y aparecen las rojeces. En consecuencia, la prioridad número uno es devolver la hidratación perdida a la piel de nuestro cuero cabelludo, y para hacerlo debemos comprender el proceso en el que se encuentra.

Cuando sentimos sequedad en el cuero cabelludo, lo más habitual es que comencemos con picores provocados por la propia piel al verse taponada por escamas de piel muerta. Cuando nos rascamos, vemos caer estas escamas y nos alarmamos porque no sabemos cómo solucionar este problema de manera efectiva. Muchas personas aplican directamente champús anticaspa para tratar de eliminar las molestas escamas que caen continuamente sobre nuestra ropa, pero esta solución no hace más que agravar el problema, ya que un champú de estas características está formulado para arrastrar la caspa, y con ello se lleva también la parte sana de nuestra piel. Si a lo anterior le añadimos que estamos tratando una piel ya seca y deshidratada, y que encima estamos arrastrando todo lo que produce, lo que nos queda es una piel descubierta, en carne viva, que no está preparada aún para responder adecuadamente por sí misma. Así que, para defenderse de este ataque, vuelve a producir más escamas que nosotras volvemos a rascar con productos que las eliminen, y así convertimos el problema en algo crónico.

¿Cuál crees que es la petición de tu piel en este momento? Si tu piel del cuerpo estuviera tan seca como la de un lagarto a pleno sol, si te estuvieras pelando a tiras literalmente, ¿qué le darías a tu piel para reestructurarla, aplicarías algún tipo de producto arrastrante que termine de arrancar todas esas pieles de una vez o, por el contrario, hidratarías tu piel en profundidad? Está claro que si te decides por esta segunda opción, sabrás que las pieles muertas, las que ya están sueltas o a punto de soltarse, no se van a recuperar. Sin embargo, a través de productos nutritivos vamos a fortalecer las capas que están debajo para que maduren pronto y puedan ocupar el lugar de las anteriores lo antes posible.

Es importante entender que cuando existe un proceso de envejecimiento celular prematuro, por ejemplo en casos de exposición prolongada al sol o en casos de descamación del cuero cabelludo, las células muertas deben mantener su proceso de eliminación sin que se vea forzado por nuestra parte. Una escama o un trozo de piel solo caerá cuando la capa que queda debajo está preparada para salir a la superficie. Lo mismo sucede con la costra en una herida. Una costra no cae hasta que no ha cicatrizado la superficie y, si se arranca la costra antes de tiempo, el sangrado aparecerá de nuevo, lo que producirá otra costra; y así hasta que se permita que la piel se regenere a su propio ritmo. Pues esto mismo es lo que sucede durante una descamación o sequedad extrema en el cuero cabelludo. A veces incluso nos hacemos nuevas costras por los rascados inconscientes cuando encontramos esas costras, y tendemos a arrancarlas sin pensar en todo este proceso que te he explicado anteriormente.

En resumen, cuando hay descamación necesitamos limpiar y nutrir, igual que si se tratara de una herida externa. Y esto lo podemos hacer con los baños de aceite para el cabello.

BAÑOS DE ACEITE PARA TRATAR LA DESCAMACIÓN

Este tratamiento se hace sobre el cabello sucio y seco, es decir, no necesitarás lavártelo para hacerte el baño de aceite. Lo mejor es calentar un poco de aceite de sésamo, jojoba, caléndula o almendras dulces en un recipiente al baño María. Yo pongo un poco de aceite en un recipiente de cristal o de cerámica (puede ser un vaso de los que utilizamos para chupitos de licor) y caliento agua en un tazón más grande. Después meto el recipiente más pequeño dentro del grande y así se calienta el aceite al baño María. A esta temperatura es más fácil que puedan penetrar sus propiedades a través de nuestra piel.

Comenzaremos a aplicarnos el aceite por toda la raíz del cabello, abriendo líneas paralelas por el cuero cabelludo y masajeando suavemente con las yemas de los dedos por toda la superficie. En aquellas zonas en las que notemos especial sensibilidad o pequeñas heridas, podemos pasar de manera más superficial para no hacernos daño y favorecer el ritmo natural.

Después de aplicarlo en todo el cuero cabelludo, te recomiendo un masaje suave por toda la cabeza de al menos diez minutos para asegurarte de extenderlo bien. Sobre todo, céntrate en estimular el riego sanguíneo ¡y en disfrutar del momento!

El aceite es un alimento maravilloso que tu cuero cabelludo recibirá encantado.

A la hora de lavarte el pelo, tanto si lo has dejado toda la noche como si solo lo has tenido el mínimo recomendado (que sería media hora), deberás lavarte simplemente con un champú suave de un pH similar al de la piel (5,5) y que no sea demasiado agresivo. A poder ser, que no contenga sulfatos ni parabenos en su composición y que sea de origen natural.

Lava bien el cabello, insistiendo mucho en las raíces, pero sin hacerte daño. Luego acláralo muy bien. Para evitar restos de aceite, haz un segundo lavado con el mismo champú y, de nuevo, insiste bien por todo el cuero cabelludo y cabello y aclara hasta que no quede ni rastro.

El pelo estará áspero y tirante después de este lavado, es así como debe quedar. Recuerda un dato super importante: después de un baño de aceite, si lo has aplicado también por medios y puntas, no será necesario utilizar acondicionador ni mascarilla. Notarás el cabello muy áspero mientras está húmedo, pero, a medida que lo seques, recuperará una textura suave, brillante y nutrida sin necesidad de añadir ningún otro producto. Si solo has aplicado el aceite en las raíces, puedes ayudarte con un poco de acondicionador o aplicando unas gotas de aceite seco sin aclarado después del lavado.

Si tu cabello es graso, este tratamiento le irá igual de bien y no provocará en absoluto más grasa en tu cabello, incluso casi me atrevería a decir lo contrario. El uso de aceites en nuestra piel y cabello muchas veces ayuda a estabilizar los niveles de producción de sebo. En el caso de tener el cabello seco o deshidratado, puedes aprovechar a aplicarte aceite también de medios a puntas con un masaje vigoroso que ayude a cerrar la cutícula y a nutrir en profundidad la fibra capilar.

Si sientes muchos picores, puedes añadir un par de gotas de aceite esencial de lavanda en la mezcla antes de aplicarlo en el cuero cabelludo, esto ayudará a que sientas la piel de tu cuero cabelludo más calmada.

Ante un cuero cabelludo y cabello muy secos, puede que el aceite se absorba demasiado rápido. En este caso no escatimes con la cantidad de aceite hasta asegurarte de que todo el cuero cabelludo queda impregnado. No es necesario que quede chorreando, pero sí bien empapado. Lo que puedes hacer es cubrir a continuación la cabeza con papel osmótico (papel film transparente) o con un gorro de ducha para mantener la humedad.

Puedes repetir este tratamiento una o dos veces a la semana hasta que consigas recuperar el equilibrio en el cuero cabelludo, algo que estoy segura de que sucederá muy pronto si sigues estas instrucciones. Lo más importante es que interiorices que los problemas del cuero cabelludo en esta época del año están directamente relacionados entre sí, y casi todos tienen que ver con Vata. Por lo que, la mayoría de las veces, un solo tratamiento es beneficioso para varios problemas distintos.

Los baños de aceite en el pelo proporcionan muchos beneficios a la fibra capilar y ayudan también en problemas de caída, debilidad del cuero cabelludo o sensibilidad. A su vez, aportan al cabello muchísima hidratación y fuerza. Independientemente de que tu pelo sea fino o grueso, aplica estos baños de aceite de vez en cuando y disfrutarás de un cabello sano y brillante con una cutícula fuerte y bien definida. Eso sí, recuerda que este tipo de baños se hacen con aceites puros, vegetales, de primera presión en frío y orgánicos. No son aceites secos, son aceites puros que irremediablemente mancharán tu cabello. Por eso es imprescindible lavarlo muy bien después de la aplicación, pero cuanto más tiempo puedas dejarlos en el cabello, mucho mejor.

NO TE PEINES

En nuestra cultura tenemos perfectamente asumido que debemos desenredarnos el cabello con peines, cepillos, etc. En seco, en mojado... cada cual tiene su hábito particular. Sin embargo, este hábito no es para nada saludable.

Te voy a poner un ejemplo sencillo: si tienes una cadena muy finita que se ha enredado, o una madeja de lana fina, tipo cachemir, que está totalmente enredada, ¿cómo quitas los nudos de estos dos materiales? Estoy segura de que no te planteas pasarles un peine o un cepillo con el fin de arrancar esos nudos, básicamente porque sabes que con esa solución lo que harás será romper la fibra de la lana o el metal del collar.

Pues con el cabello funciona exactamente del mismo modo. Cada uno de nuestros cabellos posee un tallo que está recubierto por unas células planas que se superponen entre sí y cuya función es protegerlo de los agentes externos. Esta cobertura es la cutícula. Cuando está sana, proporciona elasticidad y brillo al cabello, y también ayuda a que no tengamos nudos. Sin embargo, cuando se rompe, la cutícula presenta daños y esto hace que salgan a la superficie las fibras internas del cabello, que son como pelillos finos capaces de enredarse entre sí y producir nudos a lo largo de la longitud del cabello.

Cuando desenredamos el pelo con peines o cepillos, lo que hacemos es arrastrar desde la raíz hasta la punta los cabellos enredados a fin de acabar con los nudos que se forman a lo largo del camino. No obstante, lo que estamos haciendo en realidad es apretar esos nudos entre sí hasta que están tan cerrados que lo único que podemos hacer con ellos es tirar hasta romperlos. Esto provoca daños en la cutícula del cabello del mismo modo que ocurriría con una cuerda, una madeja de lana o un collar.

Si realmente queremos deshacer los nudos, basta con abrirlos con los dedos como si quisiéramos separarlos entre sí. De esta forma, se disuelven solos y sin necesidad de tirar de ellos.

Cuando rompemos los cabellos a base de tirones estamos provocando que, a la larga, cada vez haya más nudos en nuestro pelo. ¡Deja esta práctica atrás! Si aprendemos a desenredar correctamente el cabello, la cutícula se mantendrá intacta y esto hará no solo que los cabellos no se enreden entre sí, sino que, además, puedan crecer completamente desde la raíz hasta la punta sin partirse por el camino.

Un cabello sano es aquel que mantiene su densidad a lo largo de toda su longitud. A menudo, sobre todo en cabellos finos y débiles, nos encontramos con que la densidad de la raíz supera a la de medios y puntas. Son comunes las quejas sobre que el cabello no crece nunca, que cuando llega a cierta longitud, simplemente deja de crecer. Bien, lo cierto es que si analizamos la estructura de una melena con estas características, siempre me encuentro con que los cabellos están partidos a medio camino y solo unos cuantos consiguen llegar sanos hasta el final.

La mejor manera de desenredar el cabello sería, en primer lugar, no utilizar nunca ni cepillos ni peines en la ducha y, a ser posible, tampoco con el pelo húmedo. Cuando desenredamos el cabello ayudándonos de un acondicionador en la ducha, nos da la sensación de que no lo agredimos tanto. Sí que es cierto que el pelo es más elástico en ese momento, pero por eso mismo bastará con pasar los dedos sobre el cabello para quitar los nudos con cuidado y después aclarar. Si no hemos desenredado el pelo del todo en la ducha, no importa. No tiene mucho sentido desenredar el cabello con el acondicionador para después aclararlo y cubrirlo con una toalla para secarlo, lo que provoca que se enrede de nuevo, después volver a desenredarlo mojado para secarlo y desenredarlo otra vez cuando esté seco. Vamos a limitar el hábito de desenredar el pelo a solo una vez, y lo mejor es hacerlo cuando esté seco del todo, que es cuando el cabello está más fuerte.

Así que el proceso sería el siguiente: nos lavamos el cabello y lo acondicionamos si es necesario, pero sin desenredarlo, simplemente pasamos un poco los dedos sobre el cabello con el fin de que el acondicionador penetre por toda la superficie de medios a puntas. Aclaramos y secamos con una toalla y, a continuación, siempre que tengamos un cabello largo, es aconsejable aplicar unas gotas de aceite seco. Estos aceites tienen una composición más ligera que los aceites convencionales gracias a su formulación a base de siliconas vegetales volátiles, alcohol o aceites esenciales, que ayudan a que el aceite no se quede impregnado en el cabello y el efecto no sea tan pringoso. Por eso este tipo de productos son muy recomendables para utilizarlos con el cabello limpio, ya que no ensucian el pelo pero sí le aportan algo esencial: elasticidad. Además, este tipo de fórmulas no aportan peso y no manchan el cabello, al contrario, normalmente consiguen un mayor movimiento, elasticidad, brillo y volumen.

Para aplicar estos aceites basta con echar unas gotas sobre las palmas de las manos y frotarlas entre sí para aportar algo de temperatura al producto. Luego podemos echar el aceite por toda la longitud del cabello, de medios a puntas y de arriba abajo, pasando las palmas de las manos como si quisiésemos masajear la cutícula del cabello.

Si lo vas a dejar secar al aire, puedes ayudarte de los dedos e ir desenredando con cuidado los nudos, tratando de abrirlos y separarlos entre sí, sin tirar de ellos hacia abajo. Por muy cerrado que esté un nudo, si vas abriéndolo poco a poco con los dedos, verás cómo se desenreda solo y muy fácilmente.

Si vas a secarlo con el secador, hazlo de principio a fin sin cepillos ni peines, únicamente utiliza tus manos, y no trates de desenredar el pelo antes. Solo con el aire del secador y pasando tus manos por el cabello, verás cómo desaparecen el 90 % de los nudos que encuentres. Si al terminar te queda algún nudo, entonces puedes desenredarlo como te expliqué antes, simplemente separando los cabellos entre sí con los dedos.

La manera correcta de utilizar cepillos o peines es haciéndolo para lo que realmente están diseñados, es decir, para aportar brillo, lustre y volumen, pero en ningún momento se deben utilizar para desenredar el pelo. Únicamente cuando ya no queden nudos en el pelo, podemos plantearnos cepillarlo o peinarlo para darle más consistencia o forma.

CAÍDA ESTACIONAL

Normalmente solemos asociar la caída a los meses de otoño, sin embargo, muchas personas sufren de caída en otros momentos durante el año. A mí me gusta contarles a mis clientas esta comparación que, como siempre, extraigo de la maestra más sabia: la naturaleza. En ella podemos observar que existen dos tipos de árboles: los hay de hoja caduca y de hoja perenne. Los árboles de hoja caduca pierden sus hojas en una temporada concreta y vuelven a repoblarse de nuevo en primavera, mientras que los árboles de hoja perenne las van perdiendo a lo largo del año y su ciclo de repoblación es constante. A nosotros, los humanos, nos ocurre lo mismo, algunos somos de caída y repoblación constante y otros perdemos mucho cabello en una estación en concreto.

Es importante entender que el cabello tiene que caerse y que es una fase de regeneración totalmente natural. Se supone que al día perdemos aproximadamente unos cien cabellos. Cada cabello tiene un ciclo de vida aproximado de cinco a ocho años y, después de ese tiempo, debe reemplazarse por uno nuevo. Así es como funciona y así es como debemos entenderlo, como un proceso totalmente natural. Cuando estamos en un momento de caída el cabello se cae todo al mismo tiempo y eso nos asusta mucho, sentimos inseguridad y dudas, ya que nos da miedo no volver a recuperar todo ese cabello y en las mismas condiciones. Es recomendable mantener la calma, no estresarnos por el hecho de que estemos sufriendo caída y conectar con el ciclo natural que impone nuestra naturaleza. Piensa que estamos reciclando. Así que cada día, cuando te peines y veas todos esos cabellos caer, simplemente agradece tu proceso de limpieza y piensa en todo el nuevo cabello sano y fuerte que vas a producir.

Este ritmo natural, obviamente, se puede ver alterado por varios motivos externos como la alimentación, el estrés, etc. En momentos de equilibrio, donde nuestra naturaleza se expresa tal y como es, todas nosotras perdemos cabello de una u otra forma. Y, como he dicho al principio, aunque la temporada de caída es principalmente el otoño, a veces sucede que esta caída se retrasa y aparece entrado el invierno o que se alarga y ocupa más tiempo del que teníamos previsto. En ambos casos, si hemos llegado hasta aquí con este problema a cuestas, deberíamos hacernos la siguiente pregunta: ¿desde cuándo se me está cayendo el pelo? Si ha comenzado en otoño y aún continúa, no tenemos que alarmarnos hasta que llevemos más de seis meses de caída constante. En el caso de haber superado este tiempo, entonces es el momento de contactar con algún especialista para comenzar a investigar a qué se debe una caída tan prolongada. Si somos de los que se nos cae el cabello durante todo el año y tenemos temporadas en las que se cae un poco más abundantemente, lo primero que tenemos que hacer es revisar el nacimiento del cabello. Las personas que tienen una caída constante también cuentan con un crecimiento constante de cabellos nuevos, por lo que, si te fijas en tu raíz, especialmente en la zona de las entradas, donde es más fácil ver los pelitos nuevos, podrás observar si hay crecimiento. Si tu cabello está creciendo con normalidad, no debes preocuparte, puedes seguir con tu vida de manera habitual sin descuidar tu alimentación y tus hábitos para promover un perfecto equilibrio a este nivel. A veces también funciona la ayuda de algún complemento alimenticio rico en sustancias activas que promuevan el crecimiento del cabello un par de veces al año. A mí me gusta recomendar este tipo de complementos en los cambios de estación, momentos en los que nuestro cuerpo se está adaptando a cambios generales y está mucho más receptivo también para recibirlos. Consulta con tu médico para saber cuáles son los más adecuados para ti.

Si nuestra caída ha comenzado ya entrada la temporada de invierno, esto tampoco supone un problema. Muchas veces, debido a nuestros propios ritmos, a estar sometidos a horarios irregulares, a los constantes viajes en avión e incluso al propio cambio climático, el calendario de este tipo de ciclos se ve inevitablemente afectado. En este caso, compórtate igual que si se te estuviera cayendo en otoño. Usa un champú adecuado y algún complemento de vitaminas para acelerar el proceso y ayudar con la renovación; será suficiente. Eso sí, recuerda que los ciclos no son los mismos para todo el mundo y que podemos encontrarnos en un proceso de caída en cualquier estación del año. Lo importante es saber si es una caída temporal o si, por el contrario, se trata de algo que haya que examinar un poco más a fondo. Esto nos lo va a marcar el tiempo.

¿Qué debemos hacer durante la caída del cabello? Pon atención en los productos que consumes, no porque vaya a ser perjudicial, sino porque a veces compramos creyendo que va a ocurrir un milagro y no funciona así. Si siempre has tenido un cabello fino, seguirá siendo así con o sin caída y, cuando recuperes el nuevo cabello, tendrá las mismas características que ha tenido siempre. En periodos de caída, los champús llamados «anticaída» no consiguen frenar la caída. Lo que hacen, primordialmente, es limpiar en profundidad, aportando una sensación de frescor en el cuero cabelludo que ayuda a activar el riego sanguíneo y a preparar el poro en toda la zona para recibir el tratamiento o los productos que queramos aplicar a continuación. Es decir, este tipo de champús funcionan como despertadores, sacan del letargo a nuestro cuero cabelludo y lo activan. Sí, esto es estupendo si queremos aplicar a continuación ampollas o preparados con vitaminas, pero no significa que estos champús frenen la caída del cabello. En cuanto a los productos que aplicamos a continuación, independientemente del formato, dependen mucho del tipo de caída que estemos tratando. Si buscamos algo para tratar la caída natural del cabello en una época concreta, estos productos habitualmente están formulados para alimentar el bulbo piloso. Es como si estuviéramos abonando el terreno, cultivando allí donde ha caído el viejo cabello para que el nuevo crezca con todas las vitaminas y nutrientes necesarios. Es un abono en toda regla y no, en este caso tampoco vamos a frenar la caída natural. Todo lo que vamos a conseguir es acelerarla para que esos poros se queden disponibles cuanto antes y así comenzar a alimentarlos.

Cuando la caída del cabello pasa a ser algo preocupante, normalmente no basta con visitar a nuestro médico de cabecera y realizar unos análisis rutinarios. Lo mejor en estos casos es recurrir a un dermatólogo tricólogo. Médicos especializados en alopecia que, a través de un examen más exhaustivo y concreto en cada caso particular, serán quienes indiquen qué tipo de tratamiento debemos seguir en cada caso. Es muy importante que entendamos la importancia de acudir a un especialista en este caso, ya que los médicos de cabecera no cuentan con los aparatos necesarios para realizar un diagnóstico adecuado y la consulta y prevención de alopecias más severas son imprescindibles a fin de encontrar soluciones a medio y largo plazo. Solemos atribuir la condición de milagrosos a muchos cosméticos que no hacen otra cosa que convencernos a través de campañas de marketing y, en mi opinión, ni todos los cosméticos funcionan igual para todo el mundo ni todos los casos de alopecia deben ser tratados del mismo modo. En conclusión, si sientes que tu caída ha pasado a ser algo preocupante, no te conformes con un análisis genérico y el uso de cosmética recomendada por tu peluquero de confianza. Acude a un especialista y que sea él quien te explique en qué momento te encuentras y cuál es la mejor solución para ti.

RITUALES DE OTOÑO

Empecé a escribir diarios cuando era muy joven. Como casi todas las cosas a esas edades, no lo haces con ningún fin en concreto, simplemente un día cayó un diario en mis manos y ahí comenzó algo que se ha convertido en una rutina totalmente indispensable para mí, aunque no siempre haya sido constante o estable. A lo largo de los años he pasado por etapas de escribir mucho y por otras de no escribir nada, pero, sin lugar a dudas, la escritura ha sido, casi sin saberlo, la manera de meditar más constante y poderosa a lo largo de toda mi vida.

Meditación escrita. *Morning pages*

Hace ya muchos muchos años, en un momento en el que me estaba planteando mi futuro profesional, cayó en mis manos un libro que cambió para siempre la manera en la que me tomaba la escritura. Ese libro era *The Artist Way* (en español, *El camino del artista*), de Julia Cameron. Sus páginas fueron para mí un camino hacia el autodescubrimiento que cambiaron mi vida a pesar de mi juventud por aquel entonces.

Este libro es una especie de un cuaderno de ejercicios que debes completar en tres meses, y en el momento me pareció muy interesante. ¿Por qué te cuento esto? Pues porque uno de los ejercicios fundamentales para hacer el camino del artista es la escritura mañanera. Lo que Julia Cameron bautizó como *Morning Pages.*

Cuando comencé a leer ese libro yo ya tenía escritos muchos diarios personales y a lo largo de los años me había encontrado con pensamientos del tipo: «¿Para qué voy a escribir hoy si no tengo nada interesante que contar?».

Gracias a las *Morning Pages* de Julia Cameron comprendí que la escritura como terapia no entiende de contenido, no importa lo que escribas en esas páginas, lo importante es que lo hagas. Lo esencial es que escribas cada día tres folios de lo que sea. No sabes lo liberador que resulta este ejercicio en el día a día. Se trata de escribir nada más levantarte por la mañana, casi antes de abrir los ojos y simplemente dejándote llevar. Dejando que tu mano escriba cualquier cosa, incluido el «hoy no tengo ganas de escribir, estoy cansada, de mal humor y no se me ocurre nada más que poner por aquí». Hasta eso, que parece algo sin sentido, es una puerta a tu subconsciente que te sorprenderá enormemente. A lo largo de los años escribiendo *morning pages*, jamás he dejado ni uno de esos tres folios sin cubrir. Más bien lo que me suele ocurrir es que me quedo sin espacio. Y esto no significa que esté escribiendo nada de valor, al contrario, la mayoría de las veces lo único que hago es liberar mi mente de porquería, de cosas que ya no sirven, que no deben estar ahí ocupando un espacio precioso.

Suena un poco mal, pero para mí la escritura de la mañana es un poco como ir al baño recién levantada. Eliminar, soltar, liberar.

Es cierto que con los años he dejado de hacerlo a diario, pero sigo utilizándolo como una fórmula precisa y preciosa de meditar. La escritura como meditación no deja tu mente en blanco, pero sí la deja mucho más ligera para cuando quieras meditar sentada y en silencio.

En mi caso, no utilizo un cuaderno para esto, aunque lo puedes hacer si a ti te resulta mejor así. Yo lo que hago es usar folios sueltos que después tiro a la basura. Eso sí, es importante escribir a mano. Es muchísimo más potente cuando escribimos de puño y letra en este tipo de ejercicios. Además, el hecho de tirarlo después forma parte del trabajo, porque me ayuda a recordar que nada es permanente, que las emociones, las ideas, las necesidades, los sueños, las obligaciones… todo está siempre en constante movimiento, cambian de forma, cambian de sentido, van y vienen, y por eso, no debemos tomárnoslas tan en serio.

Además, me recuerda que, por mucho que limpiemos la mente de pensamientos que ya no necesitamos, esta nunca se queda vacía del todo. Simplemente aparecen pensamientos nuevos, se recicla, se nutre de nuevas experiencias… Es una manera de mantener activa nuestra creatividad y de recordar que es un flujo constante e ilimitado, por más que la utilicemos, no nos quedaremos sin ella; casi sucede al contrario, cuando no la utilizamos se bloquea y se estanca.

Por eso te recomiendo este maravilloso ejercicio de limpieza y oxigenación mental. Haz la prueba, sin exigencias, solo cuando de verdad te sientas con ganas, y verás lo liberador que resulta expulsar el polvo acumulado de tu mente. Saldrán viejas ideas y creencias que ni siquiera sabías que estaban ahí, como cuando limpiamos un cajón que hace mucho que no abrimos. Es un détox mental en toda regla y mucho más sano que abrir el móvil en cuanto suena el despertador, ¿no crees?

Pranayama

¿Alguna vez te has sentido tan alterada que no sabías cómo relajarte o bajar el nivel de estrés y, de repente, una voz interior te dice: «Respira, respira»? No solemos valorar el poder que tiene la respiración en nuestro organismo y cómo es capaz de transformar nuestras emociones en pocos segundos.

RESPIRACIÓN NADI SODHANA

A través de sencillos ejercicios de respiración podemos aprender a relajarnos, concentrarnos, adquirir un mayor aporte de energía o diluir nuestros pensamientos. En mi opinión, Nadi Sodhana es una práctica maravillosa y muy didáctica, porque a través de su práctica puedes notar perfectamente cómo se nutren y purifican todas las partes del cuerpo. Actúa a modo de lavadora, ya que el aire circula entrando por una fosa nasal y saliendo por la otra y después en dirección contraria. Esto te da mucha información sobre cómo está tu cuerpo, ya que puedes notar más cerrado o atascado un lado que el otro y también algunas zonas del cuerpo más obstruidas. Observa y trata de hacer este ejercicio con el fin de equilibrar ambos lados del cuerpo.

Entre los beneficios que aporta Nadi Sodhana están los siguientes:

- Ayuda a despejar bloqueos emocionales y toxinas.
- Calma el sistema nervioso y ayuda a armonizar los hemisferios izquierdo y derecho del cerebro.
- Disminuye la frecuencia cardiaca.
- Reduce el estrés y la ansiedad.
- Si lo realizas antes de tu práctica de yoga, te ayudará a focalizar la atención y a silenciar la mente.

Pasos a seguir:

1. Para realizar este ejercicio de respiración, siéntate cómodamente con la espalda recta. Tu mano izquierda descansará en la rodilla mientras colocas los dedos índice y corazón de la otra mano en medio de la frente. Pon los dedos meñique y pulgar a ambos lados de los agujeros de la nariz.
2. Primero respira tranquilamente por ambos agujeros durante unos segundos, hasta que tu respiración sea pausada y regular.
3. A continuación, cierra suavemente la fosa nasal derecha con el pulgar. Inhala por la fosa nasal izquierda, luego cierra con el dedo anular la fosa izquierda y exhala por la derecha hasta expulsar todo el aire.
4. Mantén la fosa nasal derecha abierta, inhala, ciérrala y abre y exhala totalmente por la izquierda, y así sucesivamente. Esto es un ciclo.
5. Repítelo de 3 a 5 veces y, cuando estés lista, baja la mano a la rodilla y descansa respirando normalmente. Una vez habituada a este ejercicio, puedes ampliar el número de repeticiones.
6. Puedes hacer un segundo ciclo manteniendo la respiración en cada inhalación y en cada exhalación por 3 segundos. Es decir; inhalar por la fosa nasal derecha, mantener las respiración contando hasta 3 exhalar por la izquierda y mantiener contando hasta 3. Inhalar por la inzquierda, mantiener contando...

Cinco posturas de yoga para el otoño

El otoño nos trae cambios a los que también nuestro cuerpo necesita habituarse. Te propongo cinco posturas para esta estación que te ayudarán a fortalecer y a oxigenar la parte alta, la zona de los pulmones, ya que, habitualmente, con los primeros días de frío es fácil coger resfriados y sentir una mayor debilidad en estas zonas del cuerpo. También prestaremos atención al sistema inmune en general y realizaremos algunas posturas de torsión que nos ayuden a limpiar y tonificar el intestino grueso y a eliminar los residuos acumulados durante el verano.

Estas son cinco de mis posturas favoritas para esta temporada, puedes comenzar practicando solo una de ellas e ir aumentando a medida que te vas adaptando o, si ya practicas, simplemente puedes incorporarlas a tu rutina.

SAMASTHITI

Es una postura de pie que parte de Tadasana, la más elemental y una de las posturas más utilizadas para comenzar la práctica de yoga. De hecho, la única diferencia entre esta postura y la clásica postura de pie Tadasana son los brazos. En Tadasana los brazos están estirados y colocados a ambos lados del cuerpo, con las palmas de las manos hacia delante y los dedos abiertos entre sí. En Samasthiti los unimos en el centro del pecho. En esta secuencia de asanas he querido comenzar con Samasthiti para pasar después a la siguiente postura, una de mis preferidas.

Samasthiti parece muy básica, sin embargo, resulta fundamental para mantener una postura correcta cuando estamos de pie.

A menudo adoptamos posturas incorrectas de manera inconsciente: uno de los pies soporta más peso que otro, giramos ligeramente los tobillos hacia dentro o hacia fuera... Estos malos hábitos son perceptibles si nos fijamos en la suela de nuestros zapatos.

Aprender a pisar correctamente nos ayuda a controlar y a distribuir el centro de gravedad, tanto en las piernas y caderas como en el tronco, y nos aporta ligereza tanto de mente como de cuerpo.

Aprender a colocarnos correctamente en una postura de pie y de forma consciente puede producir beneficios importantes a nuestra columna, a nuestros órganos internos y también mejora muchísimo nuestra posición.

Para realizar Samasthiti correctamente, sigue estas instrucciones:

1. Colócate de pie, erguida y con los pies juntos o ligeramente separados, pero con los dedos gordos de ambos pies en contacto.
2. Abre totalmente con toda tu capacidad los dedos de los pies y presiona firmemente el suelo con ellos bien estirados.
3. Los tobillos deben activarse de manera que tiren hacia arriba, activando al mismo tiempo los puentes de la planta del pie separándolos del suelo.
4. Las dos rodillas están en línea con los pies.
5. Los muslos están ligeramente activados hacia arriba y un poco hacia dentro.
6. Activamos también toda la zona pélvica presionando el vientre hacia dentro y hacia arriba.
7. Caderas fuertes y sacro ligeramente hacia delante.
8. Abdomen activo y costillas hacia dentro, tratando de alargar la cintura.
9. Los omoplatos intentan juntarse tirando de los hombros hacia atrás y sin disparar el pecho hacia delante.
10. La barbilla se mantiene paralela al suelo.
11. Alargamos un poco los cervicales.
12. Colocamos los brazos hacia el pecho juntando las manos en medio de este con los dedos abiertos y los dos pulgares tocando ligeramente el centro del pecho.

Mientras, los codos están separados del tronco creando una línea recta con los antebrazos particulares al suelo.

Estos son algunos de los beneficios que recibimos de esta postura:

- Nos hace tomar consciencia de una pisada correcta a través de la colocación consciente de toda la planta del pie.
- Mejora la posición del tronco manteniendo el estómago, el vientre y los hombros bien situados.
- Produce bienestar en la columna vertebral.
- Ayuda a mantener un buen equilibrio en el centro de gravedad.
- Fortalece los músculos de nuestras piernas, tobillos y plantas de los pies gracias a la activación de toda la musculatura.

UTTANASANA

Esta es una postura de flexión hacia delante que fortalece y activa enormemente las piernas y la columna vertebral. Es curioso, suele pasar que cuando alguien comienza a practicar esta postura trata de tocar el suelo con las manos tirando mucho de los brazos hacia abajo. Sin embargo, esa es la peor manera de hacerlo.

Para realizar la postura correctamente, sigue estas instrucciones:

1. Comenzamos desde Namasthiti, inclinándonos hacia delante con las piernas aún fuertes y activas y separando ligeramente los pies entre sí, manteniéndolos paralelos al suelo. Mientras bajamos con la espalda recta, estamos expirando. Una vez llegados al tope de nuestra capacidad, podemos relajar la espalda.
2. Mantén las manos pegadas al pecho para evitar tirar de los brazos hacia abajo.
3. Debes tratar de pegar el tronco a los muslos, ese es el fin. Si no llegas, dobla un poco las rodillas para sentir el efecto de la postura mientras bajas los brazos al suelo, tratando de colocar las manos en la esterilla. Apoya la mano completa o toca la esterilla con la punta de los dedos. Si no llegas, cruza los antebrazos agarrando el codo contrario con cada mano y dejando la cabeza colgando en medio siempre ligera y sin tensión.
4. Para sentir la postura debes tirar de la cadera hacia atrás y, al mismo tiempo, subir los isquiones hacia el techo. Cuando inspires, procura recolocarte en la postura y en la expiración. Trata de estirar las rodillas hacia atrás un poco más

cada vez y de alargar la espalda, manteniéndola relajada y pegando cada vez más el tronco a las piernas.

5. Para salir de la postura, hazlo con una inspiración mientras levantas de nuevo el tronco con la espalda recta hasta llegar a la posición de pie.

Te cuento algunos de sus beneficios:

- Es una postura magnífica para alargar la columna y la parte trasera de los muslos, los músculos isquiotibiales.
- Es relajante, mucho. Una vez que aprendes a hacerla correctamente, resulta muy agradable y ayuda a calmar estados de ansiedad y estrés.
- Es también una postura que estimula los órganos internos y mejora la digestión. Al presionar el torso contra los muslos, trabajamos mucho a nivel interno toda la zona del aparato digestivo.
- Favorece la buena circulación de la sangre.
- Ayuda a paliar los efectos de la menopausia.

VIRABHADRASANA I, II, III. POSTURAS DEL GUERRERO

La postura del guerrero también es una de mis preferidas y se practica mucho en las clases de yoga. Al implicar prácticamente todo el cuerpo en sus diferentes versiones, resulta muy completa. Te cuento algunos de sus beneficios y después aprenderemos cómo ejecutar las diferentes versiones que se pueden aplicar consecutivamente:

- Son posturas en las que interviene todo el cuerpo, por lo que sirven para estirar la parte superior: espalda, pecho, hombros, cuello, brazos… y, al mismo tiempo, sirven para fortalecer las piernas y tener más resistencia.
- Ayuda a tonificar los músculos.
- Fortalece los glúteos.
- Nos ayuda a ganar equilibrio, estabilidad y coordinación.
- Aumenta la capacidad de concentración, también aumenta la capacidad pulmonar y aporta mucha vitalidad y fuerza al organismo.
- Produce sensación de autoestima y autoconfianza.

Para realizar las posturas correctamente, sigue estas instrucciones:

Virabhadrasana I

1. Comienza la postura de pie, colocándote en la parte delantera de la esterilla con los pies juntos. Pon el pie izquierdo perpendicular al derecho, pegando el puente al talón del pie derecho por detrás. Desde ahí, desplaza el pie izquierdo hacia atrás todo lo que puedas, formando un triángulo con tus piernas y dobla la rodilla derecha, formando un ángulo recto con el tobillo, la rodilla y el muslo. La rodilla derecha no debe quedar por delante del tobillo, es importante mantenerla en línea con este. El pie izquierdo está completamente apoyado en el suelo con la pierna totalmente estirada y muy activa, repartiendo el peso sobre ambas piernas con un claro propósito de mantener el centro de gravedad en el tronco.
2. La cabeza mira hacia delante, igual que las caderas y el tronco.
3. Los brazos están estirados hacia arriba, paralelos entre sí.
4. Separamos los hombros de las orejas tirando de ellos ligeramente hacia abajo.
5. Mantén el abdomen activo en todo momento y la pelvis bien sujeta tirando hacia arriba.
6. Aguanta la postura durante algunas respiraciones.
7. En la inhalación, trata de recolocarte y de no perder la tensión necesaria en cada parte del cuerpo. En la exhalación siente la postura, relaja la mente y suelta allá donde estés forzando de más.
8. Repite la postura con la pierna contraria.

Virabhadrasana II

1. Para realizar esta variante puedes partir desde Virabhadrasana I, pero comenzando con la pierna contraria. Sigue las mismas instrucciones, pero cambiando de pierna.
2. Lo único que vamos a modificar en esta variante son los brazos que, en vez de estar hacia arriba, estarán dispuestos en jarra, con las manos en las caderas. Con los brazos en esta posición, podrás poner toda tu atención en la correcta colocación de las piernas antes de continuar con los brazos. Haz un par de respiraciones completas aquí antes de continuar.
3. Ahora abre los brazos en cruz, estirados, firmes, con los dedos totalmente extendidos.
4. La cabeza va siempre en la dirección de la pierna doblada, hacia delante y manteniendo la barbilla paralela al suelo.
5. Realiza la postura con la pierna contraria.

Virabhadrasana III

En esta variante entra también en juego el equilibrio y la fuerza en las piernas es fundamental. Se trabaja mucho la tonificación de los muslos y es muy gratificante.

1. Para empezar, puedes hacerlo igual que en Virabhadrasana I, de nuevo con la pierna derecha al frente y las manos en las caderas.
2. Ahora tendrás que pasar todo el peso del cuerpo a la pierna flexionada, en este caso estamos comenzando con la derecha y, poco a poco, concentrándote en tu equilibrio, irás despegando el pie izquierdo del suelo manteniendo la pierna izquierda muy activa y estirada mientras bajas el tronco paralelo al suelo, también con la espalda completamente estirada y el tronco activo.
3. Una vez que estés en equilibrio, la pierna de atrás paralela al suelo o hasta donde seas capaz de levantarla, debes también llevar tus brazos hacia delante paralelos al suelo y paralelos entre sí, por delante de tu cabeza y formando una línea recta con brazos, tronco y pierna en suspensión.
4. Para salir de la postura, ve bajando la pierna y subiendo el tronco y los brazos hacia arriba hasta terminar de pie. Después, con una expiración, baja los brazos a ambos lados y repite la postura con la otra pierna.

En todas las posturas de yoga se trata de trabajar diferentes partes del cuerpo que se van modificando y adaptando a través de la propia práctica, con tiempo y amor. Pero hay que evitar el sobreesfuerzo, ya que, cuando ocurre, dejamos de respirar con fluidez y, cuando perdemos la respiración en la postura, dejamos de hacer yoga y la postura se convierte en otra cosa. Por eso es importante conocer y respetar las limitaciones de nuestro propio cuerpo, no por hacer la postura más bonita estamos disfrutando de sus beneficios.

ENTORNO

Preparar con antelación la forma en la que quieres vivir tus días es una manera de agradecer la propia vida. Igual que cuando preparas una fiesta: avisas a todos los invitados y cuidas de cada detalle para que todo salga perfecto. Del mismo modo, cada uno de tus días son un regalo, así que trátalos como si fueran el último día de tu vida. Piensa qué harías si solo te quedaran unos meses, unas semanas... Lo cierto es que a veces pasamos por los días a trompicones y, sin darnos ni cuenta, nos plantamos en la semana siguiente y no hemos saboreado más que unos pocos segundos de todo ese tiempo.

Programar con antelación tu tiempo te dará la oportunidad de sacarle mucho más jugo a tu vida, a tus horas y a tus días, y te dará también la oportunidad de valorar mucho más tu tiempo libre, de aprovechar mejor tus horas de trabajo, tus días en familia, tus momentos con tus amigos o tus vacaciones.

Pintar el lienzo

Hacer listas supone un ejercicio necesario para mi salud mental, me ayuda a poner en orden mi agenda, a varios niveles, desde las cenas, comidas y desayunos de los que vamos a disfrutar la próxima semana, hasta los pequeños placeres de los que podré beneficiarme; pasando por las obligaciones o disciplinas que me impongo a mí misma para que todo funcione con normalidad. Sin embargo, las listas de otoño tienen un valor especial, ya que simbolizan de alguna manera cómo quiero vivir mi año en todos estos aspectos, y es que mi año a nivel organizativo comienza aquí.

Una de las listas que más me gusta hacer es esa que se llama «Por mí y para mí». En ella separo aquellas cosas que hago únicamente para mí, añado hobbies y caprichos, momentos y ciertas licencias que me hacen sentir bien. También anoto aquellas que hago por mí, cosas que me ayudan a mantenerme bien, que me alimentan tanto física como mental y emocionalmente y que me hacen estar más creativa, más sana y más conectada con mi naturaleza.

Te dejo varios ejemplos que podrían ayudarte a crear tu lista personalizada de por mí y para mí. La diferencia principal entre los por mí y para mí es que los para mí son regalos, licencias, cosas que salen solas y que no implican ningún tipo de esfuerzo por tu parte. Los por mí, sin embargo, sí necesitan un poco más de apoyo. Son esas cosas que sabes que, si las empiezas, pueden llevarte a lugares inesperados, pueden ayudarte a crecer, a ser mejor, a sentirte mejor, a modificar tu realidad. Pero ambas partes son fundamentales y se apoyan la una en la otra para tener un equilibrio que no suponga solo exigencia o solo placer y comodidad.

Este tipo de listados se hacen una sola vez al año y parten de una idea general que después se puede diseccionar en pequeñas partes repartidas en momentos puntuales de la semana.

Los por mí

Anota en esta lista todas aquellas cosas que necesitas para mantenerte bien, para crecer, evolucionar, alimentar cuerpo, mente y espíritu y, sobre todo, para respetar quién eres en esencia y cultivarlo siempre que se te dé una oportunidad. Esta es la lista que te dará la energía suficiente para cuidar de tu entorno tanto como de ti misma.

Hazte con un cuaderno o una agenda bonita y comienza.

Este tipo de listas es mejor escribirlas a mano, aunque luego la pases a cualquier lugar de tu ordenador, iPad, móvil, etc. Intenta que esté disponible para consultarla siempre que quieras, nunca sabes cuándo te va a llegar la inspiración y así podrás escribirla en cuanto aparezca. Yo, aparte de mi cuaderno, también tengo una nota fija en el móvil que voy rellenando y que luego paso al cuaderno. A veces resulta más fácil así, pero lo más adecuado es escribirla de puño y letra, aunque sea al final del día, ya que esta sencilla acción hará que tu cerebro pueda procesar la información mucho mejor.

Si aún no tienes una agenda, este es el mejor momento para adquirir una. Septiembre y octubre son los meses perfectos para ello porque, además, te encontrarás con un millón de opciones. Eso sí, te aconsejo que la elijas tú, que tenga la estructura que mejor se adapte a tus necesidades y que, si lo prefieres, te hagas con un cuaderno en blanco que puedas diseñar a tu modo. Muchas de estas agendas tienen una parte donde puedes confeccionar listas por año, por meses, etc. Así que puedes preparar tu lista anual en las primeras páginas y después irás viendo cómo se va desarrollando cada una de las actividades a lo largo del año.

Ahora te voy a dejar un ejemplo de varias de las actividades en las que yo he estado trabajando a lo largo de los años y que quizás a ti te puedan servir de inspiración, aunque, por supuesto, esto no significa que tengas que anotar las que yo te ofrezco. Piensa siempre en acciones potencialmente buenas para ti, solo para ti y por ti. Eso es lo único importante a la hora de confeccionar tu propia lista.

Puedes comenzar escribiendo en tu nueva libreta algo así:

«Si pudiera parar el tiempo y pintar espacios en él, espacios solo para mí, espacios creados para generar progresos, pasos en mi camino personal... estos espacios serían...».

Escribir: el hecho de que comiences sería la idea o el objetivo general, ya que creo que te ayudará a conocerte mejor a ti misma. En mi caso, esta actividad ha ido mutando en muchas otras, por ejemplo, en un momento dado me propuse escribir un blog; algo que mantuve durante más de tres años. Otro de los retos fue escribir de madrugada. Y, por último, lo que nunca soñé que pasaría: escribir mi primer libro. Como ves, este es un claro ejemplo de cómo una actividad en la que pones la energía suficiente se va transformando y te lleva por caminos que nunca imaginas hasta que comienzas.

Otra actividad que en mi caso ha ido evolucionando maravillosamente, y aún sigo en ello, ha sido el yoga. Si ya estás familiarizada con el yoga o si es cualquier otro deporte el que practiques, ponte metas en él, focaliza en retos personales que te inspiren para seguir avanzando en tu práctica y después disecciónalos, bájalos a tierra en forma de pequeñas fases que puedas introducir en tu agenda. Por ejemplo, hacer un saludo al sol cada día, o probar una clase con un maestro especial un fin de semana, o regalarte un retiro de yoga.

Otra de mis actividades es la meditación. Tú también puedes incluirla en tu lista y visualizarla dentro de tu próximo año. Si aún no forma parte de tu rutina, te puedo asegurar que será uno de los mejores hábitos que le puedes regalar a tu vida. Simplemente incluye cinco minutos en tu día para esto y espera a ver qué sucede...

Comer consciente y cocinar consciente: este fue uno de mis propósitos hace algunos años. Comer de manera más consciente. Para ello comencé con un curso de *Mindfull Eating* que me hizo reflexionar sobre muchísimas cosas. El siguiente paso fue cocinar y consumir alimentos de manera más consciente. He pasado por cursos de cocina vegana y ayurvédica de los que he aprendido muchísimo y ahora estoy con el reto de hacer de la cocina un espacio donde desarrollar mi creatividad, algo que no he hecho jamás. Sé que si le pongo la energía suficiente, lograré convertirme en una cocinera decente. De momento, voy haciendo mis avances y eso que unos años atrás no pensaba que podría llegar hasta aquí.

Organizar los armarios y todo lo material que guardamos en casa al menos una vez por temporada es fundamental para limpiar y recapacitar sobre todo lo que acumulamos, así que te propongo que anotes también esta actividad si te parece útil. En otoño y primavera solemos hacer los grandes cambios de armario, pero realmente hacer una limpieza trimestral en casa, una especie de «mudanza interna», ayuda a liberar energía atascada y le da a nuestro hogar un aire nuevo y muy necesario. Es una terapia en toda regla. Puedes comenzar con la idea de realizar una organización general, bajarlo a organizar tu salón el próximo mes y a ordenar la estantería de los libros esta semana. Así, más o menos, se van dividiendo las diferentes ideas generales.

Los para mí

Los para mí son las cosas que harás a lo largo del año para celebrar la vida, pequeños caprichos o experiencias que te ayudarán a agradecer lo afortunada que eres, porque, si estás leyendo esto, si tienes la enorme oportunidad de poder dedicarte a pintar tu vida de esta manera, entonces no dudes ni un segundo de que eres una privilegiada, y eso siempre hay que celebrarlo, ¿no crees?

Los para mí son la manera de conectar con todo lo que en realidad te hace vibrar. Así, cuando tengas semanas de mucho estrés, será el momento de añadir alguno de estos regalos a tu agenda. Estos serán como tus empujones de energía a lo largo del año. Algunos ejemplos pueden ser los siguientes:

- **Viajar:** quizás leer esta palabra te lleve irremediablemente a pensar en viajes largos, para los que hace falta dinero, tiempo… Sin embargo, viajar es un concepto muy amplio y a veces basta con desaparecer un día de tu vida ordinaria y perderte en cualquier bosque; eso ya lo hemos visto juntas, ¿verdad? ¿Y no crees que eso es un viaje en toda regla? En la medida de tus posibilidades, tus recursos y tu tiempo, organízate escapadas a lo largo del año. Cuando salimos de nuestra rutina tenemos la oportunidad de ver nuestras vidas desde fuera y somos capaces de relativizar, de observar nuestra realidad desde otros ángulos, con otra perspectiva; de poner pequeños puntos de partida a lo largo de nuestra agenda o de soñar con un destino más grande e ir ahorrando y dando pequeños pasos hasta conseguirlo puede ser uno de los mejores alicientes.
- **Rituales de belleza:** un capricho *beauty* de vez en cuando es fundamental para nuestra autoestima. Puede ser desde la firme decisión de conocer ese lugar del que tanto me han hablado, de comprarme esa crema que tanto me gusta o regalarme este o aquel tratamiento de belleza que tanto necesito… Todo vale y ayudará a que te sientas motivada y con ganas de crear unos cuantos pequeños momentos a lo largo del año.
- **Paseos creativos:** un par de horas a solas contigo para visitar un museo, un artesano al que admires, leer un libro escondida en algún café peculiar o caminar por la ciudad sin rumbo fijo. Estos paseos creativos serían el objetivo principal y el resto son ejemplos de cómo alimentar este deseo primario.
- **Aprender a maquillarme:** puede ser con tutoriales, en una cita con tu maquilladora o simplemente practicando en casa con todos los productos que tienes y que siempre te ha dado miedo probar.

Aprender a bailar, definir mis grupos de amigas, preparar planes con ellas... la lista puede ser interminable. La única premisa es que dejes volar tu imaginación. Estas listas no están hechas para cumplirlas a rajatabla, nadie te va a juzgar si no lo haces. Estas listas son una manera de proyectar nuestro futuro, de formar parte de él, de tomar las riendas y comprender, en lo más profundo de nuestra alma, que podemos definir nuestra ruta, que podemos elegir el camino que queremos tomar, que, aunque haya cosas en la vida que no podemos modificar, cuando comienzas a tomar decisiones, cuando te permites soñar con aquellas cosas que quieres ver materializadas en tu vida, poco a poco, estas se van abriendo hueco, van encontrando la manera de hacerse realidad y, cuando eso pasa, toda tu vida comienza a cambiar, comienza a adaptarse, se moldea. Porque tu vida no es algo rígido, no es estática, sino que siempre está en movimiento y cambiando constantemente por todo lo que la toca, por cualquier cosa que la roza. Así que no des por sentado que las cosas son como son. No subestimes el poder de estas listas, date una oportunidad y comienza tu nuevo curso escolar dibujándolo tú misma, verás cómo será fácil sorprenderte.

Sadhanas

Llegados a este punto, no quisiera que las listas que acabas de hacer o de plantearte para tu nuevo curso se conviertan en una serie de obligaciones, proyectos y retos que debes cumplir, y mucho menos que las pongas en práctica con el único fin de llegar a un objetivo en concreto. Por eso te quiero hablar de un vocablo en sánscrito que se refiere a realizar cualquier acto cotidiano con plena atención en el presente y justo en el momento en que se esté realizando.

Este punto me parece importante, ya que es habitual que hagamos un montón de tareas cotidianas en modo automático, como hacer la cama, fregar los platos o contestar correos. Sin embargo, todas y cada una de estas tareas forman parte de una decisión primitiva que nos ha llevado a realizarlas de ese modo en concreto y a esas horas determinadas. La diferencia entre nosotros y el resto de los seres vivos es que los seres humanos tenemos la capacidad de decidir en qué queremos invertir nuestro tiempo y qué tipo de actividades queremos realizar. Cuando realizamos tareas en modo automático, estas no producen ningún efecto en nosotros. No obstante, la misma tarea realizada de manera más consciente, poniendo nuestra alma, nuestro corazón y nuestra voluntad en ella, se convertirá en una Sadhana; y esto significa que aquello en lo que ponemos nuestra energía, florece. La atención es energía y la energía conlleva fuerza, por lo que cualquier actividad que realicemos de manera consciente, tendrá una energía evolutiva en su interior y dará sus frutos de un modo mucho más efectivo que si enfocamos nuestra mente en un resultado final y nos olvidamos de disfrutar, celebrar y manifestar cada uno de los pequeños momentos en los que la estemos realizando.

Las listas de por mí y para mí son actividades programadas con el único fin de construir momentos cotidianos que puedan conectarte con tu verdadera esencia y, del mismo modo que has puesto toda tu atención en construir esas listas de actividades, debes comprometerte conscientemente a disfrutar de cada paso que des en el camino. Algunas de ellas pueden llevarte muy lejos y otras pueden mutar en cosas impensables, pero la magia solo ocurre cuando nos esforzamos en experimentarlas.

Otro ejemplo de Sadhana es cómo realizamos nuestro trabajo. A menudo nos dedicamos a nuestras respectivas profesiones porque algo de ellas nos atrajo, pero, a medida que pasan los años, las obligaciones cotidianas no siempre tienen que ver con eso que nos atraía o nos gustaba en un principio de nuestra profesión. Una Sadhana sería encontrar un momento de tu día en el que sí realizas una función o un aspecto de tu trabajo que te conecta con esa primera atracción y, cuando lo estés haciendo, recuérdalo. Recuerda por qué estás ahí, disfruta de ese momento, porque son esos momentos los que te dan la fuerza y la energía necesarias para desempeñar con gusto todo lo demás. Sadhana es aportar consciencia a nuestras actividades y recordar que la mayoría de ellas son fruto de nuestras propias elecciones.

En conclusión, el otoño es la estación de la reflexión. El momento en el que organizamos nuestra vida a todos los niveles y nos permitimos mirar hacia dentro para proteger lo verdaderamente importante, dejando a un lado lo más superficial. Para mí, el otoño es una nueva oportunidad para programar los próximos meses desde una perspectiva más creativa, consciente y esencial cada año.

DESPENSA *BEAUTY*

Beauty foods en otoño

En otoño, el cambio a alimentos más calientes se vuelve imprescindible para adaptar nuestro organismo a las nuevas temperaturas. Los alimentos poseen características y temperaturas propias, y por este motivo es esencial saber elegir cuáles son más apropiados dependiendo de la estación del año en la que nos encontremos. Para no complicarnos mucho la vida, a grandes rasgos bastará con abastecernos de aquellos alimentos locales que se dan de manera natural en cada estación y tomarlos, preferiblemente, cocinados en vez de crudos.

Los alimentos crudos tienen un efecto refrigerante en nuestro metabolismo, por eso una ensalada en verano puede resultar muy refrescante cuando estamos sometidos a altas temperaturas. Sin embargo, en otoño e invierno nuestro sistema digestivo agradecerá que le ayudemos con alimentos calentados previamente, o sea, con alimentos cocinados. De esta manera la digestión será más suave y ligera. Nuestro sistema digestivo necesita calentar previamente los alimentos digeridos para poder realizar el proceso de digestión adecuadamente.

Estos son algunos de los cambios que se pueden realizar a la llegada del otoño:

- En los desayunos, sustituir los zumos por preparados a base de cereales, como el mijo, la quinua, el trigo sarraceno o el arroz integral o semiintegral, mezclado con leche vegetal templada y frutos secos triturados.
- En las comidas y cenas, los vegetales a la plancha, al vapor o en forma de cremas y caldos.
- A media mañana o media tarde puedes hacerte preparados de frutas cocinadas, como por ejemplo compota de manzana o pera con un poco de canela y cardamomo o castañas asadas.

ALIMENTOS DE OTOÑO

Espárragos, remolacha, col, lombarda, coliflor, zanahoria, cilantro, pepino, rábano, judía verde, puerro, batata, calabaza, calabacín... Las opciones son muchas y los platos que podemos cocinar con estas verduras y hortalizas son infinitos y muy sabrosos. Estos son algunos de ellos y las propiedades que nos ofrecen.

Calabaza

Uno de los alimentos más característicos del otoño y el símbolo de la noche de Halloween. Entre las muchas cualidades, podemos destacar que posee un 90 % de agua en su composición, además de muy pocas calorías e hidratos de carbono. Tiene un alto contenido en minerales y vitaminas, como el ácido fólico, el potasio, el calcio, el magnesio, el hierro y el zinc. También posee un alto contenido en betacarotenos, lo que le otorga ese color naranja tan característico. Se puede cocinar de muchas maneras. En cremas está buenísima y es muy sencilla de preparar. Si tienes la oportunidad de cocinarla al horno con un poco de sal, pimienta y aceite de oliva, estoy segura de que te enamorarás de ella para siempre.

Lombarda

La lombarda es muy utilizada en nuestra cultura como plato navideño, sin embargo, es un alimento muy propio del otoño y sus características la convierten en una elección perfecta por la cantidad de beneficios que aporta. Tiene un alto contenido en antocianinas, las responsables del color morado tan característico de esta verdura, las antocianinas tienen propiedades muy buenas para la vista y su principal atributo es la protección de los capilares de la retina. También posee efectos diuréticos gracias a su alto contenido en potasio y compuestos azufrados, se utiliza mucho en dietas depurativas. Contiene un alto nivel de vitaminas, sobre todo vitamina C, un gran antioxidante y elemento imprescindible para nuestro sistema inmunológico. Es rica en fibra y ácido fólico, entre otras muchas propiedades interesantes. Se puede consumir de numerosas formas, pero una de las más sencillas es cocinarla al vapor hasta conseguir una consistencia al dente, ni muy blanda ni dura, y después freír un poco de ajo y pimentón en aceite de oliva y verter la mezcla sobre la lombarda.

Berenjena

Uno de los alimentos más comunes en nuestra dieta mediterránea y que, inevitablemente, debemos consumir cocinado. Debido a una de las sustancias que contiene, la solanina, consumir berenjena cruda puede resultar tóxico. Entre sus propiedades podemos destacar su altísimo contenido en agua, más de un 90 %. También aporta muchísima fibra y minerales, como el potasio, el calcio, el azufre y el hierro. Además de vitaminas del grupo B y C, aporta gran cantidad de sustancias antioxidantes, como el ácido clorogénico o los flavonoides, tiene muy pocas calorías y altas dosis de serotonina, perfecta a la hora de ayudarnos con nuestro estado de ánimo.

Existen millones de recetas para consumir la berenjena y, siempre que esté bien cocinada, resulta un acompañamiento exquisito, tanto al horno como en guisos. Es uno de esos alimentos consistentes que te apetece cocinar a fuego lento. En casa hacemos mucho pisto y la berenjena es siempre la protagonista.

Frutas de otoño

No podía dejar de mencionar algo maravilloso que nos trae el otoño: las castañas. En mi casa las asamos y nos las comemos calientes viendo una película en familia, y estoy segura de que esos momentos serán recordados por mis hijas como algo especial de su infancia.

Algunas de las propiedades de las castañas son la cantidad de fibra e hidratos de carbono saludables que contienen, además de un bajísimo contenido calórico. Son una fuente exquisita de minerales, entre los que destacan el fósforo, el calcio, el hierro, el zinc y el magnesio. Contienen vitaminas B1, B3, B6 y ácido fólico.

Nosotros las compramos frescas y nos gusta asarlas en casa. Lo que hacemos es elegir aquellas castañas que presentan un buen tamaño y se ven perfectas, brillantes y sin cortes. Ya en casa, les hacemos un corte antes de meterlas al horno, previamente calentado a 200 °C. Esperamos entre 15 y 20 minutos, o hasta que veamos que la corteza comienza a ponerse marrón y se separa del fruto. Resultan un *snack* riquísimo y muy apetecible en esta época del año.

Frutos secos

Haciendo caso a lo que impone Vata, en esta época del año consumimos alimentos que equilibren la falta de agua y fuego, por eso cocinamos más los alimentos y nos los tomamos calientes o templados. En el caso de los frutos secos como las pasas, las ciruelas, o incluso las almendras o las nueces, si tu constitución tiene este Dosha predominante, puedes hacer el siguiente truco: mete los frutos secos que vayas a consumir en un recipiente con agua y deja que pasen unas horas hidratándose antes de consumirlos. De esta manera, cuando te los comas estos frutos ya irán hidratados a tu sistema digestivo y no necesitarán absorber agua de tu organismo.

Recetas

Te propongo un par de recetas sencillas y con productos de temporada que no podrás dejar de preparar en todos tus otoños.

GHEE EN CASA

El ghee es una especie de manteca proveniente de la cocina ayurvédica que proporciona un sinfín de beneficios si aprendemos a introducirla en nuestra dieta. Se puede comer crudo y también es un gran aliado para las cocciones a altas temperaturas.

El ghee (o mantequilla clarificada) es lo que queda después de someter a la mantequilla de vaca a un proceso donde desaparecen todas las propiedades negativas o insanas de la mantequilla.

Sus propiedades son incontables, algunas de ellas son, por ejemplo, que contiene entre el 2 y el 3 % de aceite linoleico, elemento al que se le atribuyen propiedades anticancerígenas. También posee un 27 % de aceites monoinsaturados, asociados a la prevención del cáncer y enfermedades cardiacas. Contiene un alto número de antioxidantes y vitaminas, como A, D, E y K. Consumido con moderación, se trata de un alimento con muchos beneficios para la salud cardiovascular, posee efectos antinflamatorios y una gran capacidad antioxidante entre otras cosas. Su consumo no aumenta el colesterol y es un alimento versátil y muy fácil de hacer y conservar. Además, es perfectamente tolerable para los alérgicos a la lactosa.

Podemos utilizar ghee para sustituir el aceite de oliva en cualquiera de nuestros platos, por ejemplo, a la hora de hacer verduras a la plancha o al wok. También podemos utilizarlo como sustituto de la mantequilla para hacer bizcochos caseros. El resultado es mucho más suave y, sobre todo, más sano.

El proceso es sencillo, pero durante el mismo no debemos perder de vista la cacerola donde prepararemos el ghee. Una vez hecho, el ghee se puede mantener perfectamente fuera de la nevera y no tiene fecha de caducidad, sino que es casi mejor cuanto más tiempo tiene, ya que aumentan sus propiedades. Sirve tanto para cocinar alimentos como para utilizarlo sobre la piel. Además, su sabor, si se realiza con mantequilla de calidad, es exquisito. Te dejo la receta para que puedas hacerlo cómodamente en casa, aunque también puedes comprarlo ya preparado en muchas tiendas de comida natural y orgánica o en centros ayurvédicos.

Ingredientes:

- Medio kilo de mantequilla orgánica y sin sal.

Preparación:

1. Derrite medio kilo de mantequilla orgánica y sin sal en un cazo.
2. Debe estar a fuego lento hasta que empiece a hervir ligeramente. Verás cómo, poco a poco, comienza a subir una especie de espuma blanca a la superficie. Puedes ir retirando la espuma de la superficie con ayuda de una cuchara.
3. Continúa cociendo a fuego lento hasta que ya no suba más espuma a la superficie. Parte de esta espuma se deposita en el fondo del recipiente. Cuando el resto del líquido adquiera un color dorado y comience a hervir de manera más reposada formando pocas burbujas más grandes en la superficie, eso significa que el ghee está listo. Para confirmarlo, echa un vistazo a los posos del fondo, que habrán adquirido un tono tostado y a los grumos sólidos pegados en la base de la cacerola.
4. Déjalo enfriar un poco y viértelo en un frasco de vidrio, poniendo un trapito de algodón o un colador de tela en la boca del frasco para que no penetren los posos del fondo de la cacerola.
5. Como precaución, es importante que mantengas el ghee siempre en su tarro de cristal bien cerrado. Su aroma será siempre rico y suave y, si sientes que en algún momento se torna amargo o se oscurece el contenido, entonces es que el ghee no se ha realizado correctamente.

Otro de los usos que yo le doy al ghee es como aceite facial limpiador. Simplemente lo pongo en mis manos y lo caliento frotándolas entre sí, después lo extiendo por todo el rostro y me doy un masaje para eliminar cualquier residuo. Después lo retiro con una muselina mojada en agua templada. Es muy eficaz y deja la piel extra suave y muy nutrida.

INFUSIÓN DE OTOÑO

En esta época del año es cuando vuelvo a conectar con uno de los rituales que más me gustan de los días fríos: terminar el día arropada en una buena manta y en compañía de una generosa taza de té. Hacer nuestras propias infusiones dependiendo de nuestro estado de ánimo es un ritual muy enriquecedor. Basta con tener en casa algunas de las hierbas necesarias para cada temporada e ir jugando con ellas para conseguir diferentes combinaciones.

Esta es mi receta preferida para terminar el día, yo lo llamo *slowdown tea* y esto es lo que contiene:

Ingredientes:

- 1 cucharada de camomila
- 1 cucharada de valeriana
- 1 cucharada de caléndula
- 1 cucharada de lavanda
- 1 cucharada de cúrcuma
- 1 cucharada de amapola
- Media cucharadita de miel
- Unas gotas de limón fresco
- Agua

Preparación:

1. Añade 1 litro de agua caliente en una tetera.

2. Añade al filtro de la tetera todos los ingredientes y deja reposar durante 5 minutos.
3. Puedes consumirlo a lo largo de la tarde o preparar menos cantidad y tomar una tacita antes de irte a dormir.

La camomila y la caléndula tienen propiedades calmantes y antiinflamatorias, la valeriana reduce la ansiedad y ayuda a conciliar el sueño.

La lavanda tranquiliza el cuerpo y la mente y ayuda a aliviar los efectos de la bronquitis, el asma y los resfriados.

La cúrcuma es antiviral, antiinflamatoria, contiene agentes antibióticos y además ayuda a conciliar el sueño.

La amapola consumida en forma de infusión tiene infinidad de propiedades, entre ellas: ayuda a combatir el insomnio, las afecciones respiratorias, los resfriados y el dolor de garganta.

Invierno

¡EL INVIERNO YA LLEGÓ!

EL INVIERNO EN NUESTRO CUERPO

RITUALES DE INVIERNO

ENTORNO

DESPENSA *BEAUTY*

¡EL INVIERNO YA LLEGÓ!

Es a mediados de diciembre cuando estamos en lo más profundo del corazón de la época más oscura del año. La abundancia de la noche es una invitación a descansar, frenar, reparar, dormir y soñar. Necesitamos crear espacio en nuestras vidas para la quietud, para quedarnos en barbecho, tal y como hacen otras especies de la naturaleza. Las plantas, centrando su energía en las raíces; los animales, encontrando un lugar seguro para descansar y resguardarse. Sin duda, estos meses son la muestra de que los ritmos deben bajar al son que marca la energía vital a nuestro alrededor.

El solsticio de invierno ocurre en la noche más larga del año, y cada día, a partir de ese momento, la luz va ganando espacio, lentamente. Podemos pensar que el invierno es un momento de oscuridad, pero, en realidad, es el regreso lento y constante hacia la luz y, de nuevo, hacia los días más largos. Las tardes son cortas, casi inexistentes, y nos conducen a bajar el ritmo y a entrar en modo de descanso. Durante las horas que estamos durmiendo, el día se va abriendo camino poco a poco hasta el amanecer.

El invierno nos trae meses de recogimiento, de mirar hacia adentro y observar desde una perspectiva más serena qué es aquello que debemos cuidar, proteger, mantener en reposo durante los periodos más fríos. Esta fría y húmeda estación nos invita a quedarnos más en casa, a disfrutar de la calidez de las mantas, la chimenea, la intimidad del hogar...

Las reuniones sociales también son más íntimas, y el poco tiempo que nos deja el día lo dedicamos a nuestras relaciones más estrechas junto a aquellos con quienes tenemos más confianza. Solemos reunirnos más en casa y es por eso que las relaciones de invierno son, sobre todo, para los que ya están instalados en nuestra vida de un modo más estrecho, más íntimo. El invierno invita a profundizar, a crear espacios y momentos para la reflexión, tanto íntimamente como en familia y con nuestras amistades más cercanas. En esta estación del año estamos nutriendo y somos nutridos, estamos alimentando lo que más adelante se convertirá en brotes de nuestras decisiones y experiencias. Con algunas actividades podemos crear un ambiente propicio para que estos meses nos aporten el calor necesario a todos los niveles.

El invierno es el cocinero de la fiesta y, como si de nuestra propia madre se tratara, ahueca el ala para que entremos a cobijarnos entre sus plumas.

...

El invierno es el cocinero de la fiesta que monta la primavera,
el verano se encarga de citar a todos los amigos e invitados
y el otoño es quien se ocupa de barrer y recogerlo todo.

...

EL INVIERNO EN NUESTRO CUERPO

A pesar de la tendencia natural a abrigarnos en estos meses, lo cierto es que, a menudo, dejamos al descubierto el rostro, exponiéndolo a cambios bruscos de temperatura que provocan numerosos efectos en nuestra piel. A parte de la rutina básica de limpieza, hidratación y nutrición, ahora en invierno es también fundamental añadir la protección a nuestra rutina cada vez que salgamos de casa.

Rostro

Los productos de protección solar no solo nos aíslan de los temidos rayos solares, también hacen de «abrigo» para las capas más superficiales de la piel en invierno, protegiéndolas del viento y las temperaturas extremas. Algunos de los problemas más comunes que me encuentro en esta época del año son: deshidratación, capilares rotos, rojeces, eczemas y falta de luminosidad.

Estos estados de la piel típicos del invierno nos pueden afectar a todos, independientemente del tipo de piel que tengamos. Por ejemplo, si tu piel es grasa, quizás atravieses momentos de deshidratación, falta de luminosidad o capilares rotos. Pero también te puede suceder lo mismo si tu piel es seca. El invierno no perdona a ningún tipo de cutis, independientemente de cuál sea su naturaleza. Cuando ocurren este tipo de síntomas, debemos aprender a diferenciarlos y a tratarlos paralelamente y con los productos más adecuados para cada problema en particular. Si tu piel es grasa, seca o mixta, esa es su naturaleza vital y seguirá siendo así, y por eso tú la tratarás con los productos adecuados para tu naturaleza durante todo el año. Solo si te encuentras con síntomas relacionados con la época del año en la que estemos o con algún cambio en tu estilo de vida que haya provocado desequilibrios típicos de esta estación, tendrás que recurrir a productos específicos.

Vamos a explicar un poco cada uno de estos estados tan típicos en invierno y cómo tratarlos:

PIEL DESHIDRATADA

Ya hemos hablado de las causas principales que producen deshidratación en invierno, pero ¿cómo averiguar si nuestra piel está deshidratada? Es sencillo, hay ciertos síntomas que nos van a ayudar a descubrirlo. Uno de ellos es mirar nuestra frente: si tenemos más marcadas las líneas de expresión en la frente, este es un claro síntoma de deshidratación. No debemos confundirlas con las arrugas de expresión que aparecen cuando gesticulamos, las líneas características de la deshidratación son muy finas, están a un nivel cutáneo muy superficial y se pueden ver perfectamente con la frente relajada.

También es sintomático sentir partes aisladas más secas que otras. Cuando pasamos nuestras manos por el rostro, podemos notar sus diferentes texturas y así descubriremos si aparecen zonas más ásperas que otras, esto puede ser simple deshidratación o incluso pequeños eczemas aislados.

Añadir un aceite vegetal natural y ecológico a tu rutina facial supondrá un antes y un después en el estado de tu piel a todos los niveles, pero especialmente si la sientes deshidratada, ya que los aceites tienen la capacidad de viajar a través de los tejidos debido a su bajo peso molecular y nos ayudan a reestablecer nuestra piel de dentro hacia fuera. Uno de los que más me gusta en invierno para la piel seca y deshidratada es el aceite de argán, por la cantidad de cualidades que posee. Es un aceite muy rico en vitamina E y ácidos grasos omega, que son esenciales especialmente en esta época del año. Se cultiva especialmente en zonas desérticas como Marruecos y es importante que busques una producción ecológica y un aceite de calidad, de primera presión en frío. Los aceites de este tipo que no son ecológicos, normalmente vienen en envases baratos de plástico de mala calidad que terminan por oxidar y estropear el producto. Cuando esto pasa, el olor tampoco es muy agradable, por eso es esencial que elijas una buena materia prima. El argán está muy extendido y es realmente fácil de conseguir en cualquier herbolario o tienda de cosmética ecológica.

Puedes utilizarlo solo, aplicando cuatro o cinco gotitas de aceite por todo el rostro con un masaje intenso para movilizar bien los tejidos. Caliéntalo primero entre las palmas de las manos para que coja un poco de temperatura antes de aplicarlo en el rostro y, a continuación, realiza el masaje. Si no estás acostumbrada a este paso, también puedes mezclar unas gotitas con tu crema hidratante y así hacer dos pasos en uno solo. Si escoges este segundo modo, procura mezclarlo directamente en el momento de la aplicación, con la crema ya en tus manos. No vuelques el aceite en el tarro de la crema directamente porque, al no estar formulados juntos, no se mezclarán bien y siempre quedarán separados, además de que puede alterar la composición de la crema con el paso del tiempo.

La opción de comprar una crema hidratante que ya contenga aceite de argán en su composición también es válida, pero, en mi opinión, se queda un poco pobre. En una crema, el porcentaje de aceite de argán, o de cualquier otro, siempre será menor que si lo compras puro.

Además del aceite de argán, existen numerosos aceites maravillosos para mejorar la deshidratación. Explora esta gran variedad para elegir el que más te guste. Las premisas son siempre las mismas: que sea orgánico y de primera presión en frío, que no contenga altos porcentajes de aceites esenciales en la mezcla (no para este tipo de problema) y que tenga vitaminas y aminoácidos esenciales para la piel.

Muchas marcas cosméticas ya formulan aceites mezclados entre sí con maravillosas propiedades para las pieles secas y deshidratadas. Puedes probar hasta encontrar el que mejor se adapte a tu rutina o ir cambiando, si te apetece. Lo importante es no saltarte este paso si quieres mejorar la deshidratación en tu piel.

Utiliza también una mascarilla nutritiva al menos una vez a la semana, consume alimentos calientes y bebe agua caliente o templada siempre que puedas. Hazte con un humidificador de aire para equilibrar la sequedad en el ambiente y pulveriza spray de agua de flores en tu rostro para mantenerlo hidratado siempre que puedas.

Lleva en tu bolso un bálsamo multiusos que te sirva tanto para hidratar tus labios como para nutrir áreas deshidratadas en tu piel.

CAPILARES ROTOS

Los capilares rotos son una alteración que sucede cuando nuestras minúsculas venitas se dilatan y dificultan el flujo sanguíneo que irriga la piel. Al dilatarse se ven desde el exterior y, aunque no es un trastorno para nada grave, sí resulta muy molesto para las personas que lo sufren. Esta es una alteración mayoritariamente genética que se da en pieles habitualmente claras, sensibles y con tendencia seca, también en pieles con predominancia del Dosha Pitta.

Lo más recomendable para prevenir estas rupturas es evitar justo lo más habitual en esta época del año, es decir, los cambios bruscos de temperatura. Este tipo de pieles sufren mucho cuando pasan del frío a los ambientes con calefacción o cuando hay viento y temperaturas extremas de cualquier tipo, tanto de frío como de calor. Otra de las precauciones importantes a tener en cuenta está en la alimentación que, como siempre, ejerce un papel fundamental a todos los niveles. En este caso hay que evitar todo lo que «enciende la llama» que tenemos debajo de la piel, como las bebidas alcohólicas, las comidas picantes o muy calientes, y utilizar a diario una buena dosis de filtro solar.

En cuanto a la rutina de limpieza, debemos centrarnos en hidratación y nutrición. Lo mejor para estas pieles es optar por productos muy suaves y relajantes. Aceites esenciales como la lavanda o la bergamota ejercen un poder calmante muy adecuado y así evitaremos exfoliantes y limpiadoras agresivas.

De todos modos, tanto para los problemas de cuperosis como de rosácea o capilares, existen técnicas avanzadas que pueden ayudarnos a conseguir soluciones más estables si somos capaces de poner fin al problema en casa. Algunos dermatólogos utilizan técnicas como la electrocirugía, la escleroterapia o la tecnología láser, entre otras, con muy buenos resultados. Aunque los resultados no son permanentes y las venitas podrían volver a aparecer en cuanto descuidemos los motivos anteriormente citados que las originan, con ciertas precauciones lograremos mantenerlas a raya toda la temporada.

Ten siempre a mano gel puro de aloe vera para calmar la piel cuando la notes roja o caliente.

Por la noche, utiliza cremas con un alto contenido en aceites botánicos y humectantes.

Usa siempre filtro solar por el día y cremas hidratantes ricas en ceramidas, que te ayudarán a mantener la humedad por más tiempo en la piel.

ROJECES, ROSÁCEA

La rosácea es muy parecida a los capilares rotos, pero algo más grave. En este caso, las rojeces se pueden observar en áreas más grandes e incluso pueden aparecer pequeños bultos rojos con prurito o pus. Es bastante molesto y también produce picor y dolor. Suele ser genético y es difícil de controlar, ya que requiere un tratamiento constante, aunque yo he visto cambios asombrosos en pieles con rosácea simplemente modificando la alimentación y utilizando la cosmética adecuada. Las causas que provocan la rosácea no están muy claras, suele afectar, al igual que las rojeces, a personas con piel sensible y reactiva y los factores que la empeoran son los mismos que en el caso anterior: bebidas alcohólicas, picante, comidas muy calientes, algunos cosméticos agresivos y, por supuesto, también hay emociones que «calientan» la piel: la ira, la frustración o la timidez excesiva.

En un modo metafórico pero bastante acertado, visualizaremos este tipo de pieles como si tuviesen una pequeña llama encendida bajo la epidermis, tal y como explico en las pieles con un Dosha Pitta predominante. Habría que evitar todo lo que enciende la llama, mientras que todo lo que ayude a calmarla será bien recibido por este tipo de piel. Así, los productos cosméticos que consumamos deberán ir destinados a calmar y apaciguar nuestros tejidos: cosmética formulada con ingredientes calmantes y, muy importante, no frotar ni masajear bruscamente, evitar a toda costa los exfoliantes y limpiadores agresivos y aplicar cada día una buena capa de protección solar antes de salir de casa. Estos meses de invierno son especialmente delicados para este tipo de pieles, pero, cuidando el día a día y no exponiéndose demasiado, podrán pasar el invierno con buena nota.

Algunos consejos más que podemos seguir son, por ejemplo, el prestar especial atención a la limpieza. Te sugiero que, si tienes este tipo de piel, utilices limpiadoras con textura lechosa y fresca y que retires el exceso de producto con agua tibia y la ayuda de una muselina de algodón. Añade aceites esenciales de camomila y lavanda y usa aceite de caléndula para relajar la piel. También será efectivo que siempre tengas aloe vera en casa para calmar la piel después de la limpieza y en caso de brotes.

FALTA DE LUMINOSIDAD

También en esta época del año me encuentro muchos casos de falta de luminosidad en la piel. Esto se debe a muchos factores, el primero de todos, desde luego, tiene que ver con la luz del sol. Durante estos meses estamos menos tiempo expuestos a la luz solar y, como consecuencia, recibimos menos beneficios en forma de vitaminas. También es muy común que salgamos de casa ya maquilladas, con nuestra protección solar puesta, que pasemos el día en nuestro trabajo, habitualmente con la calefacción encendida, y que no nos limpiemos el rostro hasta llegar a casa por la tarde.

Durante todas estas horas, nuestra piel ha estado cubierta y no nos ha dado la luz del sol. Frecuentemente, también me encuentro con personas que realizan su limpieza facial con algodones de disco, con los que retiran el producto limpiador más el maquillaje. Este punto es muy importante porque uno de los principios necesarios para que nuestra piel se vea luminosa es que se encuentre perfectamente limpia. La limpieza correcta es un paso esencial y, en mi opinión, es complicado que la piel quede limpia por medio de un algodón.

Un algodón no tiene la capacidad de absorber toda la suciedad de nuestra piel, de hecho, las células muertas que necesitamos eliminar para una correcta oxigenación de nuestros tejidos se quedan ahí gracias al algodón. Así que es de vital importancia que entiendas que para limpiar la piel necesitas utilizar tanto ingredientes capaces de disolver el maquillaje y los filtros solares que llevas en el rostro, como herramientas capaces de retirar todo ese residuo completa y absolutamente. Para tener éxito a la hora de limpiar tu piel, te aconsejo que uses una muselina de algodón previamente mojada y escurrida o directamente una toalla facial.

Lo más importante para mantener una correcta luminosidad en el rostro es entender que este debe limpiarse profundamente cada día un par de veces, por la mañana y por la tarde o noche, y así eliminar completamente tanto las células muertas como los residuos que estén obstaculizando una correcta exposición de nuestra piel al oxígeno necesario para su correcto funcionamiento.

Hay también otros motivos que afectan mucho a la luminosidad de la piel, como por ejemplo el tabaco, una dieta pobre en alimentos naturales o incluso el uso de cosméticos muy cubrientes. Nuestra piel es un órgano excretor y necesita poder eliminar residuos fácilmente, si la obstruimos con demasiado producto o una limpieza pobre, el resultado será una piel apelmazada y apagada además de provocar otro tipo de problemas.

Te dejo aquí algunos consejos para combatir la falta de luminosidad de tu piel durante el invierno:

- Recuerda realizar una limpieza profunda de tu piel al menos dos veces al día, por la mañana y por la noche.
- Utiliza un exfoliante a diario hasta que soluciones el problema y, poco a poco, ve espaciando la exfoliación hasta mantenerla una vez a la semana.
- Utiliza aceites ricos en vitamina C, como el aceite de rosa mosqueta, por ejemplo.
- Con un aceite facial natural apropiado muchas veces es suficiente, y también puedes incluir algún sérum de vitamina C, que estimula la producción de colágeno y ayuda a afinar la piel. En este caso, debes aplicar la vitamina C antes del aceite, y también puedes incluso mezclar ambas cosas.
- Protege tu piel con filtro solar antes de salir de casa y utiliza maquillajes de textura ligera.

DOSHA KAPHA

En esta época del año, el Dosha dominante es Kapha, que en nuestra piel se identifica con las pieles grasas, con tendencia acnéica y también con las pieles en etapa de pubertad y en procesos hormonales complicados.

Este tipo de piel es más gruesa y fría que el resto, su composición a base de tierra y agua la hace más propensa a acumular suciedad y granos. Sus principales problemáticas son el exceso de sebo, la tendencia a enquistarse y a acumular grasa y suciedad en la superficie. Esto provoca acné y folículos inflamados. Las glándulas sebáceas se agrandan por el exceso de sebo, que, a su vez, está en contacto con las bacterias que habitan la capa superficial de la piel y hace que esta se congestione formando protuberancias seborréicas. En este tipo de pieles es esencial una limpieza profunda a diario y procurar no bloquear los poros, con el fin de que puedan realizar su función de limpieza y oxigenación constante. Estas son algunas de las características principales de las pieles Kapha.

Naturaleza:

- Es gruesa, suave y lubricada al tacto.
- Poros grandes.

Necesidades:

- Las pieles grasas necesitan más fuego, aire y espacio para ser más ligeras.
- Necesitan menos agua y tierra.

Síntomas de desequilibrio:

- Cuando están en desequilibrio pueden terminar en eczema húmedo, poros obstruidos, acné…

Elementos que las desequilibran:

- La desilusión, apatía, pereza, embotamiento y el dolor del corazón.
- Los alimentos con demasiada grasa o demasiada azúcar procesada.
- Los espacios muy cerrados y oscuros.
- La falta de movimiento a todos los niveles, incluso intestinal.

Elementos que las equilibran:

- Masaje vigoroso con aceite caliente.
- Especias estimulantes y picantes en las comidas.
- Un paseo por el bosque en un día soleado.
- Alimentos dulces que apacigüen a Kapha, como una manzana horneada con canela.
- Música alegre con ritmo fuerte y a todo volumen.
- Hacer ejercicio regularmente.
- Mantenerse caliente en climas secos y húmedos.
- Comer frutas frescas, vegetales y legumbres, comidas ligeras, secas y templadas.

Limpieza:

- Es fundamental ayudar a esta piel gruesa a romper con facilidad y eliminar impurezas.
- Limpieza profunda y caliente, con exfoliantes suaves y que no resequen la piel y jabones que limpien en profundidad. Se puede hacer doble limpieza.

Hidratación:

- Agua de rosas sin aclarar y bases ligeras, masajeando en profundidad hasta que queden bien absorbidas.
- El aloe vera es especialmente bueno para este tipo de pieles y debemos aplicarlo a modo de tónico por las mañanas para oxigenar y estabilizar el pH de la piel.
- En fases de mayor obturación, mezclar unas gotas de aceite de árbol del té con tu tónico habitual para mantener bien desinfectadas las zonas propensas a granitos e impurezas.
- Los aceites como el de avellana, argán, o algunos que ya vienen mezclados, ayudan a equilibrar la producción de sebo.
- Nutre tu rostro con cremas ligeras de fácil absorción y *mists* o brumas de aromaterapia energizantes con aromas cítricos.
- Es extremadamente importante en este tipo de pieles realizar una rutina de exfoliación para mantenerlas limpias de impurezas y, sobre todo, bien hidratadas. Elige exfoliantes naturales y realiza una exfoliación al menos dos veces por semana.

- Las mascarillas a base de arcillas y oxigenantes son especialmente buenas para este tipo de pieles, ya que absorben las impurezas y dejan el poro libre. Eso sí, después de una mascarilla de este tipo es necesario hidratar, ya que, si la piel se siente muy tirante, comenzará a producir sebo de nuevo para protegerse. Puedes aplicar un poco de aceite a continuación.

Lema para las personas con pieles Kapha:

- Movimiento y oxigenación a diario.

Cuerpo

INTRODUCCIÓN AL AUTOMASAJE

Desde pequeños hemos aprendido a aplicarnos crema hidratante en el cuerpo y un masaje cuyo único objetivo era que la crema en cuestión penetrara lo antes posible, cosa que sucedía, mejor dicho, sucede con bastante rapidez. De hecho, uno de los reclamos más populares en este tipo de productos es precisamente que sean cremas de rápida absorción, lo que evita que perdamos demasiado tiempo frotándonos.

En esta ocasión quiero que profundices en la importancia real que tiene darte un masaje. Me gustaría acompañarte a conectar con todo tu cuerpo a través del único órgano que te permite hacerlo: tu piel. El aceite que utilices tendrá la función de nutrir los tejidos internos, por supuesto, pero lo más importante, la verdadera función que tiene es que puedas deslizarte por la superficie de tu piel para conectar el tiempo suficiente con todo tu ser. Gracias al automasaje podrás conocerte mejor que nunca y darle el lugar que le corresponde a cada una de las partes de tu cuerpo. Cada uno de tus órganos, cada uno de tus huesos, de tus músculos, de tus tendones, de tus venas y arterias necesitan ser tenidos en cuenta. Necesitan saber que tú sabes que existen, que están ahí, necesitan sentirse cuidados, necesitan saber que hay alguien a quien le importan, necesitan sentir tus manos sobre tu piel y saber que estás ahí, al otro lado, reconociendo y agradeciendo el trabajo que cada día están haciendo por ti.

Cuando prestas atención a tu cuerpo de esta manera, cuando le permites que se manifieste y que se exprese a través de ti, entonces estás conectando de verdad con todo lo que eres de piel hacia dentro. Es como una ducha hacia el interior de tu cuerpo, ahí también está ocurriendo tu vida, tus días, tus años. Es una invitación a otra forma de mirarte, de conocerte y de reconocer la maravillosa belleza que se esconde dentro de ti.

BAÑO DE ACEITE COMPLETO

Preparativos:

- Debes tener un aceite vegetal de primera presión en frío previamente calentado al baño María. Puede ser de sésamo, de aguacate, de caléndula, de almendras dulces, de jojoba o cualquier aceite de masaje con mezcla de aceites esenciales que te guste.
- Una toalla grande que no te importe manchar.
- Un cepillo corporal o un guante Garshan.
- Una pinza o goma suave para el pelo si lo tienes largo.
- Una vela aromática con aceites esenciales o un incienso que te guste.
- Algo de música relajante.
- Memorizar o visualizar algunas de las posturas de yoga que te iré recomendando durante la sesión. Puedes preparar un folio con dibujos sencillos con las posturas para ir consultándolo si lo necesitas.
- Un lugar tranquilo y con buena temperatura donde puedas estar cómodamente y sin interrupciones.

Elige ese lugar de tu casa en el que más cómoda te sientas para hacer un baño de aceite. Puedes prepararlo directamente en el baño o en tu habitación. Lo primero será acondicionar el lugar con la música, la vela o el incienso y comprobar que la temperatura es agradable, si eres friolera pon un pequeño calefactor cerca. Una vez tengas preparado el aceite, el cepillo o el guante, deberás colocar la toalla y sentarte en ella con los demás elementos necesarios alrededor. Puede ser encima de la cama o en el suelo sobre una alfombra, donde te resulte más cómodo.

Una vez sentada, es recomendable realizar algunas respiraciones profundas, como cuando vamos a meditar, a fin de preparar el cuerpo, calmar la mente y entrar en el ritual con una presencia adecuada.

En este masaje no pretendo que aprendas técnicas concretas ni estudiadas, el objetivo es que conectes con tu cuerpo, que sientas tus manos sobre cada una de tus partes, es importante que lo hagas despacio, concentrada en cada paso que das y sintiendo y regulando la presión según vayas necesitando.

Tus pies

Comenzaremos el masaje por los pies, cogiendo un poco de aceite con las manos y calentándolo entre las palmas. Aplica unas gotas primero en uno y después en el otro pie, masajea cada uno de los dedos, por arriba, por abajo, las uñas, los bordes de las cutículas, los pequeños huesos delicados de cada uno de los dedos de los pies. Piensa en cómo son, hacia dónde se tuercen o dirigen, si te duelen o no. Piensa en cuál de los dedos soporta más presión a lo largo del día y mímalo un poco más. Mete los dedos de la mano entre las separaciones de los dedos de los pies para abrirlos un poco más entre sí. Trata de hacer este ejercicio a menudo porque es fantástico para abrir y estirar los huesos del metatarso y ayuda a extender la pisada de la planta del pie. El hecho de llevar zapatos continuamente, a menudo tacones, hace que, con los años, tanto la pisada como los dedos de los pies tiendan a atrofiarse, provocan dolores y malas pisadas que afectan a la columna vertebral y a diversas zonas musculares. Los masajes en los pies, estirando todos los huesos, tendones y músculos, son una gran ayuda para nuestro cuerpo. Repón el aceite cada vez que sea necesario, con el fin de que el cuerpo vaya recibiendo la cantidad adecuada en cada una de sus partes.

También el empeine es una parte fundamental por donde atraviesan diversos músculos y ligamentos. Si no estás familiarizada con estas zonas de tu cuerpo, te aconsejo una sencilla búsqueda en Google de las partes del pie. Podrás ver imágenes nítidas de cómo son tus pies por dentro y de todas las funciones que realizan por ti cada día. Seguro que cuando descubras los entresijos de tus pies empatizarás a la hora de cuidarlos un poco en tu masaje. En la zona del empeine puedes utilizar las plantas de las manos para realizar ligeras presiones circulares hacia los dedos y hacia los tobillos. Oxigenar la zona y con los nudillos de los dedos de las manos, sube y baja ejerciendo una ligera presión sobre la piel para masajear todos los tendones.

En cuanto a las plantas de los pies, imagino que ya sabes lo poderosas que son si has escuchado hablar de terapias como la reflexología podal, una técnica terapéutica basada en la estimulación de puntos sobre los pies. Según esta técnica, se trabajan todos los órganos del cuerpo a través de presión en distintos puntos de la planta del pie. El pie es un microcosmos o pequeño mapa de la totalidad del cuerpo humano. Por eso es tan importante dedicarle unos minutos de vez en cuando a esta zona del cuerpo. También puede ser útil buscar en internet algún dibujo de reflexología y, si sientes dolor o molestia en alguna zona de la planta del pie en tu masaje, puedes averiguar si se trata de alguna otra área del cuerpo que debas mirar.

Lo mejor para masajear tus pies es sentarte en la postura del loto (o Baddha Konasana), dentro de tus capacidades, para así ir preparando las caderas y la zona central del cuerpo. Si estás incómoda, puedes apoyar la espalda contra una pared o contra el respaldo de tu cama, también puedes poner un cojín debajo de tus nalgas para mejorar la postura de la columna vertebral. No fuerces las rodillas, simplemente mantenlas dobladas a la altura que te permita tu elasticidad para facilitar el acceso a los pies. También puedes colocar un par de cojines debajo de las rodillas para aliviar la tensión si las mantienes mucho tiempo en el aire.

Tus piernas

Tobillos, gemelos, rodillas y los huesos que las sostienen. A través de nuestro masaje estamos haciendo llegar el aceite a todos estos tejidos, ayudando a oxigenar y alimentar nuestra piel, nuestros músculos. El aceite es muy beneficioso cuando hay inflamación, retención de líquidos, dolor de huesos y articulaciones... Piensa en tus piernas y conecta con todo lo que hacen cada día por ti. Realiza movimientos largos y trabaja con los dedos alrededor de las rodillas, con las manos en movimientos circulares, todo vale, seguro que nadie mejor que tú sabe cómo deben ser tocadas tus piernas y, si aún no lo sabes, es el momento de comenzar a averiguarlo.

Los muslos son la parte del cuerpo más criticada por nuestra sociedad: celulitis, flacidez, muslos gordos, muslos flacos, muslos débiles... La mayoría de los problemas de flacidez, de estructura, de celulitis, están relacionados con una falta de contacto con nuestro cuerpo. Solemos aplicarnos cremas hidratantes a una velocidad y con una superficialidad pasmosa, pensando que el producto en cuestión es el encargado de obrar el milagro y dejarnos las piernas como la chica de la foto.

Ahora tienes la oportunidad de mirar tus muslos desde otra perspectiva. Tócalos con amor, siente su temperatura, moviliza todo el tejido con tus nudillos, haz que circule la sangre por ellos, disfruta de palpar tu propio cuerpo y siente toda la belleza y la fuerza que hay en él. Te aseguro que, si todas hiciéramos esto más a menudo, nuestro cuerpo físico sufriría una transformación tan grande que ni siquiera somos capaces de imaginarla. Lo que sí es obvio es que la materia física se transforma en cuanto se le introduce amor. El amor es lo que le da vida a todo lo que existe, si tienes amor para dar, tienes amor para darte a ti misma.

Cuando hayas terminado con tus dos piernas, puedes pasar a masajear tus nalgas. Para esto, tendrás que sentarte con las rodillas hacia el pecho y dejarlas caer, primero hacia la derecha y masajear la nalga izquierda. Después, rodillas a la izquierda para masajear la nalga derecha. Las nalgas... ¡ay, las nalgas! Y lo que nos aguantan sentadas, y cómo son esos ratos sentadas a la mesa, sentadas con nuestra familia, nuestros amigos, sentadas en nuestro coche, en el metro, el autobús, la moto, sentadas en la consulta del médico, sentadas para sostener a nuestros hijos sobre nosotras.

Para mí, las nalgas son de las partes más nobles, más femeninas y más dulces del cuerpo de una mujer. Pura carne, puro amor, puro músculo. Tócalas con mimo, siéntelas bajo tus manos, pero, sobre todo, dales las gracias. Tus nalgas son atributos femeninos sagrados. Las nalgas envuelven tus caderas, en ellas se genera la vida y se manifiesta el primero de los chakras, Muladhara, el chakra raíz. Las nalgas son la continuación del tronco, lo que te conecta con el movimiento. Cuando te sientas en una silla, cuando estás tumbada en un sillón o cuando te colocas en la postura del loto con las piernas cruzadas, son tus nalgas las que soportan tu peso, tu equilibrio, creando una balanza y formando un triángulo con la columna vertebral.

Para mí no hay nalgas feas, hay piernas descuidadas, desprovistas de amor. Si aplicas un poco de amor a tus nalgas, podrás ver cómo ellas te devuelven una mirada más amable frente al espejo.

Posturas como Paschimottanasana o Janu Sirsasana se pueden realizar durante el masaje si quieres mejorar, por ejemplo, el tránsito intestinal. Y Upavistha Konasana es una postura perfecta para comenzar con el masaje de transición de piernas a tronco.

Una vez hayas terminado con las piernas, puedes colocarte frente a una pared en Viparita Karani y, si lo necesitas, puedes poner un cojín debajo del final de la columna para descansar mejor la zona lumbar. Desde esta postura podrás comenzar con el masaje en la zona baja del tronco. Si lo deseas, puedes permanecer vestida por arriba, pero tienes que dejar el abdomen al descubierto. Levanta tu ropa hasta el pecho para el masaje o quédate con un sujetador ligero para continuar. Lo que sí te recomiendo es que cubras tus piernas con un pantalón holgado de algodón para que no se enfríen después del masaje mientras continúas con el tronco. Sería bueno tener un pantalón de pijama viejo que no te importe manchar.

Tu tronco

Protector de todos los órganos vitales del cuerpo. El tronco es la parte más vulnerable, potente, poderosa y vital de nuestro organismo. Visualiza cada una de sus zonas según vas avanzando con tus manos, el aceite y los movimientos circulares necesarios. La zona baja del tronco es la que vamos a comenzar a tocar ahora. Aquí encontramos el vientre, nuestros órganos reproductivos, nuestros intestinos, el colon, el bazo, la vejiga, la cadera, el sacro... La energía más densa del cuerpo humano se concentra en esta zona y es muy importante moverla a través del masaje. Aplica el aceite alrededor del ombligo y comienza a masajear en círculo en el sentido de las agujas del reloj por la parte baja del vientre y siguiendo hacia el abdomen, moviendo los intestinos suavemente y frotando la cresta iliaca a cada lado. Antes de continuar, posa tus dos manos en el ombligo y, con los ojos cerrados, visualiza la energía del segundo chakra, el chakra de los órganos sexuales y de la creatividad, Swadisthana.

Debes realizar el masaje en esta zona con movimientos lentos, procurando no alterar el ritmo natural de tu organismo y simplemente conectando con todo lo que está sucediendo dentro de tu cuerpo en este momento. Por ejemplo, visualizando el hígado y la vesícula biliar, con las funciones tan importantes que hacen cada día por nosotras. Según continúas tu camino hacia la parte alta del tronco, puedes parar sobre el plexo solar y sentir la energía del tercer chakra, Manipura.

Desde aquí, vuelve a tu postura sentada y, si quieres, cubre tus piernas con una manta o una toalla grande y descubre completamente la parte superior de tu cuerpo. Cuando estés lista para continuar, realiza estas posturas para pasar de la parte baja del tronco al chakra del ombligo (o chakra central), que es donde se concentra nuestro aparato digestivo y, por lo tanto, nuestra zona de mayor calor y actividad. Te recomiendo comenzar con unas torsiones sencillas que ayuden a despertar la zona antes del masaje, por ejemplo con la postura Bharadvajasana.

Tu abdomen

Un paseo por tus costillas, ¿has hecho alguna vez eso con tus manos? Las costillas forman la caja torácica. A mí me gusta pensar en ella como en la verdadera caja fuerte de nuestro cuerpo, ya que protege dos de los órganos vitales más importantes: el corazón y los pulmones; entre otros muchos órganos importantes, como: la tráquea, los ganglios linfáticos o el esófago. Me gustaría invitarte a pasear tus manos por esta caja mágica y visualizar todo lo que allí se esconde.

Masajea siempre en círculos alrededor del diafragma y frota delicadamente con las yemas de los dedos entre cada costilla.

Tus pechos

¿Cuántas veces hemos escuchado a los médicos aconsejarnos sobre la importancia de explorar nuestros pechos en busca de bultos que pudieran surgir? Aunque en la mayoría de los casos son benignos, este es un ejercicio que resulta obligatorio para todas las mujeres en edad adulta. Yo he tenido conciencia de la importancia de la exploración de mis pechos desde muy joven, ya que en la adolescencia me encontraron unos bultos (fibroadenomas). Nunca fueron problemáticos, pero gracias a ellos aprendí a realizar estas exploraciones de manera periódica. Sin embargo, he descubierto que hacerlo como parte de mi masaje resulta mucho más placentero y también lo ubico dentro de un contexto mucho más agradable para mí. Al final se trata de lo mismo: explorar, pero sin aislar solo una parte de mi cuerpo pensando que quizás pueda encontrar algo negativo en él. Prefiero conectar con esta parte de mi cuerpo también desde el amor y el respeto infinito que siento por ella, y no con la excusa de encontrar algo negativo.

Realizo mi masaje de exploración del mismo modo que en cualquier otra parte de mi cuerpo y siempre visualizando un cuerpo sano. Aun así, comprendo la postura de los médicos, que saben que los automasajes en casa no son lo más habitual e insisten en este proceso recalcando la importancia e induciendo un poco al miedo. Busca en internet páginas sobre autoexploración de mamas y encontrarás mucha información. A mí particularmente me gusta explorar mis mamas también en la postura de la vaca o el gato, es decir, a cuatro patas, porque así llego a zonas difícilmente accesibles de otro modo y, además, aprovecho para cambiar un rato de postura y estirar un poco la espalda con el gato-perro y algunas respiraciones profundas antes de continuar con el masaje por otras partes del cuerpo.

Una vez que termines con esta exploración, vamos a incorporar una postura de apertura de pecho que es maravillosa para expandir toda la zona y conectar con el chakra del corazón, Anahata. La postura que te voy a pedir que hagas se llama Ustrasana o postura del camello. Con esta postura puedes realizar un par de respiraciones y regresar a tu posición de rodillas para terminar en la postura del niño o Balasana, con los brazos relajados a ambos lados. Así también estarás, con la ayuda de estas dos posturas, preparando la espalda, que será nuestro próximo punto.

Tu espalda

La espalda es una de las zonas del cuerpo donde más dolores notamos y donde más constancia tenemos de nuestra mala postura y de lo importante que es cuidar nuestra columna vertebral, la base para mantener una postura correcta.

Esta parte del masaje debe ser suave y, si tienes problemas o dolores fuertes, mejor acude a un especialista para tratar la dolencia. A través del automasaje serás mucho más consciente de esas zonas que te molestan y podrás explicar con mayor detalle a un profesional exactamente lo que te pasa. No trates de solucionar tú el problema, los masajes personales no tienen como función arreglar contracturas o desviaciones de columna, esto siempre debe estar en manos de un profesional, un osteópata, un quiropráctico, un fisioterapeuta, etc. El masaje es un medio para conocerte mejor y saber diferenciar esas zonas conflictivas que puedas encontrarte sobre la marcha, te servirá de aviso para que busques un modo de solucionarlas, pero un mal masaje puede acarrear muchos problemas, así que sé precavida en este sentido.

Dividimos la espalda en cuatro partes: lumbares, cervicales, trapecios y cuello.

Para realizar tu masaje de espalda, lo mejor es que te mantengas sentada sobre tus muslos, tal y como te has quedado de la postura anterior. Así tendrás un mejor acceso a todas las áreas.

- **Zona lumbar:** para esta zona lo mejor es colocar tus manos en jarras, con el dedo pulgar hacia delante y el resto hacia atrás. Desde esta posición irás ejerciendo presión con los cuatro dedos a lo largo de la zona lateral y te irás acercando a la columna con ambas manos para recorrerla con pequeños gestos circulares arriba y abajo. Con esta posición de manos puedes llegar hasta media espalda. No te preocupes si al principio no llegas, con la práctica irás mejorando y cada vez tendrás más flexibilidad en los brazos.
- **Cervicales y trapecios:** aquí es importante que te asegures de tener a mano aceite caliente o templado, o incluso un calentador o un recipiente con una vela debajo para mantenerlo caliente durante más tiempo, ya que esta zona es especialmente sensible al frío. Para conectar bien, deberás masajear con la mano contraria, es decir, lado derecho con la mano izquierda y lado izquierdo con la mano derecha. Ambas manos pasarán por encima del hombro contrario y realizaremos movimientos ascendentes y descendentes y en círculos grandes hasta llegar al cuello.
- **Cuello:** para masajear esta zona es mejor comenzar con la barbilla hacia el pecho, así mantendremos el cuello completamente estirado. Podemos realizar el masaje con la mano derecha o izquierda, según nos sintamos más cómodos. Se trata también de movilizar la energía colapsada y permitir un mayor flujo de oxígeno hacia el cerebro. Muchos problemas, como la falta de memoria, algunos tipos de jaquecas o un mal sueño están directamente relacionados con la falta de flujo y oxígeno en esta zona. Después podemos masajear por ambos lados del cuello con las manos invertidas, es decir, de nuevo la izquierda para el lado derecho y la derecha para el lado izquierdo. Terminaremos haciendo movimientos circulares con la cabeza. Inspiraremos el aire cuando llevemos la cabeza hacia atrás y expiraremos cuando la llevemos hacia delante, presionando nuestra garganta. Con este sencillo ejercicio, que realizaremos unas

cinco veces en cada dirección, estaremos activando y regulando nuestro quinto chakra, el chakra de la garganta, que se encarga de mantener equilibrada nuestra tiroides y también es el responsable de nuestra verdadera voz, de que podamos expresarnos desde la verdad de nuestro ser.

Tus brazos

En tus brazos, igual que en tus piernas, realiza movimientos circulares y alargados, prestando especial atención a las articulaciones, ya que, tanto los codos como las muñecas se benefician enormemente del masaje con aceites. Aprovecha para hacer algunos estiramientos de hombros sujetando cada brazo con el brazo contrario y presionándolo hacia el pecho sin doblar el codo. Cuando acabes es hora de ponerte con las manos, una de mis partes favoritas por lo que implican. Para mí, las manos son las puertas al mundo material. Con ellas tocamos todo lo que está hecho de materia, nos dan tanto que no podríamos agradecerles su servicio ni con mil masajes. Por ello, te pido que prestes atención a las diferentes partes de tus manos: todos tus dedos, sus pequeñas e indispensables articulaciones y tendones… Además, las palmas de las manos (igual que las de los pies) concentran un montón de puntos marma, relacionados con muchas de las partes del cuerpo. Simplemente dedica un rato a masajear ambas manos con amor, estirando cada uno de tus dedos y presionando ligeramente y en movimientos circulares ambas palmas por diferentes partes.

Tu cabeza

Los masajes con aceite forman parte de la cultura y tradición india desde hace miles de años, y el cuero cabelludo no es una excepción. No es ningún secreto que las mujeres y hombres hindúes poseen cabellos fuertes y brillantes, y en parte creo que se debe a cómo los cuidan.

Cuando llegues a este punto recuerda que no es necesario que tu cabello este limpio ni desenredado. Simplemente déjalo suelto y comienza a aplicar el aceite por el cuero cabelludo abriendo líneas paralelas por toda la superficie de tu cabeza.

Cuando hayas terminado, comienza con un suave masaje que te ayude a despegar el cráneo del cuero cabelludo. Parece una tontería, pero a veces con el estrés estas dos partes se quedan pegadas, dificultando el flujo sanguíneo y, por consiguiente, un buen aporte de nutrientes en el cuero cabelludo y el cabello, por lo que es importante que visualices esto. Lo ideal es comenzar desde la frente hasta la nuca, y volver en sentido contrario, de la nuca a la frente.

Cuando termines, puedes pasar directamente al masaje del rostro, dejando tu cabello suelto o recogido en un moño o coleta suave, no muy tirante.

MASAJE FACIAL INTENSO

Este ejercicio consiste en un masaje bastante intenso que podrás realizar siempre que quieras, y que equivale a una buena sesión de belleza extra. Este tipo de regalos o licencias que te propongo son un paréntesis necesario en la vida tan ajetreada que todos llevamos. Te aseguro que, aunque tú te bajes del tren de tu propia vida durante un rato, no pasa nada ¡absolutamente nada! La vida sigue, la tuya y la de todos los que te rodean. Fuera no ha cambiado nada, pero dentro de ti cambiarán muchas cosas, y eso sí merece la pena.

Estos son los pasos para llevar a cabo el masaje:

1. Comienza, sentada sobre tus muslos, a mover los ojos en círculos muy grandes para abarcar toda la visión panorámica de la que seas capaz. Vamos a hacer primero círculos de izquierda a derecha con ambos ojos, muy despacio y, a continuación, de derecha a izquierda; unas diez veces para cada lado. Después fijaremos la mirada en los cuatro puntos cardinales unos segundos con ambos ojos: norte, sur, este y oeste. Cierra los ojos al terminar y descansa en la postura del niño.
2. Luego colócate a cuatro patas, dejando que las caderas descansen hacia atrás sobre los gemelos y apoyando cómodamente tus brazos sobre los codos en un almohadón, cojín o directamente en el suelo si te sientes cómoda así. Aplica cuatro gotas de aceite por todo el rostro con ayuda de tus manos y ahora coloca los codos en el suelo de manera que tus manos cubran la cara. Descansa así un momento con los ojos cerrados. Continúa con los ojos cerrados y comienza a realizar un movimiento que consiste en presionar los pulgares contra el tabique de la nariz y subirlos hacia el entrecejo, deslizándolos por ambos párpados hacia fuera. El resto de los dedos están, a su vez, deslizándose por la frente. Podemos realizar este movimiento unas diez veces.
3. A continuación, presiona la zona de la ojera de ambos ojos con los cuatro dedos principales a la vez hacia dentro del ojo. Hazlo unas ocho veces sin ser muy brusca en esta zona, sino con movimientos lentos y no muy fuertes.
4. Agarra las mejillas partiendo de las aletas de la nariz como si las quisiéramos pellizcar, y desliza las manos hacia atrás recorriendo todo el hueso del pómulo. Repítelo diez veces y haz el mismo ejercicio, esta vez partiendo de la barbilla y recorriendo toda la mandíbula hasta las orejas.

5. Coloca los dedos en forma de pinza en ambos lóbulos de las orejas y regálate un masaje circular durante unos segundos. Después pasa el dedo índice por dentro de las orejas, deslizándolo de abajo hacia arriba y recorriendo todo el aparato externo del oído. Por último, cierra ambas orejas con las manos, colocando la palma sobre la superficie de la oreja y los dedos por detrás. Frota con los dedos la parte de detrás de las orejas, tirando suavemente de ellas durante unos segundos.
6. Para terminar, en esta misma posición vas a inspirar mucho aire por la nariz y, para expirar, vas a exhalar muy fuerte por la boca con la boca muy abierta, como si fueras un animal salvaje. Realiza este ejercicio unas tres o cuatro veces.
7. De vuelta a tu posición normal, sentada sobre tus muslos, cierra ambos puños, colócalos debajo de tu mandíbula y deslízalos hacia arriba y hacia abajo por el cuello con movimientos suaves.

Una vez que hayas terminado, puedes tumbarte boca arriba para descansar un rato en Shavasana antes de tu baño. Después de Shavasana es conveniente entrar en la bañera o la ducha y simplemente dejar que el aceite sobrante se deslice por nuestra piel. Con él se irán también las células muertas y toda la energía negativa que pueda quedar acumulada.

Cuando tú decidas, terminará este momento especial que te has regalado y como *souvenir* de tu viaje hacia dentro de ti misma te llevarás una conexión profunda y verdadera con tu propio cuerpo y podrás entregarte de nuevo a tus rutinas con una mente más despejada y un corazón agradecido. Se tarda aproximadamente una hora en completar este masaje, pero también puedes utilizar esta guía para conectar con partes concretas de tu cuerpo siempre que lo necesites.

Cabello

En esta parte del libro quiero hablarte de cómo nos afectan nuestras creencias a la hora de elegir un producto cosmético para limpiar nuestro cabello. Pero claro, nuestras creencias no han nacido de la nada, sino que somos víctimas de una información demasiado amplia, a veces contradictoria y altamente invasiva, sobre la realidad de nuestro cabello y de cómo gestionar su cuidado en casa.

La industria cosmética juega un papel esencial en la gestión de nuestras emociones, y esos anuncios que nos hacen sentir mal si no conseguimos el brillo, el volumen, el cuerpo y la longitud de nuestro cabello basando esos resultados en determinados productos «milagrosos» están por todas partes. Las campañas publicitarias de cosmética capilar invierten millones en modelos, estilismo, fotógrafos, peluquería, maquillaje, efectos especiales, photoshop, etc. Algo con lo que no contamos la mayoría de las mujeres en nuestra vida diaria. Por eso es importante desligarnos de la imagen impuesta por estas campañas y aterrizar en nuestro día a día con expectativas más realistas. Inspirarnos en personas reales con cabellos reales como los nuestros nos hará mucho más fácil la tarea de acertar con aquellos cuidados que sí nos pueden ofrecer resultados efectivos al final del camino.

Cuando aprendes a conocer cuáles son las características de tu cabello, aprendes también cuáles de esas características son manipulables con un champú y cuáles no.

Pienso que la mejor solución a la hora de comprar productos cosméticos es pedir consejo a un profesional. Acude a tu peluquero de confianza porque, no solo te va a recomendar el mejor producto para tu cabello, sino que también te va a aconsejar sobre cómo cuidarlo en casa y puede llevar un seguimiento en cuanto a tu rutina, algo que no ocurre si te compras los productos de manera independiente. A través de este libro trataré de guiarte para que puedas conocerte un poco mejor y seas más independiente a la hora de elegir tu cosmética. Vamos a comenzar conociendo cuáles son los factores que determinan el tipo de champú que debemos elegir según nuestro tipo de cabello.

CUÁL ES MI CHAMPÚ IDEAL SEGÚN MI TIPO DE CABELLO

Cada una de nosotras tiene su personalidad, no hay dos iguales. Tampoco hay dos cabellos exactamente iguales, así que cada cabeza necesitará su champú.

Hay quienes simplemente piensan en el champú como un producto más a la hora de hacer la compra de la semana o del mes en el supermercado, y solucionan tanto la limpieza capilar como la corporal rápidamente en un par de estanterías de cualquier centro comercial.

Hay personas muy «*beauty* adictas», como yo, y sé que resulta altamente adictivo ir de compras *beauty* por lo atractivos que son los *packagings*, los mensajes y, sobre todo, las promesas que los distintos cosméticos encierran.

Después hay otro grupo de personas que se fijan más en los ingredientes que contienen los productos, pero tampoco saben con exactitud qué es lo que su cabello necesita. Así que van limitando aquellos productos que contienen ingredientes que consideran nocivos y sustituyéndolos por los que parecen más saludables.

En el primer grupo se busca practicidad; en el segundo, un poco de diversión y, en el tercero, productos saludables. Y, como ya sabes, hay tanta variedad que resulta fácil volverse loca, así que... ¿cómo acertar?

Aunque nos puede parecer sencillo e inofensivo comprar un champú por nuestra cuenta, y es obvio que no resulta peligroso, sin embargo, a medio y largo plazo una mala elección de algo que utilizamos tan a menudo, puede afectar muchísimo en la salud y estructura de nuestro cabello.

DIAGNÓSTICO DE LAVADO

Vamos a hacer un diagnóstico de lavado, tal y como yo se lo hago a mis clientes cuando vienen a mi espacio.

Estas son las preguntas principales a la hora de ofrecer un diagnóstico de lavado:

¿Cómo es tu cabello?

- Rubio, castaño, moreno, negro.
- Liso, rizado, ondulado, encrespado.
- Largo, corto, medio.
- Fino, grueso, medio.
- Pesado, ligero.
- Seco, graso, raíces grasas y puntas secas.

En este grupo, todas las cualidades son inherentes a nuestra naturaleza y no pueden cambiar con ningún champú.

¿En qué estado se encuentra?

- Natural, teñido, decolorado, barros, coloración vegetal, etc.
- Caspa, descamación, dermatitis.
- Grasa, seborrea.
- Caída, debilitamiento, rotura de fibra, cabello pobre.
- Falta de brillo y luminosidad, cabello opaco, exceso de residuo.
- Falta de volumen y movimiento, cabello pesado y apelmazado.

En este segundo grupo todas estas cualidades pueden variar y, de hecho, muchas de ellas están asociadas al tipo de champú que utilicemos de manera habitual. Por ello, vamos a ver cómo influir en cada una:

- **Cabellos naturales:** se rigen por el resto de atributos o estados, lee más abajo por si te identificas con cualquier otro estado de tu cabello. Si no es así y gozas de un cabello natural sano, opta siempre por un champú neutro con un pH 5,5.
- **Cabellos teñidos, decolorados o con cualquier tratamiento químico:** en estos casos, lo que más afectado se encuentra es el tallo del cabello, ya que, debido a este tipo de tratamientos que realizamos para alterar su tono natural, atacamos la fibra y la cutícula del cabello debilitándola. Un champú no tiene la capacidad de mejorar sustancialmente la cutícula y la fibra capilar, pero sí puede ayudar a no empeorar su estado y a mantenerla lo más estable posible dentro de su condición. Para este tipo de cabellos conviene elegir champús hidratantes, nutritivos y muy suaves, que contengan preferiblemente ingredientes naturales y principios activos que enriquezcan y nutran la cutícula del cabello. Huye de siliconas que puedan adherirse a las zonas de cutícula más débiles y aclara muy bien el producto después de cada lavado.

  Para mejorar la cutícula en estos casos puedes realizar un prelavado con aceite de jojoba o argán, aplicándolo sobre el cabello sucio y seco con un masaje por toda la cutícula antes de proceder al lavado con champú. De este modo irás alimentando el tallo del cabello y mejorará mucho el estado de la cutícula. También puedes aplicar el aceite justo antes de un servicio de color en tu salón, ya que, siempre que sea un servicio químico, se podrá realizar igualmente y tú llevarás tu cabello protegido, logrando así que el resultado no sea tan agresivo para tu pelo.
- **Cabellos con barros o coloración vegetal:** si tu cabello está sano y lo llevas con coloración natural, lo mejor para mantenerlo estable y que el color aguante mejor entre sesiones será usar champús que protejan el color del cabello o incluso que contengan algo de pigmento.
- **Cabellos con caspa, descamación o dermatitis:** siempre que sea un proceso pasajero, podemos tratar este tipo de problemas con champús purificantes, que no agredan el pH del cuero cabelludo y alternar con champús calmantes, que aporten nutrición y estabilidad al cuero cabelludo para evitar que vuelvan a formarse las escamas. Sin embargo, este tipo de problemas suelen asociarse con estados de estrés y es necesaria la intervención de un dermatólogo para determinar un diagnóstico y tratamiento más personalizado. Lo cierto es que estoy muy familiarizada con este tipo de problemas porque yo misma padezco dermatitis seborreica. Por supuesto, sigo las indicaciones de mi médico dermatólogo y las recomendaciones que me indica en cada brote, pero lo más habitual

es siempre un champú específico de farmacia, complementándolo con baños de aceite de sésamo o caléndula en el cuero cabelludo para calmar y nutrir la piel de la cabeza y evitar nuevos brotes.

- **Cabellos con grasa o seborrea:** es muy común lanzarnos a por champús antigrasa, sin embargo, a lo largo de los años en mi profesión he visto cómo este tipo de champús producían justo el efecto opuesto. Cuanto más arrastras el sebo, más sebo se produce. Lo mejor es utilizar champús equilibrantes o estabilizadores que no resequen el cuero cabelludo, además de acompañar el tratamiento con sérums específicos para cuero cabelludo graso que puedes encontrar en varias marcas de cosmética capilar especializada. Este tipo de productos te ayudarán a mantener hidratado el cuero cabelludo y a equilibrar la producción de sebo. Igual que en el apartado anterior, la caspa, la grasa o los diferentes tipos de dermatitis son respuestas de nuestro organismo ante un estado general de salud y suelen empeorar cuando tenemos un bajón de defensas o en momentos de estrés. Se pueden tratar y equilibrar, pero si están en nuestro sistema volverán a aparecer. Lo que tenemos que hacer es aprender a manejar estos síntomas cuando aparecen.
- **Cabellos con caída o debilitamiento:** en estos casos lo más importante es siempre la raíz. El bulbo piloso del cabello suele estar más débil y no recibe el alimento suficiente, o bien, dependiendo del tipo de alopecia, está en una fase de caída que queremos detener. En ningún caso un champú será suficiente para detener una caída de cabello, sin embargo, los champús anticaída son perfectos aliados a la hora de limpiar en profundidad la raíz y activar el riego sanguíneo. Además, son paso previo esencial para la aplicación de ampollas o vitaminas que ayuden a fortalecer el bulbo.
- **Rotura de fibra, cabello debilitado:** volvemos a la importancia de cuidar el tallo. Sea por el motivo que sea, si tu cabello sufre este problema necesitas utilizar champús suaves, ligeros, con ingredientes que aporten flexibilidad y que hidraten en profundidad. Los baños de aceite previos al lavado son perfectos también en estos casos. Independientemente de que tu cabello sea fino, el aceite de coco, de jojoba o de argán te ayudarán a fortalecer y mejorar el estado del tallo.
- **Falta de brillo y luminosidad, cabellos opacos y exceso de residuo:** tienes una explicación más amplia para este tipo de problemas en las páginas 47 a 54, en la sección de primavera.
- **Cabellos con peso, falta de volumen:** en estos casos lo mejor es utilizar champús muy ligeros, con textura gelatinosa y no cremosa. De hecho no hay

champús que aporten volumen, pero sí los hay que no aportan peso extra. Lo mejor para este tipo de cabellos es lavarlos a fondo con el fin de sentirlos limpios y ligeros, solo así mantendrán, en la medida de lo posible, su volumen natural.

Preguntas frecuentes a la hora de elegir un champú:

- **¿Cada cuánto tiempo te lavas el cabello?:** Si lavas el cabello a diario, elige productos muy suaves de uso frecuente y procura evitar siliconas y sulfatos, ya que, a la larga, ensuciarán y sentirás que te dura menos tiempo limpio. Si te lavas el cabello cada varios días, es necesario hidratarlo bien el día que te lo lavas. Por ello, en casos de limpieza una o dos veces en semana, mejor champús hidratantes o nutritivos.
- **¿Con qué tipo de producto te lo lavas?:** Analiza mentalmente qué champús has estado utilizando hasta el momento y por qué los has elegido. Muchas veces nos dejamos guiar por reclamos publicitarios que no cumplen nuestras expectativas, por lo que, si no estás conforme con el resultado y no sabes muy bien qué producto es el mejor para ti, acude a un profesional para que te ayude con el diagnóstico antes de comprar el siguiente champú.
- **¿Sudas mucho por la cabeza?:** Las personas que hacen mucho deporte o sudan mucho por la cabeza necesitan lavarse el cabello muy a menudo y suelen optar por productos arrastrantes para «refrescar» el cuero cabelludo y tener una sensación más ligera y placentera. En estos casos lo mejor son champús con aceites esenciales de romero, árbol del té, mentol o eucalipto, que refrescan el cuero cabelludo sin secarlo o dañarlo, son además antisépticos y limpian en profundidad.
- **¿Llevas mucho tiempo con estos síntomas?:** Si alguno de los síntomas mencionados anteriormente se ha instalado en tu vida de manera habitual, debes acudir a un dermatólogo para que estudie la raíz del problema y te ayude a encontrar una solución más estable en el tiempo.
- **¿Qué te gustaría conseguir?:** Esta pregunta suelo hacérsela a mis clientes para verificar si su elección de champú tiene que ver con una necesidad realista o no. Como has podido comprobar, hay cosas que pueden mejorar con un champú determinado y otras que, simplemente, no van a ocurrir. Estudia bien tu caso y encuentra un producto que ofrezca soluciones realistas y, si tienes dudas, acude a un profesional que te ayude. Siempre será más fiable un diagnóstico hecho por un profesional cualificado que el que podamos realizar nosotras en casa.

RITUALES DE INVIERNO

La limpieza es lo primero que hacemos cada mañana, sin embargo, nuestra percepción de limpieza es bastante básica en general. Con una ducha y un cepillado de dientes consideramos que hemos concluido. Lo cierto es que existe una manera más profunda de limpiar nuestro cuerpo, nuestros tejidos, nuestros órganos, nuestra mente.

Si ya estás practicando algún tipo de yoga, seguro que muchas de las posturas que veas por aquí te resultarán familiares, y, si no es así o no puedes acudir a clase con un profesor, esta es una pequeña selección que añadir a tu rutina de limpieza por la mañana. Te sugiero que veas algunos vídeos en YouTube en los que se muestra cómo se realizan correctamente estas posturas para que no te hagas daño.

Cinco posturas de yoga para el invierno

La práctica de yoga en esta época del año debe ser estimulante y vigorizante, esto ayuda a poner en marcha la lenta digestión que acarreamos desde el otoño y a poner la linfa en movimiento, evitar la congestión y ayudarnos en el proceso de desintoxicación.

MARJARYASANA O POSTURA GATO-VACA

Esta postura, aparentemente insulsa, resulta de lo más agradable cuando la practicas recién levantada. Es una postura perfecta para cualquier persona, edad o condición física, salvo en el caso de tener algún problema en las rodillas, para lo que puedes utilizar un cojín y realizarla sin riesgo. Tampoco se recomienda en embarazadas, ya que todo el peso del bebé lo carga la columna vertebral, pero en el resto de los casos es una postura muy sencilla, segura y, sobre todo muy placentera para comenzar el día en cualquier estación. La he colocado en invierno porque es cuando más pereza nos da salir de la cama. Así que si sabes que te espera un momento agradable como este… ¡quizás eso te anime a ponerte en marcha más rápidamente!

Para realizar la postura correctamente, sigue estas instrucciones:

1. Colócate a cuatro patas sobre la esterilla de yoga. Las muñecas tienen que estar justo debajo de los hombros. Separa entre si las muñecas en una amplitud igual a la de las piernas, que estarán separadas el ancho de las caderas.
2. Ahora exhala profundamente mientras elevas la espalda, arqueándola hacia fuera, sin despegar las manos de la esterilla. Al mismo tiempo, mete el abdomen hacia dentro y también la cabeza, formando un gran arco con todo tu cuerpo.
3. Inhala lentamente mientras vuelves a la posición inicial y realizas el arco en dirección contraria. Con la inhalación profunda, arquearás la espalda hasta estirar completamente tu abdomen, juntando los omoplatos entre sí y levantando la cabeza hacia el techo.
4. Exhala y vuelve de nuevo a la postura contraria, formando un gran arco con tu espalda hacia el techo. Vuelve a inhalar completamente hasta llenar tus pulmones mientras arqueas de nuevo tu espalda hacia dentro. Puedes mantener el aire unos segundos dentro del cuerpo antes de expulsarlo y cambiar de nuevo a la postura anterior.
5. Puedes realizar este ejercicio cambiando de gato a vaca las veces que quieras. Entre cuatro y seis veces en cada posición es un buen número.

Entre sus beneficios, que son muchos, como en todas las posturas de yoga, voy a recalcar algunos:

- Marjaryasana ayuda a controlar tu mente, ya que, si no estás acostumbrada a hacerlo, el hecho de tener que inspirar y espirar en esta postura tan relajante te ayudará a concentrarte mejor y a recibir información de tu cuerpo. Mientras realizas las respiraciones no estás realizando un gran esfuerzo y puedes focalizar mejor en los detalles.
- Es una postura que aporta mucha flexibilidad a la espalda, el cuello y la caja torácica. Corrige las malas posturas que adquirimos durante el día y durante el sueño y oxigena todo el tronco.
- Previene los dolores de espalda y ayuda a aliviarlos cuando ya están ahí.
- Fortalece las muñecas, los antebrazos y los hombros.
- Masajea los órganos internos del abdomen y mejora la digestión.
- Tonifica y fortalece los abdominales.

Utkatasana o postura de la silla

Esta es una asana especialmente dura en un principio, sin embargo, es bastante segura y se puede practicar sin tener ningún nivel específico en yoga. A mí me gusta por la cantidad de beneficios que aporta en poco tiempo de práctica. Es una postura que exige una gran capacidad de fuerza y resistencia en el intento de mantener los muslos paralelos al suelo o un poco más arriba, de forma que se pueda mantener el muslo y la pantorrilla en un ángulo de 45 a 50 grados por la parte posterior, recibiendo el peso del cuerpo entero con la espalda recta. La palabra Utkata significa «poderoso, fiero, potente». Es una postura que aporta mucha fuerza en los músculos, ligamentos y tendones, entre otras partes del cuerpo.

Para realizar la postura correctamente, sigue estas instrucciones:

1. Comienza de pie en la postura de Tadasana, ubicando los pies exactamente debajo de las caderas. Luego inhala y levanta los brazos, estirándolos hasta tenerlos perpendiculares al suelo y paralelos entre sí, enfrentado las palmas de las manos o bien juntándolas. Suele ocurrir que tiramos de los hombros hacia arriba con el fin de levantar los brazos el máximo posible. En este caso, recuerda mantener los hombros bajos, separados de las orejas, y levanta los brazos solo hasta donde llegues con ellos estirados.
2. Exhala mientras doblas las rodillas y baja tus caderas hasta que los muslos y pantorrillas formen un ángulo de 45° o 50° por su parte posterior. Las rodillas se proyectarán hacia el frente y sobre los pies, y el torso se inclina naturalmente hacia delante, creando un ángulo de casi 90° en relación con los muslos. Mantén los muslos paralelos entre sí y presiona las caderas hacia los talones, manteniendo la postura como si estuvieras sentada en una silla.
3. Procura apoyar toda la base de los pies en el suelo firmemente, evitando que los puentes se venzan hacia dentro. Esto te ayudará a mantener la fuerza y estabilidad necesarias en las piernas durante el ejercicio.
4. Mantén la espalda muy recta y dirige los omoplatos hacia la parte central de la espalda. Apunta con tu pelvis hacia el suelo, con el vientre hacia dentro y los abdominales bien fuertes.
5. Aguanta la postura entre 30 segundos y 1 minuto.
6. Para abandonar la postura, estira las rodillas, el torso y los brazos inhalando lentamente. Luego exhala y baja los brazos suavemente por los lados hasta volver a la postura de Tadasana.

Algunos de sus beneficios son:

- Fortalece tobillos, muslos, pantorrillas y columna vertebral.
- Estira los hombros y el pecho.
- Estimula los órganos abdominales, el diafragma y el corazón.
- Ayuda a reducir el pie plano.
- Desarrolla la resistencia.

Utthita Trikonasana

Esta postura es una de las más practicadas en yoga porque también es perfectamente adaptable a todo tipo de personas y sirve de apoyo entre posturas, además de suponer por sí misma un apoyo firme y dinámico durante la práctica.

Para realizar la postura correctamente, sigue estas instrucciones:

1. ¡Empieza de pie en Tadasana, desde ahí coloca el talón de tu pie derecho detrás del izquierdo creando un ángulo con ambos pies de 45° aproximadamente. Mientras espiras, lleva el pie derecho lejos, hacia atrás de la esterilla, hasta dejar las piernas separadas en triángulo con las dos rodillas estiradas aproximadamente un metro de distancia entre los dos pies. Mantén las manos en jarras a ambos lados.
2. Gana firmeza en las piernas elevando las rótulas y manteniendo los músculos activos. Estira todo el tronco con la cabeza erguida. Inspirando, eleva los brazos lateralmente, siempre paralelos al suelo, con las palmas de las manos hacia abajo y los dedos de las manos juntos, hasta que queden en cruz con el tronco al mismo nivel de los hombros.
3. Espirando, mueve las caderas ligeramente hacia atrás para doblar el tronco hacia delante en dirección a la pierna izquierda. Recuerda que tu espalda debe estar recta y el tronco frontal también, como si bajaras pegando la espalda a una pared imaginaria. Apoya la mano izquierda sobre el tobillo o el muslo izquierdo y sigue manteniendo los brazos en cruz, con el brazo derecho elevado hacia arriba en prolongación. Estira todo el tronco y gira la cabeza hacia arriba en dirección al brazo derecho, dirigiendo la mirada hacia la mano derecha.
4. Mantén la postura diez segundos respirando normalmente. Luego, mientras inhalas, regresa a la posición vertical. Exhalando, baja los brazos y sitúa los pies juntos mirando hacia delante en la parte superior de la esterilla.

5. Repite la postura con la pierna contraria siguiendo las mismas indicaciones. Si te resulta complicado mantener el equilibrio, puedes realizar la postura pegada a la pared.

Es una postura que aporta innumerables beneficios, estos son solo algunos de ellos:

- Optimiza el sistema muscular tonificando y flexibilizando la musculatura de las piernas y del tronco.
- Alarga la columna creando espacio entre las vértebras además de abrir y fortalecer las caderas.
- Brinda firmeza a las rodillas y los tobillos y ayuda a eliminar el dolor de la espalda baja gracias a su torsión cuando hay compresión de lumbares o acortamiento de la musculatura de los costados inferiores del tronco.
- Mueve y masajea los órganos internos y favorece la motilidad del intestino favoreciendo la evacuación.
- Favorece la apertura de los lóbulos pulmonares y abre la pelvis anterior, lo cual es muy beneficioso para los órganos sexuales femeninos. Una gran postura cuando tenemos el periodo menstrual y durante el embarazo.
- Evita la pérdida ósea y la debilidad muscular.

Paschimottanasana o postura de la pinza

Esta postura es una de las más completas del yoga, se dice que ayuda a mantener lejos las enfermedades por la cantidad de beneficios que aporta.

Para realizar la postura correctamente, sigue estas instrucciones:

1. Siéntate en el suelo con las piernas estiradas y juntas, con los pies flexionados y los dedos mirando hacia el techo.
2. Mantén los pies activos todo el rato desde los talones, que están firmemente pegados al suelo.
3. Apoya las manos a ambos lados de las caderas y estira bien el torso mientras los muslos descienden hacia abajo.
4. Inhala y eleva los brazos por encima de la cabeza para estirar la columna y, al exhalar, flexiona el tronco, con la espalda recta, desde la zona lumbar hacia delante y, sin bajar la cabeza ni forzar los hombros, trata de tocar con los dedos de las manos los dedos de los pies. Si no llegas, apoya las manos allí donde llegues, pueden ser los tobillos o los muslos, lo importante es que mantengas la espalda muy recta.

También puedes ayudarte de un cinturón, pasándolo por detrás de los pies y agarrándolo con las manos para tirar suavemente de él en la bajada.

5. En la siguiente inhalación, vuelve a estirar la espalda. Si eso te ayuda, sube los brazos de nuevo o deja que permanezcan donde los tengas apoyados. Con la exhalación trata de bajar un poco más, siempre desde la cadera. No lo hagas con los hombros ni los brazos y recuerda que tu espalda debe permanecer totalmente recta hasta donde llegues y sin perder la postura.
6. Puedes repetir varias veces esta fase, inhalando y exhalando para ir, poco a poco, mejorando en tu flexibilidad.
7. Mantén las piernas y muslos totalmente contra el suelo, pero, si te resulta más cómodo al principio, puedes doblar un poco las rodillas con el fin de que conectes con la intención de la postura, que es colocar el abdomen sobre los muslos, el pecho en las rodillas y la cabeza en las espinillas. Con cada inhalación, levanta y alarga el torso un poco más y, con cada exhalación, libera un poco más la inclinación hacia delante, sintiendo así el estiramiento de todos los músculos de la espalda y las piernas.
8. Durante toda la postura, asegúrate de que los codos, los hombros y la nuca están relajados. Al contrario que las piernas, que se mantienen activas durante toda la postura.
9. Para salir, simplemente eleva el tronco y relaja los brazos a los lados.

Esta postura me ha ayudado a ganar muchísima elasticidad en la columna y a comprender mejor cómo trabajarla. Aparte de esto, Paschimottanasana tiene muchos otros beneficios que te cuento a continuación:

- Un poderoso efecto calmante, gracias a la estimulación del sistema parasimpático. La práctica de esta asana o postura produce un efecto calmante inmediato.
- Combate la lordosis y su práctica regular ayuda a aliviar la compresión de la espina dorsal al nervio ciático.
- Tonifica todos los órganos de la digestión, regula los intestinos y combate el estreñimiento.
- Ayuda a regular las funciones del páncreas y equilibra el sistema nervioso.
- Moviliza las articulaciones, fortalece y estira los ligamentos y las regiones lumbar y sacra.
- Calma el cerebro y ayuda a aliviar el estrés y la depresión.
- Ayuda a aliviar los síntomas de la menstruación y la menopausia.

Ardha Matsyendrasana o postura de torsión

Esta postura de torsión es de las más básicas en yoga y se utiliza mucho al final de las clases para permitir descansar la columna. Es una postura sencilla, pero muy poderosa. Nos ayuda a que la columna tenga una mayor movilidad lateral y a movernos con mayor agilidad.

Para realizar la postura correctamente, sigue estas instrucciones:

1. Siéntate en la esterilla con las piernas estiradas y dobla la pierna derecha, pasando el pie derecho por encima de la pierna izquierda y dejando la rodilla derecha mirando al techo.
2. A continuación, dobla la pierna izquierda con la rodilla pegada al suelo, llevando la planta del pie izquierdo hacia el muslo derecho.
3. Lo más importante es que mantengas los dos isquiones siempre en contacto con el suelo.
4. Ahora bordea con tu brazo izquierdo la rodilla derecha y lleva la mano derecha al suelo por detrás de la espalda.
5. Inhala mientras alargas tu espalda y cuando exhales, gira tu tronco hacia el lado derecho. Repite este paso varias veces hasta que sientas que has llegado al tope de tu capacidad de torsión.
6. Repite el ejercicio con la pierna y el brazo contrarios.

Entre sus beneficios, que son muchos, te cuento estos:

- Gracias a la movilidad de toda la columna, en esta postura conseguimos girar cada vértebra en ambas direcciones.
- Los estiramientos en esta torsión son muy beneficiosos para aliviar el lumbago y para reducir la escoliosis.
- La torsión estimula los órganos internos y facilita la digestión.
- Gracias a esta postura mejoramos la flexibilidad en las caderas, las rodillas, los tobillos y los hombros.
- Ayuda a fortalecer los pulmones y mejora la capacidad pulmonar.

A través de las cuatro estaciones he tratado de llevarte de la mano por algunas de las posturas de yoga que yo practico en casa, pero mi experiencia es puramente personal. No soy profesora de yoga ni pretendo enseñarte nada desde aquí. Mi intención es simplemente acercarte a un mundo del que yo disfruto plenamente.

Al ponerle palabras a casa postura, quizás consiga que te animes a probar, y si eso ocurre, me daría por satisfecha, pero no hay nada comparado a recibir clases de yoga de la mano de un buen maestro. Si después de esta lectura te apetece profundizar un poco más, busca cerca de tu entorno algún centro de yoga y anímate a probar.

A lo largo de mi vida he tenido la suerte de disfrutar de clases y maestros de yoga maravillosos que han contribuido a que esto se haya convertido en un estilo de vida para mí. Sigo recibiendo clases y creo que es algo que nunca dejaré de hacer, pero definitivamente lo que más me gusta del yoga es que se puede hacer en cualquier lugar, no es necesario nada más que una esterilla y las ganas de conocer tu cuerpo desde otra perspectiva.

PRANAYAMA

Existen tres principios fundamentales sobre el pranayama que son:

- Tu ritmo de respiración y el estado de tu mente son inseparables.
- Cuanto más lento el ritmo de la respiración, más control se tiene sobre la mente.
- La mente sigue a la respiración y el cuerpo sigue a la mente.

Existen numerosas técnicas de respiración o pranayama, pero en este libro solo quiero explicarte las que me parecen más sencillas y fáciles de aplicar en nuestro día a día. La técnica que te explico en esta ocasión se llama Ujjayi, la respiración victoriosa. Así se traduce de su nombre en sánscrito y se denomina así por el suave sonido que emite, similar a las olas del mar. Este siseo se produce cuando realizamos la respiración con los músculos de la garganta ligeramente contraídos, cerrando parcialmente la glotis. Esta contracción frena el aire al entrar y salir del cuerpo, y al generarse el roce del aire con la zona muscular se produce el sonido.

Este tipo de respiración es muy utilizado durante las posturas de yoga, aunque también lo puedes hacer como ejercicio único de pranayama. Tiene muchos beneficios y es muy sencillo, ya que, gracias al sonido que genera, resulta más fácil concentrarse en él. Ujjayi es un pranayama que proporciona tranquilidad mental y relaja el cuerpo, renueva la energía, mejora la concentración y tonifica el aparato respiratorio. Es un gran ejercicio para activar el chakra de la garganta, Vishuddha.

Instrucciones:

1. Siéntate en una posición cómoda, por ejemplo sobre los muslos y con la espalda recta. Coloca el mentón ligeramente hacia abajo y las manos apoyadas sobre las piernas.
2. Practica el sonido primero con la boca exhalando como si quisieras empañar un cristal. Después haz lo mismo, pero ahora con la boca cerrada y exhalando por la nariz. Repite un par de veces.
3. Inhala conscientemente y, al exhalar, lleva el mentón ligeramente al pecho para producir el cierre de la glotis.
4. Inhala y exhala normalmente, sintiendo en todo momento el sonido que genera la respiración. Concéntrate en el sonido y siente los efectos de la respiración en tu cuerpo.

MEDITACIÓN CONTADA

A veces necesitamos una guía para poder concentrar nuestra mente durante un tiempo determinado y que no se nos escape tan fácilmente. Sobre todo en los niños, si quieres mantener su atención y que su mente no divague, más te vale tener una buena historia. En esta ocasión te voy a guiar por una de las mías, espero que te lleve a un lugar hermoso, cómodo y seguro donde puedas volver a relajarte siempre que lo necesites.

1. Para esta meditación puedes elegir estar sentada o tumbada. Si lo haces tumbada, que no sea en la cama, ya que caerías dormida casi con total seguridad. Así que mejor colócate en postura de Savashana en tu esterilla de yoga, busca una manta si quieres estar tapada y, simplemente, estira brazos y piernas y respira normalmente hasta que encuentres la postura definitiva.
2. Comenzaremos respirando suavemente, sintiendo cómo el aire entra en tus pulmones y baja hasta el abdomen, llenando todo tu cuerpo de oxígeno. Puedes observar la respiración durante unos minutos antes de continuar analizando también cómo está tu cuerpo. Sintiendo tus extremidades inferiores, superiores, tus caderas, tu espalda, tu cuello y tu rostro…
3. Ahora vamos a dirigir la atención a tu mente, hoy vamos a trabajar con ella o, mejor dicho, la vamos a conducir para que nos acompañe en este ejercicio. Lo primero que vamos a hacer es observarla. Dejemos que se exprese. A veces nuestra mente simplemente está divagando de una cosa a la siguiente, o quizás está repitiendo la misma canción por enésima vez. Puede que ahora que

la estamos observando nos enseñe destellos de luces de colores que podemos seguir con nuestros ojos cerrados hasta que desaparecen en el horizonte, o tal vez es solo un color. Si puedes ver colores, es un buen punto de partida y si no, oblígate a verlos. Elige un color. Puede ser blanco, azul, rojo, verde... Elige el color que más te apetezca en este momento y visualízalo como una pequeña esfera que cada vez se va haciendo más y más grande... hasta que se convierte en un lugar por el que puedes entrar a otra dimensión.

4. Camina hacia allí, ve despacio y respira lentamente mientras te acercas. Camina despacio, adentrándote cada vez más en ese color, como si estuvieras trasladándote hacia un espacio nuevo y desconocido. Al otro lado hay un lago enorme. No hay nadie, pero la naturaleza alrededor es inmensa. Estás pisando descalza la hierba mojada, el manto es suave y esponjoso y resulta muy agradable caminar por él hacia la orilla del lago.
5. Cuando llegas a la orilla descubres un pequeño montículo de arena blanca y decides sentarte sobre él. Es entonces cuando miras hacia el cielo y te das cuenta de que es totalmente de noche, pero las estrellas son tan espectaculares que iluminan todo el entorno como nunca antes habías visto.
6. Decides asomarte al lago y te das cuenta de lo oscuro y profundo que parece. El agua está totalmente en calma y las estrellas se reflejan como un manto luminoso sobre él. También el reflejo de tu rostro te sorprende cuando lo descubres claro y nítido sobre el agua, te ves tan plena, tan serena y relajada que te entran ganas de reír y bailar.
7. Pronto no puedes evitarlo y metes los pies en el agua. El agua está fresca y, sin embargo, no se siente fría. Decides zambullirte de lleno en ese lago y nadar, bucear, disfrutar de ese espectáculo. Una vez dentro del lago te das cuenta de lo rápido que puedes moverte en él. Apenas te cuesta trabajo deslizarte de un lado a otro sobre el agua, te mueves casi volando por la superficie y, al mismo tiempo, sientes cómo toda la humedad penetra tu cuerpo y lo purifica. Te llenas de luz, de energía y vitalidad, y ríes mientras no paras de nadar y recorrer cada rincón de ese maravilloso lugar.
8. De repente, al otro lado del lago ves una pequeña luz intermitente. Decides acercarte un poco más y descubres una casita preciosa construida sobre dos troncos de árbol enormes. Es una casa de madera y cristal y, desde fuera, se puede ver todo su interior. En ella se ve a una mujer con el cabello blanco muy largo sentada sobre un escritorio. Parece que está escribiendo algo. Decides ir hasta allí sin saber muy bien cómo actuar.

9. Cuando llegas a la puerta de la casa, esta se abre y te encuentras con unas escaleras perfectamente talladas en el mismo tronco del árbol, que te conducen a una nueva entrada con una cortina muy pesada desde la que se filtra la luz procedente de la estancia interior. Entras y ahí está esa mujer, te invita a pasar y te ofrece una infusión. Aceptas.
10. Desde ese mismo instante sientes una conexión especial con ella, como si ya la conocieras, como si fuera una vieja amiga. Sus ojos te resultan familiares, su voz... No puedes aguantar la curiosidad y terminas preguntándole: «¿Nos conocemos, tal vez nos hayamos visto antes?». A lo que la mujer responde: «Claro que nos conocemos. Yo soy tú y tú eres yo».
11. Te quedas paralizada, no sabes qué decir porque, en cuanto lo ha mencionado, te has dado cuenta de que es cierto. Esa mujer eres tú, una versión de ti más mayor, pero sí, ahí está. ¿Cómo puede ser?
12. Entonces le quieres hacer un millón de preguntas, pero ella ya lo sabe y te dice: «Tranquila, todo está bien, solo siéntate conmigo y disfruta de las vistas, de mi casa y de esta taza de té. Pronto esas preguntas tendrán otro sentido para ti. Tranquila».
13. Así que ahí te quedas, con tu taza de té, mirando fijamente a esa mujer y, de repente, sus ojos... parecen dos mares y puedes perderte en ellos si los miras fijamente. Y eso haces, no lo puedes evitar y te sumerges en las profundidades de su mirada y ves toda tu historia, tu vida, tu infancia, tus logros, tus errores, tus amigos y tus amantes, tu familia, tus lugares preferidos... y también ves más allá de lo que ya conoces, lo ves todo, hasta que llegas de nuevo a ese instante, en esa casa con esa mujer y esa taza de té. Pero ahora que has vuelto ya no eres la misma, ya nada es igual. Ahora sabes. Ahora conoces. Así que te levantas, le das un abrazo y decides marcharte, volver a casa.
14. Cuando estás saliendo por la puerta, la mujer te para y te entrega un sobre. Es la carta que estaba escribiendo antes de que llegaras.
15. Te guardas la carta y decides cruzar de nuevo el lago, pero, como no quieres que se moje, intentas cruzarlo a pie y ¡qué sorpresa más maravillosa cuando descubres que se puede hacer sin problema! ¿Y qué no se puede hacer en una noche como esta? Cuando llegas al otro lado del lago, te fijas en la luz de la casita y ves que ya no parpadea, está totalmente apagada y en ese momento decides abrir el sobre.
16. Dentro del sobre hay un precioso papel grueso y rugoso, pero con el tacto más suave que has tocado jamás. En él solo unas letras que dicen así:

— Escribe aquí quién eres, porque eso dibuja quién soy.
— Escribe aquí qué conoces, porque eso dibuja lo que sé.
— Escribe aquí qué proyectas, porque eso dibuja dónde habito.
— Escribe aquí adónde vas, porque eso dibuja dónde estoy.

17. Al terminar de leer la carta, entre lágrimas, comprendes el mensaje de la mujer. Vuelves sobre tus pasos con todas las emociones a flor de piel y encuentras la esfera de color brillante que dejaste atrás. Ahora te parece más potente que nunca y decides cruzarla de nuevo, no sin antes echar un último vistazo a ese escenario que no sabes si podrás volver a ver. Y entonces, algo se cae al suelo y, cuando miras, descubres un pedazo de papel arrugado, como hecho una bola, ¿cómo habrá llegado hasta ahí? Cuando lo abres hay un último mensaje escrito a mano, con la misma letra y el mismo papel de la carta anterior que dice así.

— Vuelve siempre que no sepas qué escribir.

18. Por fin decides abandonar el lugar y cruzas caminando lentamente hasta llegar de nuevo a esa pequeña esfera, que cada vez pierde más y más fuerza, hasta que te coloca de nuevo en tu mente y en tu cuerpo.
19. Comienzas a sentir de nuevo tus piernas, tus pies, tus manos. Comienzas a mover poco a poco los dedos, a girar levemente la cabeza a un lado y a otro y a mover los párpados. Ahora dobla las rodillas al pecho y acurrúcate hacia un lado unos segundos antes de despertar de tu sueño.

Los cuentos se pueden sentir en primera persona y, a través de la fascinante mente que poseemos, podemos creer en ellos como si fueran reales. Nuestra mente es un instrumento maravilloso donde no existen los límites. Viaja con ella y disfruta de todos los caminos a los que te lleve, porque el tiempo y el espacio, solo existen en el plano físico, pero ese plano no es para nada el único que podemos habitar.

ENTORNO

El invierno es tiempo de manta y sofá, y también de chimenea, papel y boli. Hoy te propongo un ejercicio de escritura, te voy a pedir que escribas una tarjeta de Navidad para ti misma en una hoja. Esa tarjeta debe incluir todas las cosas que en realidad te gustaría recibir, no valen genéricos del estilo «los mejores deseos para el próximo año», tienen que ser cosas concretas, aunque no sean materiales. ¿Qué deseas de verdad para ti? ¿Qué deseos le pides a tu vida y al universo para este nuevo año que está a punto de comenzar?

Ejercicio de escritura navideño

Muchas veces sabemos cuáles son nuestras necesidades, pero no sabemos expresarlas con la suficiente claridad. Este es un ejercicio necesario para preguntarnos a nosotras mismas qué es lo que necesitamos, porque no estamos acostumbradas a hacerlo tan a menudo como deberíamos y, cuando se nos da la oportunidad, como hoy con este papel y este lápiz, tenemos que pararnos a pensar qué es exactamente lo que anhelamos, lo que deseamos.

Si aprendemos a darnos a nosotras mismas, sabremos pedir aquello que realmente necesitamos y estaremos preparadas para recibir lo que los demás tengan que regalarnos. A menudo nos cuesta pedir y, sin pedir, es difícil valorar lo que recibimos. Y pasa también al contrario, si no conocemos las necesidades reales de aquellos que nos importan, ¿cómo vamos a satisfacerlas? La Navidad es de los mejores momentos que nos regala el año para reflexionar sobre esto. Pide, no tengas miedo a pedir, pero comienza por ti misma. Pídete a ti misma aquello que deseas, y verás que con la petición correcta acaba llegando la respuesta adecuada y los regalos más inesperados que la vida tiene guardados solo para ti.

Una vez hayas escrito una tarjeta para ti, coge otro folio y anota el nombre de todas las personas que son importantes en tu vida. Escribe su nombre y, a continuación, escribe por qué es importante para ti esa persona, qué te aporta, qué le aporta a tu vida. Después imagínate que solo te queda una oportunidad en toda tu vida para volver a ver a esta persona, ¿qué le dirías? Piensa en expresar tu cariño, deja claro el mensaje que te gustaría que recibieran aquellos a quienes quieres.

Sobre la virtud de dar y el arte de regalar

Regalar es de esas cosas que, hechas inconscientemente, pueden resultar tediosas. Es cierto que cuando los regalos son impuestos por las fechas en las que nos encontramos pueden resultar un suplicio, pero si transformas esta rutina en algo especial, con un poco de presencia y entendiendo el significado que tiene desde otra perspectiva, conseguirás cambiar el tono y el fin completamente. Y es que la Navidad también tiene mucho de aquello que necesitamos todos en invierno: nutrición. A través de alimentos cocinados con amor, a través de cartas y felicitaciones, a través de reuniones preparadas con cariño… Todo contribuye a un mismo propósito, celebrar que no estamos solos, que somos una cadena y que pertenecemos a ella y está en nosotras que los eslabones que la unen sean fuertes.

Cuando llegan esos días señalados, todos sabemos que alguien habrá dejado algo para nosotras debajo del árbol y, de igual manera, queremos corresponder dejando algo de nuestra parte. Un regalo comprado en una tienda que se envuelve en un cuidado papel bonito está muy bien, pero si el regalo lo has hecho tú, procura que lleve tu sello de alguna manera. Porque no es lo mismo regalar que regalar-te; hacer que un regalo lleve impreso un sello único, dejar un poquito de ti en eso que regalas es lo que hace la diferencia. Más allá del objeto en sí, está el mensaje, la esencia que lo acompaña, lo que indica que nos hemos ocupado personalmente y que ese regalo lleva una parte de nuestro tiempo invertida en esa persona en particular. Un libro firmado y subrayado en las páginas importantes, que se note que antes ha estado leído por ti y donde has buscado esas frases que van a ser significativas para la otra persona, o una lista de música hecha a medida, son regalos únicos que siempre quedan en el recuerdo y que no necesitan una gran inversión económica.

Al margen de las fechas de las que estamos hablando, hay multitud de razones para dar, así como formas de hacerlo a lo largo del año. La generosidad es una elección que nos hace sentir bien porque viene de la creencia de que tenemos suficiente como para compartir, y eso siempre nos hace más grandes y mejores. Ya lo dice una de las leyes universales más básicas: «Da y te será dado. Pide y recibirás». Cualquier simple gesto de amor, amabilidad o generosidad se multiplicará y regresará a ti de muchas otras formas. Cuanto más des, más feliz te sentirás. En realidad, es algo muy simple: en cada regalo entrega a los demás aquello que está vivo en ti, tu interés y curiosidad, tu conocimiento y experiencia, tu comprensión, tu sentido del humor. Comparte todo aquello que es genuinamente bueno en ti.

Con este simple gesto potenciamos la energía de la vida en otros enriqueciendo la nuestra. Cuando das, recibes una maravillosa sensación de lo que significa «ser humano».

Viajar sola

Nacemos con un nombre y un apellido, en un tiempo, una cultura, un círculo social y una situación concretos. Nacemos con unos atributos únicos, un aspecto físico, unas cualidades emocionales, intelectuales, sociales y personales que nos identifican y también, para bien o para mal, nos etiquetan y nos sitúan en un lugar, en una posición concreta a lo largo de nuestra vida. Llega un momento en el que ya no sabes si eres quien crees que eres o si eres quien debes ser, ya no distingues entre lo que realmente es genuino en ti y lo que se espera que destaque en tu vida. Ya no sabes si lo que te gusta es aquello que otros poseen, su estilo, su belleza, su forma de vida, o si te has ido creyendo que eso debe ser lo más interesante. Pasan los años y todo a tu alrededor deja una huella tangible en ti, menos tú misma.

Vivimos en una sociedad maravillosa, repleta de oportunidades y con la mayor libertad de la que nunca antes ha podido disfrutar una mujer. Sin embargo, los clichés nos aprisionan tanto o más que los antiguos corsés. Tienes que hablar idiomas, estudiar hasta terminar la universidad, tienes que ser atractiva, simpática, tener habilidades sociales, ser inteligente, emocionalmente activa y todo esto vivirlo con auténtica pasión, que se note lo mucho muchísimo que te gusta tu vida a través de todas las fotos perfectamente elegidas que puedas compartir en tus fabulosas redes. Y sin darnos cuenta, la vida nos pasa por delante sin saber cómo hubiera sido vivir sin todos estos lazos, caparazones y caretas impuestas.

Te animo a viajar sola. Elige un destino en el que puedas ser quien tú quieras. Sin nadie alrededor que te conozca, sin riesgo a ser etiquetada como Elena, la profe de mates; Silvia, la enfermera; Gabriela, la vecina del quinto; Sonia, la compañera del gimnasio o Eva, la peluquera. En este nuevo lugar nadie sabe quién eres, nadie te conoce. Puedes ser, por unos días libre, libre de verdad. Puedes elegir un destino en el que pasear tu alma, imaginándote en la vida de otros, viviendo como creas que en el fondo te gustaría vivir. Es curioso, muchas veces creemos que la vida de otros es muchísimo más interesante que la nuestra. Seguramente lo creemos así porque no nos hemos puesto en sus zapatos, sino que solo nos hemos imaginado en sus vidas sin sentirlas en realidad. Hazlo. Por unos días, sé esa persona a quien admiras. Conviértete en alguien diferente.

Viajar sola te permite salir de tu burbuja, descubrir otras formas de vida, otras culturas. Es muy probable que descubras que aquello que resulta atractivo, realmente divertido o extremadamente valioso en tu entorno, no tiene la menor importancia allí donde te encuentras ahora. Es probable que te sientas mucho más grande que nunca o más pequeña que una hormiga y que debas aprender a defenderte sin la coraza de tu propia identidad. Pero eso es precisamente la guinda de viajar sola. Al final te das cuenta de lo poco que importa el envoltorio, de lo banales que resultan nuestras percepciones, y aprendes a reencontrarte una y otra vez con lo más puro y genuino que hay en ti: tu verdadera esencia. Y la descubres en los ojos de aquellos que sin haberte visto nunca antes, sin saber qué lugar ocupas en el rango de tu vida, pueden verte, a pesar de todo.

Cuando viajas sola, te enfrentas a pasar muchas horas contigo, a conocerte de verdad, a guiarte por aquellas cosas que realmente llaman tu atención y eso atrae más cosas y más personas afines a ti en este momento de tu vida, en esta situación en concreto. No dejes de hacerlo, escapa de vez en cuando, quítate el traje del personaje que representas y sal desnuda a comerte el mundo. Te prometo que cuando regreses, todo seguirá exactamente igual, pero tú, ya no serás la misma.

DESPENSA *BEAUTY*

Nutrición en invierno

Te voy a contar algo que quizás te sorprenda. Toda mi vida he sido una inconsciente a la hora de comer, de nutrir mi cuerpo. Mi personalidad es como mi Dosha dominante en Ayurveda, Vata. Esto significa que soy un poco como el viento, errática, me muevo mucho de un lado a otro y no consigo mantener una rutina estable por demasiado tiempo.

A la hora de alimentarme, esto ha marcado mucho mi vida, sobre todo teniendo en cuenta que durante veinte años he estado comiendo casi a diario de catering de todo tipo, sin horarios ni rutina y, por supuesto, sin orden ni concierto en cuanto a los alimentos que elegía. A los cuarenta años mi cuerpo dijo que ya no podía más y lo manifestó retirándome el periodo y regalándome una menopausia precoz que, según los médicos, respondía a una falta de rutina que había descompensado totalmente la glándula pineal.

El médico que me trató, y con el que estuve varios meses aprendiendo nuevos hábitos para reconducir mi vida, me dijo que, si quería mantenerme sana, debía cambiar radicalmente ciertas cosas. Debía plantearme una estabilidad comenzando por mis horarios, dejar de viajar tan a menudo, pero, sobre todas las cosas, debía modificar mi alimentación. Establecer un horario de comidas estable y constante que permitiera a mi organismo recuperar la normalidad y sentirse bien de nuevo.

Nunca pensé que sería tan difícil para mí desayunar, comer, merendar y cenar cada día a la misma hora, sin saltarme ni una sola de esas comidas. Acostumbrada a saltarme comidas bastante a menudo, a no desayunar nada más que un café por la mañana y a salir corriendo y sobre todo a no planificar nunca, pasé de esto a todo lo contrario en cuestión de seis meses y tardé dos años en estabilizarme del todo. En estos dos años también fui, poco a poco, cambiando mi vida profesional. Monté mi propio negocio, Eva Villar *Beauty*, y comencé a establecer una nueva rutina de trabajo mucho más ordenada.

Mi percepción sobre la alimentación cambió radicalmente a raíz de esto. Empecé a investigar y a aprender sobre nutrición desde varias perspectivas y caminos diferentes. Hice varios cursos de comida consciente, cocina ayurvédica y alimentación energética y saludable que me enseñaron muchísimas cosas y, poco a poco, fui encontrando mi propia manera de alimentarme desde un lugar mucho más sano y amable.

A pesar de todo esto, la elección de lo que comemos está tan condicionada por lo que encontramos en el supermercado que a veces es difícil llevar una dieta todo lo sana que nos gustaría, porque realmente cuesta trabajo encontrar alimentos libres de tóxicos, de ingredientes desconocidos, incluso de azúcar, que está presente en una cantidad excesiva de alimentos. Por ejemplo, durante mis dos embarazos desarrollé diabetes gestacional. Me costaba muchísimo trabajo encontrar alimentos sin azúcar, era casi misión imposible. Recuerdo que en esa etapa comencé a pensar que la industria alimenticia necesitaba un repaso más en serio por nuestra parte, pero, en cuanto tuve a mis hijas, me olvidé por completo de todo lo prohibido y, de nuevo, volví a consumir todo tipo de productos sin darle la menor importancia a su composición... ¡hasta que me pasó lo de la menopausia!, tan solo dos años después de ser madre por segunda vez.

Cuando pensamos en dieta, a menudo nos imaginamos haciendo un cambio en nuestra alimentación por un espacio de tiempo limitado con el fin de conseguir ciertos resultados a corto, medio o largo plazo. En estos casos, lo que suele pasar es que, cuando terminamos la dieta y nos vemos frente al espejo con el objetivo cumplido, pronto se nos olvidan los nuevos hábitos y volvemos a recuperar en poco tiempo las antiguas rutinas, que, por consiguiente, nos vuelven a llevar a donde estábamos al principio. A veces es incluso peor, porque hay dietas que, en cuanto las dejas, recuperas más peso aún que el que tenías en un principio. El caso es que las dietas no suelen funcionar a largo plazo, está más que demostrado. Obviamente, es mucho más fácil cambiar ciertos hábitos, como dejar de beber alcohol o no comer dulces, pensando que es algo pasajero, que plantearnos no volver a hacerlo nunca jamás. En la mayoría de los casos, este tipo de decisiones tan radicales tampoco suelen funcionar. Sin embargo, hay algo que sí funciona y yo lo he comprobado. Se trata de la autoobservación alimenticia, se trata de aprender a comer, porque nadie nos enseña cómo debemos comer, ¿verdad? Normalmente adquirimos la forma de alimentarnos que hemos aprendido en nuestra familia y rara vez nos planteamos un cambio radical a no ser que hayamos tenido algún problema, pero ¿realmente comemos bien, para qué comemos?

No te puedes imaginar la cantidad de cambios que se generan en tu cuerpo y en tu mente cuando aprendes a alimentarte correctamente. Y alimentarse correctamente no se trata de dejar de comer todo lo que te gusta de golpe, se trata, más bien, de ir introduciendo pequeños cambios en tu dieta, poco a poco. Dejando que sea tu propio organismo quien comience a rechazar ciertos alimentos mucho más a menudo de lo que te imaginas.

Como ya sabrás, yo no soy ninguna experta en nutrición, ese no es mi campo. Sin embargo, mi recorrido por este tema, teniendo en cuenta lo poco que me he cuidado durante años y lo mucho que he podido aprender después a través de numerosos libros, cursos y maestros, me hace pensar que quizás mi experiencia y el compartir que es totalmente posible controlar nuestra alimentación y mejorar infinitamente nuestra calidad de vida a través de ella, pueda animar a otras personas a hacer lo mismo o al menos a intentarlo. De hecho, no debería ser necesario tener una formación profesional en nutrición para saber cómo debemos alimentarnos. La alimentación es algo muy serio y cuanta más información recibamos al respecto, mucho mejor.

Te voy a dar algunos *tips* que a mí me han funcionado y que puedes incorporar a tu rutina de manera muy muy fácil y sin hacer demasiados cambios repentinos. Simplemente dale una oportunidad a uno o dos de estos *tips* por cada grupo y a ver qué pasa.

Trucos para una alimentación saludable

DESAYUNO

- En ayunas, toma siempre un poco de agua de mar, muy poquita cantidad mezclada con un poco de jugo de limón y el resto con agua caliente o templada. Es el mejor limpiador drenante natural que hay para el cuerpo y además ayuda a alcalinizarlo.
- Desayuna siempre que puedas y no te cortes en esta primera comida. Come tranquila y come lo que te apetezca, tendrás todo el día para consumir energía. Trata de elegir y consumir alimentos calientes o cocinados, locales y de temporada. En invierno debemos evitar los alimentos fríos o crudos, ya que tardan más en metabolizar y las digestiones son más pesadas y difíciles, produciendo hinchazón y provocando un consumo muy elevado de energía que nos hará sentirnos pesados y sin fuerza nada más comenzar el día. Si te gustan los zumos o los *smoothies*, no los consumas tan a menudo en invierno. Es mejor dejar este tipo de alimentos para los meses de temperaturas más suaves. Si te gustan las manzanas, es un momento perfecto para hacer compotas. Además, puedes prepararlas con varias frutas mezcladas, como plátano o pera, y puedes incluir cacao en polvo, especias, como el clavo o la canela, etc.
- Trata de evitar el café y, si lo tomas, hazlo muy suave. Prepáralo como una infusión en una de esas jarras donde puedes prensar el café al fondo. De este modo puedes hacerlo con mucha cantidad de agua y conseguir una mezcla más diluida. Lo mejor es que consigas reemplazarlo por infusiones, hay una variedad tan grande que seguro que, si te lo propones, encontrarás algunas que se adapten a ti. Y si consumes café, mejor natural que torrefacto..
- No consumas leche de vaca ni derivados a diario. Los lácteos son hoy en día alimentos muy procesados y no se digieren bien. Es mejor si sustituyes la leche de vaca por alguna bebida vegetal, por ejemplo la leche de almendras, de arroz, de coco o de avena. Se pueden tomar tanto frías como calientes y mezclar con un montón de cosas para hacerlas incluso más sabrosas. Puedes tomarlas con cereales integrales, con frutos secos triturados, con pasas o especias... También le dan un sabor especial a algunas infusiones y al café.
- Puedes hacerte tus propios cereales integrales para el desayuno simplemente cociendo tú los granos. Pueden ser de arroz integral o semiintegral, de quinua, de mijo, etc. Los puedes cocer en agua la noche anterior y, al día siguiente, mezclarlos con algunas especias, un poco de canela, monda de limón y con la

leche vegetal que más te guste. En invierno es un desayuno muy completo y delicioso, además te estarás alimentando con cereales de verdad, sin procesar, y llenos de energía.

COMIDA

- Procura comer entre las 12 y las 13:30 h del mediodía, no más tarde. Es la mejor hora para digerir los alimentos.
- La comida de mediodía debería ser la más importante de todas y, curiosamente, es a la que menos importancia le damos. A mediodía es cuando nuestro organismo puede digerir mejor los alimentos y también cuando necesitamos la gasolina para funcionar a pleno rendimiento. Cuando te digo que es la comida más importante, no me refiero a que comas muchísimo, me refiero a que comas bien; eligiendo los alimentos que más energía te pueden aportar a esta hora, como los hidratos de carbono, las legumbres, y las proteínas.
- Para producir un buen aporte de proteínas sin comer proteína animal, deberás mezclar cereales con legumbres. Por ejemplo, arroz con frijoles, lentejas con arroz, mijo con lentejas dahl, bulgur con judías, etc. Y en esta mezcla también puedes y deberías añadir verduras.
- Si comes proteína animal, mejor la carne a medio día y el pescado por la noche, siempre acompañados con verduras.
- En invierno es mejor consumir las verduras cocinadas y calientes, dejando las ensaladas y otros platos fríos para consumo ocasional. Salvo en el caso de comer carne, a la que sí podemos acompañar con una ensalada de hojas verdes, porque ayudan a digerir mejor la proteína animal pesada.
- Evita las carnes rojas y el cerdo siempre que puedas y piensa en el consumo animal del mismo modo que se hace en la naturaleza, el más grande se come al más pequeño. Así que procura comer animales que sean en tamaño más pequeños que nosotras, así será más sencillo digerirlos. Cuando consumas carne, asegúrate de su procedencia y de cómo ha sido tratado el animal durante toda su vida hasta su muerte. Si evitamos el consumo masivo de carne y apoyamos proyectos de ganadería más comprometidos con el cuidado de los animales que crían y con el medio ambiente, evitaremos el exceso y el maltrato que se sufre en este sector a nivel mundial. No se trata de hacernos vegetarianos si no es eso lo que hemos elegido, pero sí que podemos consumir menos carne y escoger mejor la que compramos.

- Procura no beber líquido durante las comidas, mejor beber a lo largo del día y, cuando comas, hazlo sin nada de bebida y dejando media hora de margen antes y después de cada comida.
- Procura no beber líquidos muy fríos durante la jornada. A ser posible, bebe agua del tiempo y mejor si está templada o tibia, es lo más idóneo para el cuerpo ya que cuando el agua entra en nuestro organismo, el cuerpo sufre un shock con las temperaturas cuando son muy diferentes a él.
- Lo mismo ocurre cuando consumimos alimentos fríos en un clima que no es el suyo, por ejemplo, el aguacate, los mangos o las diferentes frutas tropicales que ya podemos encontrarnos durante todo el año en el supermercado. Estos alimentos fueron cultivados en climas calientes y deben ser consumidos en esos climas, porque si no enfrían y aletargan el metabolismo. Aquí radica la importancia de comer todo lo local que podamos, alimentos que hayan sido cultivados cerca de casa y que su camino hasta tu cocina sea lo más corto posible.
- Evita los postres. Ni la fruta ni los dulces están pensados para consumir después de las comidas.

MERIENDA

Sobre las 16 o las 17 horas, dependiendo de cuándo hayas comido, será el mejor momento para tomar un tentempié. Puedes optar por los frutos secos, siempre que sean crudos y sin sal. Son alimentos con un gran aporte energético y un índice glucémico muy bajo, por lo que funcionan genial para quitarnos el hambre y te aseguro que si los comes adecuadamente, no tienes riesgo de engordar. Yo los descubrí hace años y siempre los tomo entre comidas porque me aportan muchísima energía y me ayudan a pasar el día sin hambre. Cuando te concedes un snack a media tarde, consigues llegar a la cena sin ansiedad y puedes comer más ligero en la última comida del día sin pasar hambre.

CENA

¿A qué hora deberíamos cenar? Cuando era pequeña mi madre me enviaba a Inglaterra a estudiar durante los veranos y convivía con familias locales para aprender sus costumbres y modo de vida. Ella siempre me decía: «Hija, qué raros que son estos ingleses... a las cinco de la tarde ya están cenando, te meto comida en la maleta por si te entra hambre por la noche». A mí me parecía como de ciencia ficción eso de cenar a las cinco de la tarde. Sin embargo, con el tiempo me he dado cuenta de que nosotras tampoco lo hacemos demasiado bien. En España es raro encontrar restaurantes abiertos para cenar antes de las nueve de la noche. En los últimos años hay sitios que están abiertos todo el día, pero lo normal para cenar fuera es siempre a partir de esta hora, y lo mismo en las casas particulares, donde no invitamos a una cena antes de las ocho y media como muy pronto. A diario también cenamos tarde por costumbre popular.

Al menos yo, cuando llego a casa por la tarde, es cuando más me apetece comer rico y preparar una cena variada y disfrutarla sin prisa. Sin embargo, tenemos la costumbre de hacer primero todas nuestras actividades y cenar justo antes de irnos a la cama. Este hábito no es el más saludable para nuestro organismo, que necesita un par de horas mínimo después de una comida o una cena para hacer la digestión y no es una buena idea irse directamente a dormir.

En mi casa hemos conseguido adaptar nuestras cenas en familia a las 20:00 h. Ya con la barriga contenta, tenemos aún un rato para hacer la digestión y regalarnos un rato juntos en familia.

Estoy hablando desde la perspectiva de alguien que no hace deporte ni actividades muy movidas por la tarde. Yo soy de comenzar con deporte siempre a primera hora de la mañana, por eso pienso de este modo. Obviamente, si tú eres deportista de tarde... tendrás que adaptar tu cena a cuando hayas terminado tu entrenamiento o dejar un par de horas después de la cena para entrenar y, por supuesto, hacer cenas muy ligeras si las dejas para una hora tardía. He aquí unos trucos para que tus cenas sean más digestivas:

- Las cenas cuanto más temprano, mejor.
- No consumas carne por la noche y, si lo haces, elige carnes blancas, tipo pollo o conejo. Si puedes elegir, come mejor pescado o huevos.
- Las mejores combinaciones nocturnas en invierno son las cremas de todo tipo de verduras: calabaza, calabacín, puerro, zanahoria... o las sopas ligeras con verduras. Otros días puedes combinar algo de proteína con verduras, pero especialmente por la noche y siempre en invierno consume comida caliente y cocinada.

Unos consejos a nivel general:

- Cuando estamos comiendo, esta es en sí misma una actividad en la que están participando todos nuestros sentidos: la vista, el olfato, el gusto, el tacto y el oído. Si quieres comer la cantidad adecuada, procura concentrarte en lo que estás haciendo sin distracciones, como ver la televisión o estar con el teléfono móvil. Estas actividades complementarias, que a menudo utilizamos mientras comemos, nos abstraen de lo que estamos consumiendo y convierten el hábito de comer en algo automático que no nos permite conectar conscientemente con la parte más profunda que tiene comer, el disfrute. Si comes sola, acostumbra a hacerlo como si de una meditación se tratara, con total presencia. Verás como no solo te llenas antes, sino que también aprenderás a hacer de ese momento, algo especial y sagrado para ti y podrás conectar con las diferentes sensaciones que te proporciona cada alimento.

- En las comidas sociales aprovecha para conectar con las personas con quienes estés compartiendo el momento y mantente presente. En este tipo de comidas trata de consumir alimentos de calidad, pero no te preocupes demasiado y disfruta de cualquier cosa que te apetezca. Si tienes un hábito constante de alimentación saludable, no pasa nada porque te lo saltes de vez en cuando. Recuerda que no estás haciendo dieta, estás alimentándote de forma consciente, por lo que está permitido comer de todo siempre que la mayoría de nuestras comidas sean saludables.
- Preparar menús semanales. Esta es una forma muy efectiva de controlar lo que comes y, además, te permite visualizar de golpe qué grupos de alimentos estás eligiendo. Procura que todos los días estén cubiertos por todos los grupos de alimentos esenciales, que no te falte ninguno, así mantendrás tu nivel de ansiedad a raya.
- Y ya sabes lo que te he dicho antes, no te obsesiones tratando de cumplir con todos estos consejos de golpe. En mi caso, los cambios en la alimentación se han ido instalando poco a poco en mi vida y, aunque los comparta todos juntos para ti en este libro, eso no significa que yo los haya adquirido todos a la vez. Así que, tranquila y, si te apetece, empieza por aquellos que te resulten más sencillos de aplicar en tu rutina, sin más.

Alimentos de invierno

La despensa es ese lugar de la casa donde podemos almacenar alimentos no perecederos para ir consumiéndolos poco a poco. Normalmente esto está directamente relacionado con la cocina y con esos ingredientes o alimentos que utilizamos para preparar nuestros platos. Sin embargo, para mí la despensa también se encuentra en el baño. Ahí es donde me gusta almacenar esos ingredientes que mi piel me pide en cada estación y procuro que no me falten los imprescindibles que necesito. Estos ingredientes, puros y deliciosos, se pueden utilizar solos, se pueden mezclar con otros productos y también se pueden disfrutar esporádicamente. Te dejo por aquí algunos de ellos y sus funciones para que tu despensa del baño esté tan nutrida como la de tu cocina.

ACEITE DE ARGÁN

Es rico en ácidos grasos esenciales, tiene un hermoso equilibrio de omegas, pero es especialmente abundante en ácido oleico (omega 9), un lípido clave que a menudo es deficiente en la piel seca. Proveniente de los desiertos de Marruecos, el argán se siente como en casa en los climas más duros y secos. Su composición de nutrientes es ideal para las pieles irritadas que se sienten secas. Además, contiene una gran cantidad de vitamina E (un antioxidante protector), ecualeno (presente en algunas especies vegetales, un excelente suavizante para la piel) y fitoesteroles (que apoyan la barrera defensora de las primeras capas de la epidermis).

Modos de uso:

- Compra un frasco de aceite de argán puro y añade unas gotas en tu mascarilla o tu acondicionador de cabello si necesitas un extra de nutrición.
- Hazte un masaje con aceite de argán puro después de cualquier mascarilla para el rostro, así la piel se sentirá relajada y alimentada tras el proceso.
- Prueba a añadir un par de gotas de aceite de argán a tu crema de noche para un extra de nutrición cuando sientas la piel muy seca o en días especialmente fríos.
- Frota tus labios con aceite de argán por la noche antes de dormir para un extra de hidratación en esta zona. Amanecerás con los labios hidratados y nutridos.
- Hazte baños de aceite con argán en el cabello cuando lo sientas seco, deshidratado y débil. Aplícalo por todo el cabello masajeándolo de raíz a puntas justo antes de lavarlo. Puedes dejarlo actuar un mínimo de veinte minutos y hasta toda la noche, si lo prefieres.

VITAMINA C

Es un excelente antioxidante que funciona de maravilla en las pieles más finas, opacas y con tendencia a perder el tono en estos meses. Entre los beneficios de la vitamina C, encontramos el hecho de que tiene efectos antioxidantes, es imprescindible para la formación de colágeno y favorece la correcta cicatrización de las heridas.

También fortalece el funcionamiento del sistema inmunitario y ayuda al organismo a aprovechar el hierro procedente de otros alimentos.

Modos de uso:

- Hazte con un frasco de vitamina C, el más puro que puedas encontrar. Piensa en esos momentos en los que necesitas sentir más luminosidad en el rostro, será perfecto para lograrlo. A mí me gusta utilizar esta vitamina cuando siento la piel apagada, sin vida, como abotargada, y hay varios trucos para introducirla en tu rutina.
- Lo más recomendable es utilizarla de noche y sobre el rostro limpio y seco, antes de cualquier otro producto cosmético. En este caso no te recomiendo mezclarlo con tu crema habitual, es mejor que primero te apliques la vitamina C y que, a continuación, apliques el resto de los productos que estés utilizando en este momento. También puedes utilizarla de día cuando de noche ya tienes algún otro tratamiento más específico para ti, pero ten cuidado y protege tu piel con un filtro solar después de su uso, porque la vitamina C se oxida rápidamente y puede dar lugar a pequeñas manchas cutáneas.
- También puedes mezclar unas gotas de sérum de vitamina C con tu mascarilla especial para los fines de semana o ese día en que puedes dedicarle a tu piel un extra de tiempo. Funciona muy bien mezclándola con arcilla blanca, por ejemplo, ya que las arcillas ayudan a purificar la piel y con ayuda de la vitamina C aportarán un extra de luz al tratamiento. Puedes hacer este tratamiento una vez a la semana durante el invierno y seguro que notas los beneficios que te aporta.

ACEITE DE ROSA MOSQUETA

Este ingrediente de color naranja y consistencia ligera está lleno de nutrientes y antioxidantes para iluminar las pieles opacas y desvitalizadas, al mismo tiempo que calma irritaciones y brinda una profunda relajación para las pieles sensibles y reactivas. La rosa mosqueta es, además, mundialmente conocida por su enorme capacidad para reconstruir y reparar tejidos cutáneos. Resulta imprescindible en la recuperación de cicatrices y marcas en la piel.

Modos de uso:

- Consigue un frasco de rosa mosqueta, el más puro que puedas encontrar. La rosa mosqueta pura tiene un color muy fuerte, como anaranjado. Podrás hacer numerosas mezclas con ella.

- Añade unas gotas de este maravilloso aceite a tu crema nocturna para conseguir iluminar y mejorar el tono de tu piel.
- Hazte un masaje con cinco gotas de aceite de rosa mosqueta sobre la piel limpia y seca cada noche para reestructurar tu piel y ayudar en la eliminación de marcas acneicas, cicatrices, etc. Si tienes en tu cuerpo cualquier cicatriz, ya sea por una operación, una herida o cualquier otro motivo, el aceite de rosa mosqueta te ayudará a corregir y mejorar el estado de la piel en esa zona en tiempo récord.
- La rosa mosqueta funciona mejor de noche y en los meses fríos ya que es fotosensible.

ACEITE ESENCIAL DE LAVANDA

- Este ingrediente en los productos cosméticos es el aliado perfecto para las pieles estresadas, irritadas y profundamente deshidratadas. Es ideal para cualquier persona que pueda sentir que su sistema nervioso está un poco desgastado, calmante, muy depurativo y aporta sensación de paz y tranquilidad. El aceite esencial de lavanda es fácil de conseguir y, además, es un *must* en cualquier despensa de baño por la cantidad de usos que tiene. Ahí van unos cuantos.

Modos de uso:

- Utiliza unas gotas de este aceite en la aplicación de tu champú si tienes picores o sensación de descamación en el cuero cabelludo. Con un par de gotas sobre tu mano junto a la aplicación del champú será más que suficiente para notar sus enormes beneficios.
- Puedes añadir unas gotas de lavanda a tu baño de aceite para el cuero cabelludo si buscas un extra de relajación y calma para tu piel.
- Una media hora antes de irte a dormir, pon un par de gotas de aceite esencial de lavanda en tu almohada. Conseguirás dormir mucho mejor y tu energía se estabilizará por la noche.
- Añade un par de gotas de este aceite a tu masaje facial nocturno para aliviar las pieles sensibles y reactivas. Mézclalo tanto con tu aceite facial, tu sérum o tu crema de noche.

ACEITE ESENCIAL DE MIRRA

Suaviza, calma y protege. Es un hidratante maravilloso, y también suaviza la apariencia de líneas finas y arrugas mezclando unas gotitas en tu crema hidratante habitual. Además, este aceite se utiliza como protector natural frente a las malas energías y es especialmente potente en los meses de invierno. Una gotita en la cara interna de las muñecas y será suficiente para mantenerte a salvo y proteger tu barrera energética. Y, por si fuera poco, este aceite tiene un aroma tan espectacular que puede utilizarse como único perfume en invierno.

Modos de uso:

- Como perfume, puedes aplicar una gotita detrás de cada oreja y una gotita en la parte interna de las muñecas. Es espectacular y, además, te mantiene protegida de las energías negativas.
- Si tienes un mal día y no quieres contagiar a los demás con tu negatividad, utiliza este aceite poderoso para no influir en el resto de las personas que te rodean. Te aseguro que funciona.
- Mezcla un par de gotas con tu crema hidratante de día para un plus de hidratación.

Receta

Con el frío, lo que más agradecerá tu cuerpo es una infusión calentita. Te ayudará a apaciguar tus nervios, a calentarte y a conectar contigo misma. ¡Disfrútala!

INFUSIÓN DE INVIERNO

La mejor manera de tratar la deshidratación en invierno es bebiendo mucho líquido en forma de infusiones calientes. En invierno el agua que tomamos no debería estar fría. Si estás acostumbrada al agua fría o incluso a temperatura ambiente, te sugiero que comiences a cambiar este hábito teniendo siempre cerca una tetera eléctrica y calentando el agua antes de tomarla. No necesitas tomarla muy caliente si no te gusta, pero, poco a poco, ve sustituyendo el agua fría por agua del tiempo y, después, el agua del tiempo por agua un poco más tibia.

A mí me funciona muy bien tener a mano una botella de cristal o tipo termo de litro o de litro y medio. Lo que yo hago es preparar una mezcla de hierbas y especias que ayudan a equilibrar mi Vata. Puedes comprar estas especias a granel y preparar una infusión con regaliz, canela, jengibre, clavo e hinojo añadiendo de cada una de ellas una cantidad pequeña en función también de tus gustos y llevarte el termo al trabajo para ir bebiendo a lo largo del día.

Te sugiero que te animes con esta infusión:

Ingredientes:

- Agua
- Regaliz
- Canela
- Jengibre
- Clavo
- Hinojo

Preparación:

1. En una tetera, hierve un litro de agua.
2. Añade en el filtro una cucharadita de cada una de estas hierbas para preparar la infusión que te acompañará a lo largo del día.

El regaliz es expectorante y antiinflamatorio, mejora los problemas de garganta, las inflamaciones y los problemas respiratorios.

La canela tiene un efecto termoregulador. Calienta el cuerpo, induce la transpiración y vigoriza la circulación sanguínea.

El jengibre también es bueno para calentar el cuerpo y ayuda a provocar la sudoración, lo cual viene muy bien en épocas de frío, especialmente si sufrimos de resfriados. Aporta vitalidad y mejora el flujo de energía.

El clavo tiene propiedades antibacterianas, anestésicas, estimulantes y analgésicas además de mejorar la circulación sanguínea por su alto efecto anticoagulante.

El hinojo es un gran digestivo, ayuda a aliviar la sensación de pesadez. Además, ayuda a mejorar problemas respiratorios, como la tos, el asma y la bronquitis.

CONCLUSIÓN

A veces nos exigimos demasiado.

A veces nos cegamos ante la idea de cumplir los objetivos marcados.

A veces, simplemente, conseguirlo es imposible. Demasiadas ocupaciones en la agenda y las mismas 24 horas cada día.

A veces solo se puede atender a lo más básico, aquello sin lo que el motor no puede seguir funcionando. Lo más importante es que descubras qué es lo más básico para ti, y en momentos de sequía emocional, física o temporal, asegúrate de que lo básico está cubierto.

- **Aliméntate bien:** come rico, saludable, local y hecho con amor siempre que puedas, y disfrútalo.
- **Descansa:** duerme las horas que necesites, seis, siete, ocho... Cada una de nosotras es diferente, pero el descanso es reparador para todos y sin él nuestra salud se quiebra.
- **Da y recibe amor cada uno de tus días:** no te acuestes sin decirle «te quiero» a esa persona esencial en tu vida, sin dar un abrazo, sin recibir una caricia. Una dosis diaria de amor nos aportará la energía necesaria para continuar hacia delante.

Estos son mis tres básicos en momentos en los que nada de lo escrito en este libro es suficiente para cambiar el presente, para encontrar su lugar en el tiempo y cambiar nuestra realidad. No te sientas culpable si no puedes hacer más. Lee, recibe información valiosa, absorbe todo el conocimiento que puedas y, poco a poco, alguno de estos hábitos encontrará su hueco en tu vida. Mi único deseo al escribir esta breve guía de consejos ha sido cuidarte.

AGRADECIMIENTOS

Quiero dedicar este libro a mis hijas, Emma y Olivia, por despertar en mí la necesidad de cuidaros desde lo más profundo de mi alma y al mismo tiempo, de cuidarme para vosotras como nunca antes lo hice.

A mi marido y compañero, Luis, por cuidarme, creer en mi y acompañarme siempre en todas mis aventuras. Por cocinar para nosotras y convertir nuestra mesa en un lugar sagrado y precioso al que volver cada día.

A mi madre, Carmen, por educarnos en valores de generosidad, valentía y honestidad ante la vida y por ser un referente de fuerza y pasión para mí.

A todos los maestros y situaciones que han aparecido en mi vida en momentos concretos y de los que he podido aprender y recibir todo lo que ahora sé. Gracias infinitas a todos vosotros.

A Laura Arcagni, mi editora, por descubrirme un mundo nuevo, por creer en mi desde el principio y por todo el apoyo que me has brindado durante estos meses. Sin ti, este libro no existiría.

Y a todas vosotras, las que os ponéis cada día en mis manos, porque a través de vuestro cabello y de vuestra piel, de vuestras dudas y confesiones, he forjado mi conocimiento y mi experiencia. Vosotras hacéis posible que me sienta realizada trabajando en lo que más me gusta. Sois un regalo. ¡Gracias!